Simone Krummaker
J.-Matthias Graf von der Schulenburg (Hrsg.)

Die Versicherungsnachfrage von Unternehmen

Kompetenzzentrum
Versicherungswissenschaften

Schriftenreihe des Kompetenzzentrums Versicherungswissenschaften GmbH
herausgegeben von Prof. Dr. Alexander Bruns, LL.M.,
und Prof. Dr. J.-Matthias Graf von der Schulenburg

Band 4

Die Versicherungsnachfrage von Unternehmen

Simone Krummaker

J.-Matthias Graf von der Schulenburg (Hrsg.)

VVW
KARLSRUHE

Bibliografische Information Der Deutschen Nationalbibliothek

Die Deutsche Nationalbibliothek verzeichnet diese Publikation in der Deutschen Nationalbibliografie; detaillierte bibliografische Daten sind im Internet über http://dnb.d-nb.de abrufbar.

Druck: printsystem GmbH, Heimsheim

ISSN 1614-6417
ISBN-10: 3-89952-285-0
ISBN-13: 978-3-89952-285-3

Gewidmet

Prof. Dr. Heinz Reichmann

für seine Verdienste im Rahmen der versicherungswissenschaftlichen Lehre und Forschung an der Universität Hannover

Vorwort

Das externe Seminar für ausgewählte Studenten der Versicherungsbetriebslehre an der Universität Hannover wurde im Jahr 2005 bereits zum 20. Mal durchgeführt. Traditionell findet dieses Seminar außerhalb der Universität statt, auch in diesem Jahr war es erneut im idyllisch gelegenen Schloss Wendgräben, dem Schulungszentrum der Konrad Adenauer-Stiftung, zu Gast.

Traditionell wird das Seminar durch Professor Dr. Heinz Reichmann sowie Professor Dr. J.-Matthias Graf von der Schulenburg geleitet. Dieses Seminar war für Prof. Heinz Reichmann das Abschiedsseminar. Für seine Aussage, kurz vor dem 75. Geburtstag müsse man mit der Lehre aufhören, haben wir allerdings kein Verständnis, da er auch diesmal wieder in hervorragender Weise den Inhalt des Seminars mit geplant hat, für ein hochkarätiges Kulturprogramm mit der Besichtigung des Klosters Jerichow gesorgt hat und den Studierenden und Institutsmitgliedern als väterlicher Freund und Berater zur Seite stand. Im Namen des Instituts für Versicherungsbetriebslehre und des Kompetenzzentrums Versicherungswissenschaften danken wir Heinz Reichmann herzlich für sein großes selbstloses Engagement für unsere Studenten und die Forschung. Ihm sei dieser Band zum Dank gewidmet.

Die in diesem Seminar behandelten Themen zeichnen sich stets durch innovative wissenschaftliche und / oder praxisbezogene Fragestellungen aus den Bereichen Versicherungswissenschaften oder Gesundheitsökonomik aus. Einer der aktuellen Forschungsschwerpunkte des Instituts für Versicherungsbetriebslehre und des Kompetenzzentrums Versicherungswissenschaften ist die Versicherungsnachfrage von Unternehmen. Im Gegensatz zur Versicherungsnachfrage von Individuen, für deren Erklärung die Wissenschaft anerkannte Modelle hervorgebracht hat, ist die Versicherungsnahme von Unternehmen bisher nur in erheblich geringerem Maße untersucht worden. Die vernachlässigte wissenschaftliche Auseinandersetzung mit dem Thema steht im Widerspruch zur großen Bedeutung der Versicherung von Unternehmen für die Versicherungswirtschaft. Das Leitthema des Seminars lautete daher in diesem Jahr *„Aspekte der Nachfrage nach Versicherungsleistungen durch Unternehmen“*.

Unternehmer und Unternehmen stehen einer Vielzahl von Risiken gegenüber, die in den Bereichen Gesellschaft, Politik, Natur, Mensch und Technik ihren Ursprung haben. Neben dem unternehmerischen Risiko müssen Unternehmer Personen-, Vermögens- und Sachrisiken begegnen, für die geeignete Risikomanagement-Instrumente zur Verfügung stehen. Unternehmen und Unternehmer müssen nach der Identifizierung relevanter Risiken, Entscheidungen treffen, welche Risiken sie selbst tragen möchten, welche Risiken sich vermeiden lassen und welche auf andere Risikoträger transferiert werden sollen. In diesem Zusammenhang stellt sich auch die Frage, wie viel Risiko Unternehmen tragen können und sollten und welche Risikomanagement-Instrumente, unter denen die Versicherungsnahme nur eines ist, effizient eingesetzt werden können.

Diese Fragestellungen wurden durch Referate von Studierenden mit dem Vertiefungsschwerpunkt „Versicherungswissenschaft“ der Universität Hannover bearbeitet. Darüber hinaus konnten namhafte Praktiker und Wissenschaftler gewonnen werden, die mit ihrer hauptsächlich praxisbezogenen Sichtweise zu einer ganzheitlichen Bearbeitung des Themas im Seminar beitrugen. Zu den Referenten gehörten in diesem Jahr Rolf Aßhoff aus dem Vorstand der HDI Versicherungen, Klaus Braukmann vom Conti Versicherungsdienst, Dr. Hans-Werner Rhein vom (Rück-)Versicherungsmakler Aon Jauch & Hübener sowie Prof. Dr. Christian Laux von der Universität Frankfurt, deren Beiträge die Thematik bereicherten und abrundeten.

Die Arbeiten der Studierenden liegen in diesem Band nun in Schriftform vor und geben einen Einblick in die grundsätzlichen Fragestellungen rund um die Versicherungsnachfrage und das Risikomanagement von Unternehmen. Die Beiträge zeigen, dass es trotz einer theoretisch begründeten Risikoneutralität von Unternehmen, die sich aus der Diversifiziertheit der Eigentümer begründet, verschiedene Ursachen gibt, weshalb ein Risikomanagement auch für diese Unternehmen effizient ist und Nutzen stiftet. Weitere Arbeiten konnten zeigen, dass unter den Strategien zur Risikovermeidung, -verminderung, -tragung und zum Risikotransfer der Kauf von Versicherungen nach wie vor eines der wichtigsten Instrumente darstellt. Die von den internationalen Finanzmärkten zur Verfügung gestellten Instrumente nehmen zu, spielen aber noch keine vorrangige Rolle.

Ein Autor beschäftigte sich mit der Klärung der Frage, ob es für kapitalmarktnotierte Unternehmen eine optimale Versicherungsnachfrage gibt, die den Unternehmenswert maximiert; eine weitere Arbeit zeigt, dass die traditionellen Instrumente des Risikomanagements bei einer Vielzahl von Risiken nicht ausreichen, sehr hohe Prämien erfordern oder kaum Kapazitäten zur Verfügung stehen. Dass der Alternative Risikotransfer eine Ergänzung darstellt, allerdings aufgrund des hohen erforderlichen Knowhows derzeit hauptsächlich von Versicherern und Rückversicherern genutzt wird, war Fokus einer weiteren Arbeit. Der Beitrag zur Rolle der Rückversicherung bei der Versicherung von Unternehmensrisiken zeigt insbesondere auch deren volkswirtschaftlich wichtige Rolle.

Da einer der Forschungsschwerpunkte des Kompetenzzentrums Versicherungswissenschaften den Bereich Risikomanagement betrifft, haben wir uns entschieden die Arbeiten dieses Seminars in Buchform zu veröffentlichen. Unser besonderer Dank gilt den Studierenden, die den wesentlichen Beitrag zum Gelingen dieses 17. externen Seminars des Instituts für Versicherungsbetriebslehre und damit auch der Publikation dieses Werks geleistet haben. Weiterhin freuen wir uns, dass Rolf Aßhoff mit seinem Beitrag einen Einblick in die Sicht eines großen Industrieversicherers bei der Versicherung von Unternehmensrisiken ermöglicht.. Darüber hinaus danken wir besonders der Hanns Martin Schleyer-Stiftung / Heinz Nixdorf-Stiftung und der Konrad Adenauer-Stiftung für die großzügige Förderung dieser Veranstaltung. Weiterer Dank gebührt Yvonne Stöber für die Koordination und Aufarbeitung der Manuskripte.

Hannover, im Juni 2006

Simone Krummaker
J.-Matthias Graf von der Schulenburg

Inhaltsübersicht

Aspekte der Nachfrage nach Versicherungsleistungen aus Sicht eines Industrieversicherers

Rolf Aßhoff

Mitglied der Vorstände

HDI Industrie Versicherung AG

HDI Privat Versicherung AG

HDI Service AG

Inhalt

1. Rahmenbedingungen der Versicherungsnachfrage

Professor Bullinger vom Fraunhofer Institut sagte vor einiger Zeit im Zusammenhang mit der Frage nach der Risikoaversion von Unternehmen sinngemäß folgendes: „Gewinnen werden die Unternehmen, die nicht risikoavers sind und sich am schnellsten auf neue Verhältnisse umstellen können und wollen". Unser Industriekommissar in der EU, Günther Verheugen, wurde in einer namhaften Zeitung mit den Worten zitiert, dass er bei entsprechendem Mut zur Veränderung dafür sorgen werde, dass im Hinblick auf die wirtschaftlichen Rahmenbedingungen die europäische Automobilindustrie die „Pole-Position" einnehmen werde - und nicht Asien oder andere.

„Vorsprung durch Technik" ist der Werbespruch eines namhaften deutschen Autokonzerns. Dass damit prinzipiell hohe Innovation, schnelle Entwicklung und relativ kurze Erprobungsphasen im Zusammenhang stehen, bedarf wohl keiner weiteren Erörterung.

Ich will mich auch gar nicht an Spekulationen beteiligen, wie lange wir in Deutschland oder Europa in vielerlei Branchen den Vorsprung in der Technik noch halten können. Ich gehöre jedenfalls nicht zu den Pessimisten, die diesen Zeitpunkt schon in ca. zehn Jahren als gekommen ansehen, auch wenn Asien in rasendem Tempo die Hochtechnologie in den verschiedensten Branchen in der Welt zunächst einmal im Rahmen von Produkten und Anlagen zukauft.

Sie merken schon, dass die versteckte Frage zu meinem Thema, wie risikoavers Unternehmen sind - im Gegensatz zu der Risikoaversion von Individuen - im Grunde eine Frage nach dem Stellenwert der Versicherung und des Versicherungsschutzes ist.

Viel weiter vorn aber stehen insbesondere für viele Großunternehmen Strategieüberlegungen, mit welchem Kapital, mit welcher hervorragenden Mannschaft, mit welchem hohen Innovationspotenzial man in der Auseinandersetzung mit anderen „Multinationals" zur Spitzengruppe auf der Welt oder wenigstens in Europa aufsteigen, bzw. die vorhandene Position zumindest verteidigen kann. Ich möchte damit deutlich machen, dass die Frage des Versicherungsschutzes für die Unternehmen eine Frage unter vielen ist, dass die Hauptrisiken woanders liegen und diese nicht oder nur teilweise versicherbar sind, wenn ich z. B. an die Fehlsteuerung von Unternehmen denke. Und natürlich bezieht sich die von mir zitierte Äußerung von Prof. Bullinger auf den Gesamtansatz von Unternehmen im globalen Wettbewerb und nicht speziell auf Versicherungsunternehmen.

Betrachten Sie meine Einleitung aber bitte nicht als Finte, denn wenn es so ist, dass die wirklich erfolgreichen Unternehmen nicht risikoavers sein dürfen, stellt sich doch die Frage nur noch spannender dar: Trägt man dann auch noch die weltweiten Haftpflichtrisiken und die Gefahr des Untergangs von Sachwerten größtenteils selbst oder sind die unternehmerischen Risiken inklusive Kapitaleinsatz so groß, dass man in den Bereichen, in denen ein Risikotransfer möglich ist, gern davon Gebrauch macht? Und was heißt schon ‚man' in einer Aktiengesellschaft oder GmbH? Sind das die Aktionäre bzw. Anteilseigner oder die Gesellschafter? Oder sind das vielmehr die gesetzlichen Vertreter und übrigen Organe solcher Gesellschaften?!

Vielfältigste, immer weitergehende Haftungsansprüche von Außenstehenden gegen eine Gesellschaft, aber auch immer weiter zunehmende Inanspruchnahme der Organe durch ihre eigene Gesellschaft z. B. durch deren Aktionäre, nehmen in rasantem Umfang zu, so dass die Absicherung der Organe solcher Gesellschaften einen immer größeren Stellenwert einnimmt. Sie kennen das im Rahmen der so genannten D&O-Versicherung. Viele Manager nehmen eine solche Position überhaupt nur noch an, wenn das Unternehmen eine auskömmliche Deckung hinsichtlich der Deckungssummen als auch Deckungsinhalte zur Verfügung stellt. Hier ist Versicherungsschutz erforderlich, es kann nicht darum gehen, als Unternehmen möglichst viel selbst zu tragen, hier geht es darum, bestmöglichen Versicherungsschutz vorzuhalten. Ähnliches gilt mit Abstrichen für die Industrie-Strafrechtsschutz- bzw. Top-Manager-Rechtsschutz-Versicherungen, bei denen die einzelnen Vorstände oder Geschäftsführer sich einen speziellen eigenen Rechtsanwalt nehmen können, ohne innerhalb der Gesellschaft auf eine eingeschworene allgemeine Meinung des Unternehmens in der Gesamtheit verwiesen zu sein.

2. Versicherung im Risikomanagement von Unternehmen

Beim HDI habe ich einige Jahre Erfahrungen im Bereich der Versicherung des Mittelstandes gesammelt. Seit vielen Jahren steht jedoch das Konzerngeschäft im Vordergrund. Dazwischen habe ich für ca. fünf Jahre die Tätigkeit eines Riskmanagers und Versicherungseinkäufers bei Mannesmann ausgeführt.

Abgesehen davon, dass es immer spannend war, habe ich viele Facetten der Nachfrage von Versicherungen kennen gelernt, die so unterschiedlich sind, dass ich Ihnen zunächst einige Grunddenkarten darlegen möchte, um daraus ableitend mein Thema weiter zu gestalten. Vorher möchte ich aber darauf hinweisen, dass aus meiner Sicht im Prinzip völlig unterschiedliche Ansätze vorhanden sind, um sich dem Thema zu nähern:

- Es gibt Unternehmen, die ausschließlich rational an die Dinge herangehen.
- Bei anderen spielen auch emotionale Gesichtspunkte, insbesondere die sog. jahrzehntelange Unternehmensphilosophie eine nicht unerhebliche Rolle.
- Dann gibt es überlagernd im weitesten Sinne politische Aspekte, wie z. B. in der Kernenergie.
- Und schließlich werden bei etlichen Konzernen auch soziale Anschauungen umgesetzt z.B. im sog. Belegschaftsgeschäft. Hier werden zu äußerst günstigen Konditionen alle privaten Versicherungen für die Belegschaftsangehörigen durch den Inhousebroker angeboten.

Pflichtversicherungen
Über einen immer größer werdenden Bereich braucht man sich keine Gedanken zu machen, denn Pflichtversicherungen müssen einfach abgeschlossen werden. Die Kompliziertheit und Komplexität von wirtschaftlichen Vorgängen, die auf unser heutiges modernes Leben mit großer Anspruchsmentalität ausstrahlen, führen meines Erachtens dazu, dass insbesondere im Haftpflichtbereich eine Flut von neuen Gesetzesvorhaben in den zuständigen Gremien noch verhandelt werden, die der Gesetzgeber am liebsten im Wege der Pflichtversicherung auf die Versicherer abwälzen möchte. Dass hierbei eine Masse von EU-Richtlinien die nationalen Gesetzgeber zunehmend antreibt, ist gar keine Frage. Mittlerweile ist eine deutliche Tendenz zu immer mehr Pflichtversicherungen erkennbar. Wenn der Gesetzgeber die Haftungsvorschriften mit einer Versicherungspflicht verknüpft, werden der Versicherungswirtschaft schwierigste Regelungsinhalte auferlegt, wobei die Deckung am liebsten kongruent zur Haftung ausgestaltet werden sollte. Ich persönlich bin der Auffassung, dass nicht zu viele Pflichtversicherungen entstehen sollten, sondern nur solche von fundamentaler Bedeutung, wie z. B. die Kfz-Haftpflichtversicherung, die AMG (Arzneimittelgesetz)-Versicherungen und alle Pflichtversicherungen in Zusammenhang mit Luftverkehr, Atomrecht und vergleichbares. Ansonsten wird zu sehr in die Vertragsfreiheit von Versicherungsnehmer und Versicherer eingegriffen, was m. E. im Endeffekt den Wettbewerb auf dem Versicherungsmarkt nicht fördert.

Haftpflichtansprüche gegen Unternehmen
Ich kenne eine sehr überschaubare Anzahl von Unternehmen, die so groß und finanziell so potent sind, dass sie bewusst ganz oder in Teilbereichen auf Versicherungsschutz verzichten, obwohl es sich prinzipiell um hohe Risiken handelt. Dass hier das interne Risk Management von außerordentlich wichtiger und zentraler Bedeutung ist, liegt auf der Hand. Mein persönlicher Eindruck ist hier manchmal, dass neben rein rationalen Erwägungen auch emotional gefärbte Gedankengänge eine Rolle spielen. Nach dem Motto: „Diese Risiken haben wir in der Geschichte unseres Unternehmens nie versichert und wir werden sie auch nicht versichern.“ Beispielhaft nenne ich hier D&O- und Rechtsschutzversicherungen, die bis Mitte der 90er Jahre bei einigen deutschen Großunternehmen geradezu verpönt waren. Man berief sich einerseits auf eigene Rechtsabteilungen in

Kompaniestärke sowie im D&O-Bereich darauf, dass schlimmstenfalls Vorstände und Geschäftsführer von einem Tag zum anderen das Unternehmen verlassen mussten. Das hat sich nachhaltig geändert. Gesetzgebung und Rechtssprechung führen insbesondere die Großunternehmen praktisch zum Abschluss von D&O-Versicherungen. Dies gilt schon deshalb, weil die Rechtssprechung in bestimmten Fällen den Aufsichtsrat zwingt, gegen ihre eigenen Vorstände vorzugehen. Schon vorhin habe ich in diesem Zusammenhang von einer gewissen Besorgnis oder zumindest Sorge von Organen von Unternehmen angesprochen, die einmal in die Richtung der Anteilseigner und Aktionäre, zum anderen in die Richtung der Arbeitnehmer und dem politischen Umfeld gehen. Und die Vorschriften werden immer mehr und immer schärfer. Das Thema befindet sich in der Diskussion. Aus meiner Sicht gibt es nur wenige Branchen, in denen das Haftpflichtrisiko durch 1000-fache Kontrollen fast gegen null gefahren werden kann. Hierzu zähle ich z. B. die Kernenergieindustrie. Hier weiß wirklich jeder, dass kein Fehler geschehen darf, da anderenfalls die Sicherheit der Menschen fundamental, ja unmittelbar existentiell bedroht ist. Trotzdem passieren auch in Deutschland - Gott sei Dank äußerst selten - kleinere Unfälle, die nicht völlig auszuschließen sind.

Risikomanagement: Schaden verhüten ist besser, als Schaden vergüten

Es gibt und gab Unternehmen, die im wahrsten Sinne des Wortes die „Vollkaskomentalität“ lieben, die in ihrer jahrzehntelangen Geschichte ihre zu irgendeinem günstigen Zeitpunkt ausgehandelten Altverträge mit Klauen und Zähnen verteidigen. Ich kenne Policen, die über 150 Nachträge hatten. Jeder Versuch, eine grundlegende Neuordnung herbeizuführen und einen neuen Vertrag zu schreiben, war und ist ein Abenteuer für sich. Da kann nicht festgestellt werden, dass die Zeichen der Zeit nicht verstanden wurden. Sie wissen, dass weitgehender Risikotransfer gerade heute von außerordentlicher Bedeutung ist. Solche Unternehmen sind im Regelfall nicht avers gegen Risk Management und gegen eine immer neue Überprüfung der Organisation des gesamten Qualitätswesens und neuer Sicherheitsstandards. Wissend, dass massive und andauernde Qualitätsprobleme ein Unternehmen in arge Bedrängnis bringen können - Beispiele dürften Ihnen geläufig sein - machen sie beides: Absoluten Risikotransfer und optimales Risk Management. Diese Fachleute wissen eben auch, dass optimaler Versicherungsschutz im Einzelfall nicht wirklich kongruent mit dem katastrophalen Schadenaufwand sein kann und dass z. B. auch den hohen Imageverlust kein Haftpflichtversicherer der Welt ersetzen kann. Als Risk Management Anfang der 80er Jahre für viele eher noch ein Fremdwort war, galt schon die alte Weisheit: „Schäden verhüten ist besser, als Schäden vergüten.“ Das war interessant für die Versicherungsnehmer und gleichermaßen für die Versicherer. Es gab zwischendurch Zeiten, in denen professionelle Industrieversicherer nach intensivster Beratung ihren Kunden hohen Versicherungsschutz dort zur Verfügung stellten, wo nach gemeinsamer Meinung mit dem Kunden das Risiko am größten war. Wenig später setzte sich dann für mich wesentlich einleuchtender, die „insgesamt breiteren Jacken“ durch, zum Wohle der Unternehmen, denen damit das Restrisiko in minderschwer eingeschätzten Bereichen abgenommen wurde. Diese „dicken“ alten Policen gab es nicht nur in den 60er bis 80er Jahren. Man konnte sie hier und da auch noch Ende der 90er Jahre völlig neu entstehen lassen. Jedenfalls dann, wenn ein Großunternehmen über Jahrzehnte seine Risiken den Versicherern transparent gemacht hatte und die Qualität des Unternehmens inklusive all seiner Produktlinien außer Frage stand. Wirklich möglich war es letztendlich aber nur durch das Hinzutreten eines wichtigen Merkmales meines Themas, nämlich dem Auf und Ab der Zyklen.

Über das so genannte Zyklenmanagement aus Sicht eines Versicherers zu sprechen, ist wahrlich ein hochinteressantes und gleichzeitig abendfüllendes Unterfangen. Die periodisch eingetretenen steilen Ab- und Aufwärtsbewegungen in der Feuersparte sind aus der Vergangenheit bekannt. Ob sich diese starken Ausschläge in die eine oder andere Richtung künftig ähnlich fortsetzen oder flacher werden, lasse ich einmal dahingestellt. Ohne jeden Zweifel deutlich flacher sind sie in der Sparte Haftpflicht ausgeprägt, so dass die Sparten auch diesbezüglich nicht vergleichbar sind. Im Grundsatz haben wir es hier mit flacheren Anstiegen zu tun, die prinzipiell aber kontinuierlich eher nach oben gehen, nicht unterbrochen von steilen Abstiegen, sondern eher durch ein gewisses zwischenzeitliches Innehalten auf einem gewissen Plateau, um dann die moderate Kurve nach oben fortzusetzen. Es gibt also Phasen eines eher härteren Marktes in Zeiten von Sanierungen und zwischendurch Phasen eines eher weicheren Marktes. Es ist völlig klar, dass Versicherungsnehmer in weicheren Zeiten, z. B. in der zweiten Hälfte der 90er Jahre, die Inhalte von Policen für sich deutlich freundlicher gestalten konnten als zu anderen Zeiten.

Das Gleiche gilt vom Prinzip her auch hinsichtlich der gewünschten Deckungssummenkapazität und mit Abstrichen auch für die Preise. Eine ganz entscheidende Frage in diesem Zusammenhang ist, ob die Versicherungsnehmer solche Zeiten zum Ausbau ihres Versicherungsschutzes nutzen oder nicht. Meine Erfahrungen sind eindeutig: Zuerst wird versucht, Versicherungsinhalte aufzubohren, Selbstbeteiligungen sollen reduziert werden, Sublimits sollen erhöht werden und vieles andere mehr. Sollte die weichere Tendenz anhalten, wird zusätzlich versucht den Preis zu senken. Die pausenlosen Haftungsverschärfungen, die hohe Anspruchsmentalität und die schwer abschätzbaren Haftpflichtrisiken werden meiner Meinung nach zur Zeit jedenfalls nicht dazu führen, dass solche Verhältnisse wie in der zweiten Hälfte der 90er Jahre Einzug halten.

Lange Rede kurzer Sinn: Schon an dieser Stelle kann ich eine gewisse Sympathie für die Doppelstrategie nicht verhehlen: Weitreichender Versicherungsschutz gekoppelt mit optimalem Risk Management der Versicherungsnehmer, mit Unterstützung durch einen erstklassigen Industrieversicherer, der über ausgefeilte computergestützte „Frühwarn- und Expertensysteme“ verfügt. Wenn ich das jetzt so sage, werden Sie sicher zu Recht vermuten, dass der HDI gut positioniert ist. Dass dieser Ansatz vom Prinzip her nicht das Billig-/Sparpaket sein kann, versteht sich von selbst. Bei „Longtail-Risiken“ wie im Haftpflichtbereich, bei denen Kunden und Versicherer häufig noch 10 Jahre oder länger zur Kasse gebeten werden können, ist es nicht ratsam, eine absolute Billigversion einzukaufen. Ein Hinweis auf die hässlichen Langzeitthemen wie z. B. Asbest, Tabak, Dioxine und andere sehr gefährliche Produkte, ist hinreichend. Hier geht es teilweise um Fälle aus den 60er und 70er Jahren. Wenn Sachversicherer nach einem sehr guten Jahr ohne wirkliche Großschäden „zu Silvester die Korken knallen lassen“, heißt das für die Longtail-Sparte Haftpflicht wenig bis überhaupt nichts. Wohl dem, der kontinuierlich den besten inhaltlichen Schutz vereinbart hatte, so dass zwischendurch keine Versicherungslöcher entstanden sind.

Risikomanagement zwischen Vollkaskomentalität und keinem Versicherungsschutz

Natürlich gibt es zwischen der Fallgruppe „kein Versicherungsschutz" und der Fallgruppe „Vollkasko" unglaublich viele Spielarten, die man sich als Versicherungsnehmer aussuchen kann, wenn man nicht gerade zu einer Branche gehört, die zu den für die Versicherer und Rückversicherer risikovollsten überhaupt gehört, wie z. B. im Haftpflichtbereich die Sparte Pharma, das Riesenheer kleiner und großer Kfz-Zulieferer und die Nahrungsmittelindustrie. So haben sich im Laufe der Zeit insbesondere im Pharmabereich hohe SIR's und als Versicherungsfalldefinition in Teilbereichen das „Claims-made-Prinzip" durchgesetzt. Mittlerweile hat hier eine spannende Bedingungsdiskussion eingesetzt. In der Kfz-Zulieferer-Industrie setzen sich in Folge der hohen Frequenz der Kfz-Rückrufe durch die Automobilhersteller relativ hohe Selbstbeteiligungen je Rückruf durch. Es gibt ohnehin nur noch wenige Versicherer, die die Kfz-Rückrufkosten-Regreßversicherungen für die Kfz-Zulieferer mit nennenswerten Deckungssummen anbieten. Das ist auch kein Wunder, da in Deutschland im Jahr 2004 über 200 Rückrufe stattgefunden haben. Das war das Rekordjahr der letzten zehn Jahre und eine wirkliche Entspannung ist hier nicht abzusehen.

Dass viele Kunden soviel Versicherungsschutz nehmen, wie verfügbar ist, liegt, trotz aller Anstrengungen im Bereich des Risk Management und damit aller Anstrengungen, fehlerlose Produkte herzustellen, auf der Hand. Dies gilt umso mehr für die genannten schwierigen Branchen, die riesige Märkte, insbesondere die USA bedienen. An dieser Stelle kann nur kurz darauf hingewiesen werden, wie außerordentlich risikoreich die Bedienung des US-amerikanischen Marktes aufgrund des amerikanischen Rechtssystems in Zusammenhang mit der Besonderheit des dortigen Sozialsystems ist.

Bei den Spielarten zwischen „keinem Versicherungsschutz" und „Vollkaskomentalität" gibt es eine Reihe von Eigentragungslösungen, die vom Prinzip her einen gemeinsamen Ansatz mit mehr oder minder nicht versicherten Grundbereichen haben, je nachdem, ob es sich um eine Branche mit Frequenzschäden oder mit sehr hohen Einzelschäden handelt.

Bei großen Handelsketten ist schon eine Selbstbeteiligung von 1.000 Euro je Schadenfall ausreichend, um aufgrund der großen Frequenz zu einem großen Eigentragungspotential zu kommen. Bei den möglichen Großschäden, insbesondere im Pharmabereich werden häufig eine bis mehrere Millionen Euro im Eigenbehalt getragen. Ein recht guter Ansatz ist, den Durchschnitt der Gesamthöhe der jährlichen Schäden zu ermitteln und in dieser Größenordnung den Eigenanteil pro Jahr festzulegen. Gemeint ist damit der jährliche Bodensatz an Schäden, der über die Höhe der Prämie bezahlt werden muss, allerdings noch erhöht um die Versicherungssteuer. Geldwechselgeschäfte können so vermieden werden. Und, dass die Versicherer z. B. bei höheren Deckungssummen für Kfz-Rückruffälle nicht neben dem Großschaden auch noch die kleineren Schäden bezahlen möchten, dürfte einleuchten. Auch die vielfach gegründeten Captives, die je nach Ausgestaltung sicherlich viele Vorteile haben, stellen im Prinzip eine intelligente Art der Selbsttragung dar. Die so genannten ART-Lösungen bevorzuge ich in der Langfristsparte Haftpflicht nicht, es sei denn, ein wirklicher Risikotransfer ist überhaupt nicht möglich.

3. Fazit: Versicherung als Erfolgsfaktor innovativer Unternehmen und Herausforderung für die Versicherer

Die Wahlfreiheit bei Schwerstrisiken ist sehr eingeschränkt. Die Versicherungsnehmer kämpfen um die Höhe der zur Verfügung gestellten Kapazität und entscheiden, ob eine noch höhere Eigentragung gewünscht wird, als der Versicherer ohnehin schon verlangt. Auch wenn die Preise zurzeit sicher nicht niedrig sind, die Nachfrage nach Versicherungsschutz ist da, insbesondere auch in den geschilderten Problembereichen. Ganz wichtig ist die Qualität der Versicherungsinhalte, die mit professionellen Industrieversicherern individuell verhandelt werden können. Insoweit denke ich z. B. an die kleinen und großen Kfz-Zulieferer. Ich kenne bei uns die Nachfragen nach Mitversicherung von sog. Qualitätssicherungsvereinbarungen, die von der gesetzlichen Haftpflicht abweichen.

In einem normalen Haftpflichtversicherungsvertrag ist nur die im Gesetz niedergeschriebene Haftung gedeckt, nicht aber die in der heutigen Zeit ständig erweiterten Haftungsvereinbarungen zwischen den Vertragspartnern, also z. B. zwischen Kfz-Herstellern und Kfz-Zulieferern. Sie betreffen auch zunehmend den Mittelstand, der teilweise schon aus existentiellen Gründen heraus international auftreten und zunehmend Haftungsregeln akzeptieren muss, die dieser normalerweise gar nicht kennt und auch nicht haben möchte. In Konzernen gibt es Spezialisten in den Rechtsabteilungen und auch bei den so genannten Firmenvermittlern, die Inhousebroker. Diese ermitteln bei Großprojekten, wie z. B. im Großanlagenbau, ob und inwieweit man sich von der gesetzlichen Haftung entfernt und fragen dann ihren professionellen Haftpflichtversicherer, ob nicht eine vertraglich erhöhte Haftung übernommen werden kann, anders als dies die gesetzlichen Vorschriften vorsehen. Hierauf weise ich bei jeder Gelegenheit auch den Mittelstand hin. Wenn dieser nicht optimal hinsichtlich des Inhalts der Policen beraten wird, nutzt den Unternehmen eine höhere Deckungssumme nichts. Der Kunde bekommt dann „Steine statt Brot“.

In der komplexen und schwierigen Sparte Haftpflicht warne ich vor all zu großer Risikofreudigkeit. Vielmehr muss genauestens herausgearbeitet werden, welches Risiko konkret selbst getragen werden soll und kann; und dafür ist bereits eine Feinanalyse nötig. Ansonsten handelt es sich um ein höchst gefährliches „Stochern im Nebel“. Viele Kunden und deren vielfältige Interessenvertreter formulieren nicht, wie risikoavers die deutschen Unternehmen sind, sie fragen im Gegenteil nach der Risikoaversion der Versicherer, nach dem Motto: „Am Anfang war der Ausschluss“. Dass ich dem widerspreche - insbesondere für das Unternehmen, für das ich tätig bin - werden Sie verstehen. Im Übrigen glaube ich, dass ich Ihnen genügend innovative Ansätze gezeigt habe, um unsere Kunden im internationalen Wettbewerb zu begleiten.

Damit komme ich prinzipiell also schon zu meiner Grundaussage und Botschaft: Insbesondere die Haftpflichtversicherung ist auf das Engste verzahnt mit den gesamtwirtschaftlichen und zunehmend globalen Veränderungen, aufs Engste verknüpft mit dem gesellschaftlichen Umfeld, aufs Engste betroffen von den pausenlosen Neuerungen in der haftungsrechtlichen Gesetzgebung und der haftungsrechtlichen Rechtssprechung, sowie konfrontiert mit einem ständig steigenden Anspruchsbewusstsein der Geschädigten. Dies betrifft nicht nur Amerika, sondern auch Unternehmen hier in Europa, nach dem Motto: „Wie komme ich mit meiner Klage am besten vor ein amerikanisches Gericht, weil ich dort am leichtesten und am meisten etwas bekomme“.

Soll beim pausenlosen Zwang zur Innovation und dem Zwang zu immer kostengünstigen Strukturen, d. h. weniger Personal, eine möglichst fehlerfreie Produktion gewährleistet und dabei auch noch die optimale Qualität garantiert werden, dann setzt das schon viel Mut und Können und vor allen Dingen Risikobereitschaft im globalen Wettbewerb voraus. Und die Unternehmen möchten nicht auch noch mit ihrem Großschadenrisiko im Einzelfall allein dastehen. Sie brauchen und wollen den international versierten Versicherer an ihrer Seite, der routinemäßig z. B. einen weltweiten Rückruf abwickelt, während sie selbst schon alle Hände voll damit zu tun haben, Lieferant des Automobilherstellers zu bleiben und die Imageschäden in Grenzen zu halten.

Die Unternehmen wollen eine weltweit optimale Schadenregulierung; sie wollen vor dem geschilderten Hintergrund optimal zugeschnittene Versicherungsverträge und eben ganz allgemein ein professionelles Großunternehmen an ihrer Seite. Und sie brauchen all ihre Risikobereitschaft, um das hinzubekommen, wofür ihnen der Versicherer sowieso keinen Versicherungsschutz bieten kann, nämlich weiterhin mit hoher Innovationskraft im internationalen Wettbewerb zu bestehen.

Was sind Unternehmen?

Stephanie Sroka

Inhalt

1. Einführung

Täglich begegnen wir wie selbstverständlich dem Begriff der Unternehmung. In den Nachrichten wird über Fusionen ebensolcher berichtet, Tageszeitungen enthalten nicht nur im Wirtschaftsteil ausführliche Abhandlungen über den aktuellen Stand verschiedener Unternehmen, auch in der Politik ist „die Unternehmung" Gegenstand einer breiten Diskussion. In den letzten Jahren hat sich die Wettbewerbssituation der Unternehmen dramatisch verändert. Güter-, Arbeits- und Informationsmärkte unterliegen zunehmender Globalisierung. Es besteht ein Wandel von Verkäufer- zu Käufermärkten, auf denen immer anspruchsvollere Käufer nicht mehr bereit sind, organisatorisch bedingte Koordinationsprobleme, welche sich in Schnittstellenproblemen oder langen Lieferzeiten äußern, hinzunehmen. Neue Technologien, wie das Internet, sorgen für Produktions- und Leistungssteigerungen, Virtualisierung, Miniaturisierung und Mobilität. Unternehmen, Branchen, Politik und Gesellschaft konstituieren sich dabei im Wesentlichen durch Information und Kommunikation. Die neuen Technologien tragen auch zu einer Intensivierung der Innovationsdynamik im

Rahmen der Produkt- und Prozessinnovationen bei.[1] Worin aber liegen die Vorteile der Unternehmensgründung? Diese Arbeit soll zunächst einen Überblick über den Transaktionskostenansatz von Ronald Harry Coase geben. Des Weiteren soll der wissensbasierte Erklärungsansatz zur Existenz von Unternehmen in Verbindung mit dem ressourcenbasierten Ansatz dargestellt werden. So unterschiedlich die Ansätze auch sind, ihnen ist ein zentraler Faktor gemein - die Information.

2. Warum Unternehmen und Märkte?

Grundintention jeden wirtschaftlichen Handelns ist die Bedürfnisbefriedigung. Jeder Mensch verfügt über eine i. d. R. unbegrenzte Anzahl subjektiver Bedürfnisse. Demgegenüber sind die Güter, welche zur Bedürfnisbefriedigung geeignet wären, begrenzt. Aus der Güterknappheit heraus haben sich Mechanismen gebildet, welche zumeist als selbstverständlich hingenommen werden, wie z. B. Tausch, Arbeitsteilung, Märkte und auch Unternehmen. Was aber sind Unternehmen?

Unternehmen können interpretiert werden als „... technische, soziale, wirtschaftliche, organisatorische und evtl. rechtliche Einheit, die Güter zur Deckung eines Bedarfes erstellt, dazu selbständig Entscheidungen trifft und dafür die Risiken trägt".[2] D. h. Unternehmen leisten einen Beitrag zur Minderung des Knappheitsproblems und haben offensichtlich einen Vorteil gegenüber der ausschließlichen Inanspruchnahme des Marktes.

Grundsätzlich existieren drei Grundansätze zur Lösung des Knappheitsproblems.[3] So kann ein Konsumverzicht zum heutigen Zeitpunkt zu einer Steigerung der Erträge in Folgejahren führen. Hält man z. B. in diesem Jahr einen kleinen Anteil einer Getreideernte zurück, kann man durch die erneute Aussaat im nächsten Jahr einen weitaus größeren Teil konsumieren. Einen weiteren Beitrag zur Lösung des Knappheitsproblems leisten Innovation und technischer Fortschritt. Diese ermöglichen den effizienten Einsatz von Ressourcen, so dass hierdurch eine Erhöhung der Konsum-

---

1 Vgl. Picot, A. et al. (2003), S. 5.
2 Schneck, O. (2003), S. 123.
3 Vgl. Picot, A. et al. (2003), S. 23-26.

menge erreicht wird. Den wohl wesentlichsten Beitrag liefert die Arbeitsteilung und damit verbunden die Spezialisierung.[4] Unterliegt der Mensch doch sowohl zeitlichen als auch kognitiven Begrenzungen, die ein Aufspalten von Aufgaben in bewältigbare Teilaufgaben erfordern. Durch die Spezialisierung auf bestimmte Aufgabenbereiche ist es möglich, Spezialkenntnisse zu erwerben, die u. U. erhebliche Produktivitätssteigerungen nach sich ziehen können. Für alle Grundansätze ist die Information als zweckorientiertes Wissen von essentieller Bedeutung.[5] So gehen dem Konsumverzicht die Schätzung des zukünftigen Bedarfes und die kompetente Einsatzplanung der Produktionsmittel voraus. Eine Innovation gründet stets in einer Idee, also Information. Die Arbeitsteilung erfordert Fachwissen für die Zerlegung der Gesamtaufgabe, der Zuteilung einzelner Aufgabenbereiche und der Kontrolle der Aufgabendurchführung.

Da Information selbst auch ein knappes Gut darstellt,[6] entstehen in einer arbeitsteiligen Wirtschaft zwei Arten von Organisationsproblemen. Zum einen existieren Koordinationsprobleme. Diese entstehen dann, wenn einem Akteur Informationen über seine Aufgabe im Wirtschaftsprozess fehlen und seine Fähigkeit zur Aufgabenerfüllung dadurch beeinträchtigt wird. Zum anderen können Motivationsprobleme auftreten, welche daraus resultieren, dass Interessenkonflikte zwischen den Akteuren bestehen. Der ausführende Akteur verfolgt dann andere Ziele als sein Auftraggeber, obwohl er sich den inhaltlichen Anforderungen seiner Aufgabe durchaus bewusst ist.[7] Die Kosten zur Lösung beider Probleme können als Transaktionskosten bezeichnet werden. Picot bezeichnet diese als Kosten der Produktion einer Organisationsleistung.[8]

4 Vgl. Picot, A. et al. (2003), S. 24-25.
5 Vgl. Kramer, R. (1965), S. 25.
6 Vgl. Hermesch, M. (2003), S. 16-17.
7 Vgl. Jost, P.-J. / Erlei, M. (2001), S. 36-37.
8 Vgl. Picot, A. et al. (2003), S. 27-29.

3. Die Transaktionskostentheorie

3.1 Was sind Transaktionskosten?

Als Begründer der Transaktionskostentheorie gilt Ronald Harry Coase mit seinem 1937 erschienenen, bahnbrechenden Aufsatz „The Nature of the Firm“. Sein Aufsatz basiert auf der Frage, warum Unternehmen überhaupt existieren, wenn doch die gesamte Koordinations- und Allokationsfunktion vom Preismechanismus, also dem Markt, wahrgenommen wird. Hierbei betrachtet er die Koordination der Produktion durch Unternehmen und durch den Markt als Alternativen. Für Coase liegt die Entstehung von Unternehmen in der Existenz von Kosten zur Nutzung des Preismechanismus begründet. Zum einen sei allein die Ermittlung der relevanten Preise bereits ein offensichtlicher Kostenfaktor. Außerdem müssten auch die Kosten für das Verhandeln und Abschließen eines separaten Vertrages für jede einzelne Transaktion berücksichtigt werden.[9] In der Literatur hat sich eine Vielzahl von Definitionen für den Begriff Transaktion herausgebildet. Diese reichen von der Deklaration als ökonomische Austauschbeziehung zwischen zwei Parteien,[10] über die Vereinbarung des Tausches zwischen zwei Parteien *und* deren vorhergehender Klärung,[11] bis hin zur Definition Sauters, der ausführt, es handele sich bei Transaktionen um „Verträge, Vereinbarungen, Regelungen über den Güter- und Leistungsverkehr zwischen mit Rechten ausgestatteten Ressourcenträgern“.[12] Hier wird die enge Verknüpfung der Transaktionskostentheorie mit der Property Rights Theorie deutlich. Um eine Markttransaktion erfolgreich durchführen zu können, bedarf es nach Coase der Aufdeckung „who it is that one wishes to deal with, to inform people that one wishes to deal and on what terms, to conduct negotiations leading up to bargain, to draw up the contract, to undertake the inspections needed, to make sure that the terms of the contract are being observed, and so on”.[13] Somit wird deutlich, dass der Transaktionsprozess im Wesentlichen aus vier Phasen besteht:

---

9 Vgl. Coase, R. H. (1988), S. 35-38.
10 Vgl. Ouchi, W. G. (1980), S. 3.
11 Vgl. Picot, A. (1982), S. 269.
12 Sauter, F. (1985), S. 23.
13 Vgl. Coase, R. H. (1988), S. 6.

In der ersten Phase, der Beschaffung von Information über geeignete Geschäftspartner, ist zwischen dem Anfall erhöhter Informationskosten oder einem erhöhten Unsicherheitsfaktor abzuwägen. Mit dem Ausmaß der Suchaktivitäten nimmt zwar der Unsicherheitsgrad über den Transaktionspartner ab, aber auch die Kosten der Informationssuche zu. Direkte Kosten fallen in Form von Zeitkosten und Zahlungen an Dritte an, die zur Informationsbeschaffung engagiert werden. Nicht aufgedeckte, transaktionsrelevante Tatsachen führen u. U. zu Ertragseinbußen und stellen somit Opportunitätskosten dar.[14] Im Anschluss sind die potenziellen Vertragspartner über die Verhandlungsabsichten zu informieren, es beginnt die zweite Phase der Verhandlungen mit den potenziellen Vertragspartnern. Hier geht es im Wesentlichen um das Aushandeln der Konditionen, d. h. Qualität der Leistung, Liefertermine und Zahlungsmodalitäten müssen festgelegt werden, auch die Vereinbarung von Sanktionen gehört hierher. Dies führt zum Anfall von Zeit- und Sachverständigenkosten auf der einen Seite und zu Opportunitätskosten in Form entgangener Erträge oder Kosteneinsparungsmöglichkeiten auf der anderen Seite.[15] Nach erfolgreichen Verhandlungen beginnt die dritte Phase des Transaktionsprozesses, der Vertragsabschluss. Er kann als das Ergebnis einer Einigung interpretiert werden. Schlussendlich ist die Einhaltung der Verträge zu überwachen. Dies kann zum einen die Einhaltung der vereinbarten Fristen betreffen, aber auch der Wareneingang ist zu überprüfen. Zudem fallen eventuelle gerichtliche Mahn- und Verfahrenskosten in diesen Bereich.[16] In allen vier Phasen fallen Informationsweitergabekosten, z. B. Telefon und Faxkosten etc., sowie Informationsverarbeitungskosten an.

Zusammenfassend lässt sich also festhalten, dass Transaktionskosten interpretiert werden können als Aufwendungen und Opportunitätskosten des die Transaktion steuernden Informationsflusses. Sie sind umso höher, je höher der Grad der Informationsasymmetrie aufgrund der Umwelt- und Verhaltensunsicherheit ist.[17]

---

14 Vgl. Fuchs, W. (1994), S. 33-34.
15 Vgl. Fuchs, W. (1994), S. 34-35.
16 Vgl. Fuchs, W. (1994), S. 35-37.
17 Vgl. Windsperger, J. (1996), S. 4.

3.2 Die Rolle der Unternehmen im Transaktionsprozess

Da nun die Begriffe der Transaktion und Transaktionskosten hinreichend erläutert sind, stellt sich die Frage nach der Rolle der Unternehmen, denn bisher wurde noch nicht herausgestellt, welcher Vorteil sich durch die Einbindung von Unternehmen ergibt. Nach Windsperger werden durch die Installierung einer Unternehmung die Umwelt-, Transaktions-, und Verhaltensunsicherheiten reduziert und somit die Transaktionskosten verringert. Dies soll an folgendem einfachen Beispiel verdeutlicht werden:[18]

Es existieren zwei Arten von Akteuren, die unter Abwesenheit von Unternehmen ihre Aktivitäten koordinieren. Auf der einen Seite werden Inputgüter erzeugt die von „n“ Inputgütererzeugern an die „m“ Konsumgüternachfrager verkauft werden. Die Koordination der Aktivitäten der Akteure erfolgt mittels Verträgen. Gehen wir davon aus, dass alle wechselseitig miteinander vertragliche Beziehungen eingehen, ergibt sich folgendes Vertragsgeflecht:

Abbildung 1: Vertragsgeflecht unter Abwesenheit von Unternehmen

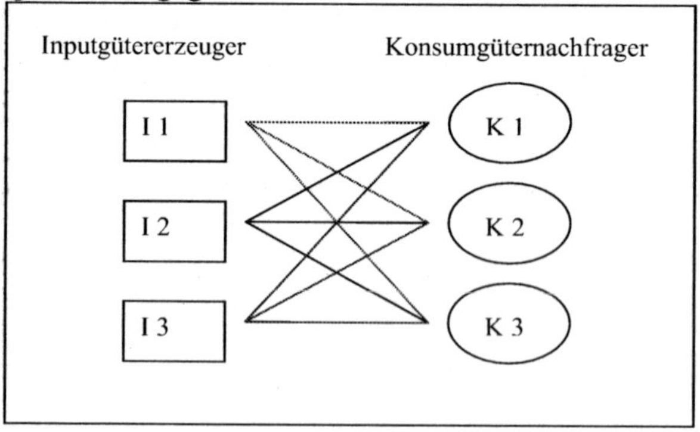

Quelle: in Anlehnung an Windsperger, J. (1996), S. 74.

Somit entstehen $m*n$ Vertragsbeziehungen mit $m=n=3$, insgesamt 9. Anders gestaltet sich die Situation bei Integration eines Unternehmens mit Koordinationsfunktion. Es bezieht die Inputfaktoren von unseren Erzeugern I, wandelt diese Inputgüter in ein fertiges Endprodukt um und ver-

[18] Vgl. Windsperger, J. (1996), S.74-78.

kauft dieses im Anschluss an unsere Konsumgüterabnehmer, ergibt sich folgendes Bild:

Abbildung 2: Vertragsgeflecht unter Einbezug eines Unternehmens mit Koordinationsfunktion

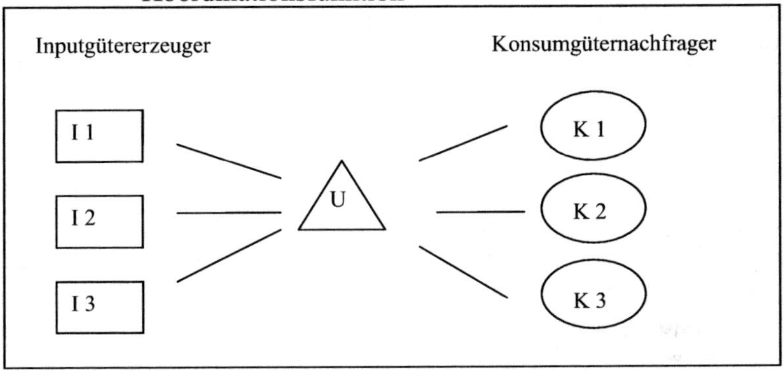

Quelle: in Anlehnung an Windsperger J. (1996), S. 76.

Somit reduziert sich die Anzahl der Vertragsbeziehungen von $m*n$ auf $(m+n)$, in unserem Fall also 6. Aus einer Reduktion der Vertragsbeziehungen erfolgt unmittelbar eine Reduktion der (externen) Transaktionskosten. Den externen Transaktionskosten stehen bei Unternehmensentstehung die internen Transaktionskosten der Unternehmenskoordination gegenüber, denn auch innerhalb der Unternehmung ist es erforderlich, Informationen auszutauschen.[19] Die Kosten des internen Informationsflusses zur Vorbereitung und Durchführung einer Transaktion werden interne Transaktionskosten genannt.[20] Es besteht die Notwendigkeit der Implementierung eines Informationsverarbeitungssystems. Hierbei erfolgt die Festlegung des Vorgehens bei der Informationsgewinnung und -verarbeitung. Außerdem müssen Anreizsysteme implementiert werden, die dafür sorgen, dass Informationsvorsprünge zum Wohle der Unternehmung und nicht zur Erlangung eines persönlichen Vorteils eingesetzt werden. Zur Implementierung eines wirksamen Anreiz- und Kontrollsystems bedarf es einer hierarchischen Anordnung innerhalb einer Unternehmung. Folglich stehen der Transaktionskostenersparnis nun die internen Kosten der Organisation einer Trans-

[19] Vgl. Rahmeyer, F. (o. J.), S. 24.
[20] Vgl. Fuchs, W. (1994), S. 109-110.

aktion innerhalb der Unternehmung gegenüber.[21] Die Entstehung der Unternehmen lässt sich also nur dadurch erklären, dass die Transaktionskostenersparnis über den erwarteten internen Organisationskosten liegt. Dementsprechend wird das Unternehmen mehr Transaktionen ausführen, also größer sein, je geringer die internen Organisationskosten sind und je geringer der Kostenanstieg mit jeder weiteren Transaktion ist. Neben der Entstehung von Unternehmensaktivität lässt sich auch eine natürliche Begrenzung des Umfanges der Transaktionsaktivitäten durch die Gegenüberstellung erklären. Coase geht von einem Punkt aus, an welchem die Kosten der internen Organisation einer weiteren Transaktion äquivalent sind zu den Kosten, die anfielen, wenn man die Transaktion an den offenen Markt hinaustrüge.[22] Damit ist ein Unternehmer indifferent zwischen der Selbstabwicklung der Transaktion und der „Fremddurchführung", da er ab diesem Punkt nicht mehr effizient anbieten kann. Somit kann er den Zutritt weiterer Unternehmen auf dem Markt nicht mehr verhindern, es entsteht eine Konkurrenzsituation, zwischen mehreren homogenen Unternehmungen.
Wie oben bereits erwähnt, entstehen der Unternehmung neben den Koordinationskosten auch Kosten zur Implementierung eines wirksamen Anreizsystems, um zu verhindern, dass Beteiligte ihre Informationsvorsprünge entgegen dem Wohl der Unternehmung einsetzen. In Kapitel 2 wurde dies als Motivationsproblem bezeichnet. Resultierend aus der Annahme, dass jeder Beteiligte mit unterschiedlichen Informationen ausgestattet ist, besteht die Gefahr von Informationsasymmetrien. Asymmetrisch verteilte Information liegt immer dann vor, wenn ein Akteur über einen besseren Informationsstand verfügt als ein anderer. In der Theorie ist dies als Principal-Agent-Problematik bekannt.

3.3 Die Principal-Agent-Theorie

Die Principal-Agent-Theorie geht auf die Erforschung des Risikoverhaltens durch Ökonomen zurück. Dabei galt es herauszufinden, wie die Risikoverteilung unter Individuen oder in Gruppen erfolgt, die zusammen arbeiten, da man von individuell verschiedenen Risikopräferenzen ausgehen kann. Untersucht wurde der Fall, bei dem ein Auftraggeber (Prinzipal) Ar-

---

[21] Vgl. Fuchs, W. (1994), S. 109-110.
[22] Vgl. Coase, R. H. (1988), S. 42-47.

beit gegen Entgelt an einen anderen Akteur, den Agenten, delegiert.[23] Zwischen beiden Akteuren besteht eine vertragliche Beziehung. Dabei besteht eine ungleiche Wissensverteilung unter den Vertragspartnern, die zu folgenden zwei Problemen führt: Erstens besteht für den Prinzipal ein Informationsproblem, da er die Ausführung der delegierten Aufgabe nicht beobachten kann.[24] Zum zweiten sind die Risikopräferenzen der beiden Vertragspartner unterschiedlich,[25] d. h. der Agent ist u. U. bereit ein höheres Risiko einzugehen als der Prinzipal, da er selbst das Risiko nicht in vollem Umfang zu tragen hat. Principal-Agent-Beziehungen können auf vielfältige Weise bestehen, z. B. zwischen Arzt und Patient, Unternehmenseigner und Geschäftsführer, Verkäufer und Käufer.

Das Grundproblem resultiert aus der ungleichen Wissensverteilung zwischen Prinzipal und Agent. Die beteiligten Wirtschaftssubjekte müssen davon ausgehen, dass jeder Akteur andere Wissensquellen verwendet und für sich einen Nutzen aus daraus resultierenden Wissensvorsprüngen ziehen kann.[26] Das klassische Beispiel für dieses Phänomen ist das des Gebrauchtwagenmarktes, welches auf George Akerlof zurückgeht.[27] In einem Gebrauchtwagenmarkt kann der potenzielle Käufer (Prinzipal) im Vorfeld des Kaufes die Qualität des Gebrauchtwagens nicht präzise beurteilen. Er wird somit einen Preis nach der angenommenen durchschnittlichen Marktqualität kalkulieren. Der Verkäufer, welcher die Eigenschaften des zu verkaufenden Objektes kennt, wird nur dann in den Verkauf einwilligen, wenn die Qualität des Wagens dem durchschnittlichen Preis entspricht oder diese darunter liegt. Es folgt eine systematische Negativauslese der Vertragspartner, denn es werden immer nur die Agenten zum Abschluss einer Transaktion bereit sein, deren Leistung entweder genauso hoch oder schlechter ist als das Angebot des Prinzipals.[28] Dieses Phänomen ist unter der Bezeichnung „Adverse Selection“ bekannt geworden. Dieser Kreislauf der negativen Auslese kann aber durchbrochen werden, beispielsweise indem Garantien angeboten werden, die Qualität signalisieren (Signaling). Liegt die schlechtere Informationsversorgung beim Prinzipal, so hat dieser

---

23 Vgl. Schneider, D. (1997), S. 23.
24 Vgl. Ridder, H.-G. (1997), S. 49-50.
25 Vgl. Saam, N. (2002), S. 8.
26 Vgl. Meinhövel, H. (1998), S. 13-15.
27 Vgl. Akerlof, G. (1970), S. 488-500.
28 Vgl. Picot, A. et al. (2003), S. 57.

die Möglichkeit, durch Informationsbeschaffung über den Agenten seinen Informationsstand zu verbessern (Screening), bzw. durch Selbstbeteiligungsverträge die Agenten dazu zu bringen, ihre Charaktereigenschaften zu offenbaren (Self-Selection).[29]

Informationsasymmetrien wirken sich aber ebenso auf die Phase nach Abschluss des Vertrages negativ aus. Das Verhalten des Agenten ist seitens des Prinzipals nicht direkt beobachtbar, er wird lediglich über das Ergebnis der Handlung informiert. Aufgrund dieses Wissens- und Kompetenzvorsprunges ergibt sich ein diskretionärer Handlungsspielraum für den Manager.[30] Verfolgt dieser, statt der Unternehmensziele, seine eigenen Zielsetzungen, führt dies zu einem schlechteren Unternehmensergebnis. Erst das Handlungsergebnis bekommt dann auch der Eigentümer präsentiert. Er kann aber die Ursache des Ergebnisses nicht eindeutig feststellen, da auch externe Einflüsse für das schlechte Ergebnis verantwortlich sein könnten. Dieses Phänomen wird auch als „Moral Hazard" bezeichnet. Entgegenwirkend könnte ein Überwachungssystem zur Verbesserung des Informationsstandes des Prinzipals eingeführt werden (Monitoring), aber auch eine entsprechende Ergebnisbeteiligung könnte Anreize zur Verminderung des opportunistischen Verhaltens seitens des Agenten setzen.

Da Unternehmen als Geflecht von Prinzipal-Agenten-Beziehungen interpretiert werden können,[31] lässt sich also festhalten, dass aufgrund von asymmetrischer Information Transaktionskosten anfallen, die in Form von Monitoring-Kosten des Prinzipals und Opportunitätskosten in Form von Ertragseinbußen bestehen. Diese entstehen aus der Divergenz zwischen der ideellen Wohlfahrtsmaximierung und der suboptimalen Wohlfahrtsmaximierung, basierend auf den Motiven des Agenten.[32]

---

29 Vgl. Spremann, K. (1987), S. 22-35.
30 Vgl. Siekmann, T. (1998), S. 4.
31 Vgl. Picot, A. et al. (2003), S. 55-60.
32 Vgl. Rao, P. K. (2003), S. 36-37.

3.4 Kritische Würdigung des Transaktionskostenansatzes

Der Coase'sche Aufsatz „The Nature of the Firm" gilt als Ursprung der Transaktionskostentheorie. Dennoch unterliegt die Theorie einer kontroversen Diskussion in der Literatur. Dietrich bezeichnet den Coase'schen Ansatz als Tautologie. Der Vorschlag die Existenz der Unternehmen lasse sich aus den relativen Kosten der Marktnutzung ableiten, könne ebenso im Umkehrschluss bedeuten, die Existenz des Marktes leite sich aus den relativen Kosten des Managements ab.[33] Des Weiteren kritisiert Dietrich die Ansicht, Markt und Unternehmen seien alternative Lösungen zur Produktionsorganisation. So impliziere diese Annahme, dass auch eine Produktion ohne bzw. vor Koordination durch Unternehmen möglich sei. Der Markt an sich sei aber nicht in der Lage zu produzieren, sondern übernähme lediglich die Lenkung der Produktions- und Konsumeinheiten. Ohne Unternehmen gäbe es also keine zu lenkende Produktion, somit sei der Markt funktionslos.[34] Ein anderer Ansatzpunkt ergibt sich aus der mangelnden Spezifikation der Transaktionskosten. So wird kritisiert, Coase sei nur oberflächlich auf Anzahl und Verschiedenartigkeit der zu koordinierenden Aktivitäten eingegangen. Es müsse eine systematische Beziehung zwischen Transaktionsmerkmalen hergeleitet werden, um die Transaktionen anschließend zu klassifizieren und jeder Kategorie im Anschluss eine optimale Organisationsform zuzuordnen.[35] Trotz der vielfach beklagten Unvollständigkeit des Modells, lässt sich seine essentielle Bedeutung für die weiteren ökonomischen Überlegungen nicht leugnen. So ist das Grundmodell in der Folge in der Literatur kontrovers diskutiert und um zahlreiche ökonomische Überlegungen erweitert worden, wie beispielsweise durch Williamson. Dieser stimmt zwar bezüglich der hierarchischen Struktur der Unternehmung mit Coase überein, kritisiert jedoch, dass eine Organisationsform nicht im Nachhinein erklärt werden dürfe, sondern die Analyse an einem früheren Punkt ansetzen müsse. Williamson berücksichtigt stärker die Organisationsform der Unternehmung und geht auf effizienzfördernde Anreize ein. Seinem Anspruch, die Analyse der Organisationsform einen Schritt vorzuverlegen, ist er allerdings nicht gerecht geworden.[36]

---

33 Vgl. Dietrich, M. (1994), S. 16-17.
34 Vgl. Dietrich, M. (1994), S. 16-17.
35 Vgl. Bössmann, E. (1981), zitiert nach Fuchs, W. (1994), S. 111-113.
36 Vgl. Fuchs, W. (1994), S. 116-162.

4. Der wissensbasierte Ansatz

4.1 Die Rolle der Unternehmung im wissensbasierten Ansatz

Die grundlegende Annahme dieses Ansatzes besteht in der Ungleichverteilung des Wissens in jeder Gemeinschaft von Menschen. Allerdings bereitet schon die genaue Definition des Begriffes Wissen erhebliche Schwierigkeiten. So existiert in der Literatur eine Vielzahl von Wissensdefinitionen, die je nach wissenschaftlichem Tätigkeitsfeld der Verfasser auch erhebliche Unterschiede aufweisen. Amelingmeyer zitiert allein 15 verschiedene Definitionen des Begriffes Wissen.[37] Dieser Arbeit soll die Wissensdefinition von Probst, Raub und Romhardt zugrunde gelegt werden. Hiernach bezeichnet Wissen „... die Gesamtheit der Kenntnisse und Fähigkeiten, die Individuen zur Lösung von Problemen einsetzen. Wissen stützt sich auf Daten und Informationen, ist im Gegensatz zu diesen jedoch immer an Personen gebunden".[38] Jeder Einzelne kann hierbei als Unternehmer seines Wissens interpretiert werden. Dies umfasst Wissen über einzusetzende Mittel, Handlungsmöglichkeiten der Konkurrenz, sowie vor allem eigener und neuer Handlungsmöglichkeiten. Gerade letztere geben häufig den Anstoß zur Ausübung einer Unternehmertätigkeit.[39] Ein Unternehmen bietet die Möglichkeit, individuelles Wissen zu kollektiver, kreativer Intelligenz zusammenzufügen und fähig unternehmerisch tätig zu werden.[40] Verschiedenste Individuen können dabei ihr Spezialistenwissen austauschen und integrieren.[41] Der Unternehmensgründer hofft dabei, einen planbaren Einkommenserwerb zu schaffen und die Abweichungen zwischen beabsichtigtem und später erreichtem Einkommenserwerb zu vermindern.[42] Ziel ist also die Verringerung von Einkommensunsicherheiten. Grundsätzlich kann dies in zwei Formen erfolgen. Die einseitige Form der Unsicherheitsverringerung erfolgt über die Inanspruchnahme von Arbeitsleistungen gegen Festbetragsvergütung oder auch durch Vereinbarungen über die zeitweise Überlassung von Geldbeträgen. Durch den Abschluss solcher Verträge erzielt der Vertragspartner der Unternehmung ein zeitlich und in der Höhe

37 Vgl. Amelingmeyer, J. (2002), S. 41-42.
38 Probst, G. / Raub, S. / Romhardt, K. (1998), S. 46.
39 Vgl. Schneider, D. (1997), S. 46.
40 Vgl. North, K. (1999), S. 66.
41 Vgl. Reinhardt, R. (2002), S. 168.
42 Vgl. Schneider, D. (1997), S. 46-47.

begrenztes abgesichertes Einkommen. Zur Absicherung des Einkommens kommt neben der einseitigen auch die gegenseitige Übernahme von Einkommensrisiken in Betracht. Dies geschieht beispielsweise in der Gründung von Unternehmen mit mehreren Geschäftspartnern. Somit wird das Risiko der Unternehmensführung auf mehrere Köpfe verteilt, ebenso das Einkommen. Vorteile lassen sich dabei vor allem durch die Bündelung von Wissen erzielen.[43] Jeder der Beteiligten verfügt über Spezialkenntnisse in verschiedenen Bereichen der Unternehmung, somit sinkt die Gefahr des Einkommensverlustes durch Fehlentscheidungen, da gegenüber einem Einzelunternehmer erhebliche Wissensvorsprünge bestehen. Innerhalb einer Mehrpersonenunternehmung herrschen unter den Beteiligten unterschiedliche Grade an Risikofreudigkeit vor. Dies hat zwei Folgen: Entweder muss ein Konsens gefunden werden, wenn Entscheidungen zur Tätigung risikobehafteter Investitionen anstehen, oder jeder wird in Abhängigkeit von seiner Risikofreudigkeit am erwirtschafteten Einkommen beteiligt.

Neben der Verringerung von Einkommensunsicherheiten ermöglicht die Errichtung einer Unternehmung die Erzielung von Gewinnen, welche in der ungleichen Wissensverteilung zwischen den Individuen gründen. Da nicht jedes Individuum vollständig über alle Beschaffungs- und Absatzmarktpreise informiert ist und alle Akteure über individuelle Preisgrenzen verfügen - sowohl nach oben, als auch nach unten - ergeben sich zu unterschiedlichen Zeiten und an unterschiedlichen Verhandlungsorten auch unterschiedliche Preisabstimmungen.[44] Diese führen zu Kostenvorteilen gegenüber der Konkurrenz und damit zu Gewinnen, da die Preise sich weiterhin aus dem Marktgleichgewicht ableiten. Eben solche Preisunterschiede gäbe es bei gleich verteiltem vollständigem Informationsstand der Beteiligten nicht, da dann selbstverständlich alle über die gleichen Preisvorstellungen verfügten. Unternehmensgewinne entstehen auch durch innovative Kombinationen von Produktionsmitteln. Nach Schumpeter geschieht dies im Wesentlichen in fünf Formen:[45]

- durch Herstellung eines neuen, d. h. dem Konsumentenkreis noch nicht vertrauten Gutes,

[43] Vgl. Schneider, D. (1997), S. 46-47.
[44] Vgl. Schneider, D. (1997), S. 49-50.
[45] Vgl. Schumpeter, J. (1987/1934), S. 100-101.

- mittels einer innovativen Produktionsmethode, diese muss keine wissenschaftliche Neuentdeckung sein, sondern kann auch auf dem neuen kommerziellen Umgang mit Waren beruhen,
- durch Erschließung eines neuen Absatzmarktes, entweder geographisch oder produkttechnisch,
- durch Eroberung neuer Beschaffungsmärkte für Rohstoffe und Halbfabrikate und
- durch Durchführung einer Neuorganisation, z. B. Schaffung einer Monopolstellung.

Durch Neuerungen kann der vorliegende gewinnlose Zustand in einem Konkurrenzmarkt vorübergehend durchbrochen und Gewinne erwirtschaftet werden. Unterstützt wird dies durch den Patentschutz. Nach Ablauf des Patentschutzes treten Imitatoren auf den Markt und verbessern damit die wettbewerbliche Situation. Die erwirtschafteten Gewinne schmelzen ab, bis der ursprüngliche Zustand erreicht wird. Infolgedessen entsteht ein Innovationswettbewerb zur Generierung temporärer Monopolgewinne. Das Innovationspotenzial in einer Unternehmung steigt mit der Anzahl der Mitarbeiter, da Wissen geteilt und innerhalb der Unternehmung verbreitet werden kann.

4.2 Arten der Wissenserlangung und Wissensverbreitung

Zunehmend wird in den Unternehmen die Bedeutung der Ressource Wissen, und damit Information, erkannt. Die Generierung und effektive Nutzung von Wissen wird die Wettbewerbsfähigkeit von Unternehmen und Volkswirtschaften bestimmen. Dabei geht es aber nicht nur darum, Wissen neu dazu zu gewinnen, sondern auch die bereits vorhandenen Wissensquellen aufzudecken und besser zu nutzen.[46]

Es gibt eine Vielzahl verschiedener Ansätze zur Untergliederung von Wissen. Im Wesentlichen verfügt eine Unternehmung aber über drei Arten von Wissen. Explizites Wissen ist Wissen, das entweder bereits artikuliert ist, z. B. in schriftlicher Form, oder problemlos artikuliert werden könnte. Re-

[46] Vgl. North, K. (1999), S. 9.

gelbasierte Handlungsabläufe in einer Unternehmung gehören beispielsweise in diese Kategorie. Im Gegensatz dazu liegt implizites Wissen dann vor, wenn es nicht artikuliert wird oder werden kann. Dies ist immer dann der Fall, wenn es sich um intuitives oder unbewusstes Wissen handelt.[47] Implizites Wissen liegt vor allem in Form von Erfahrungswissen vor, dieses gilt es möglichst effizient zu nutzen. Da die Erfahrung immer an den Hintergrund der jeweiligen Person gebunden ist, hat nur die Person selbst Zugang zu dieser erfolgskritischen Ressource.[48] Entsprechend schwierig gestaltet sich die Weitergabe dieser Wissensform an Mitarbeiter und Vorgesetzte. Neben explizitem und implizitem Wissen existiert in Unternehmen noch eine dritte Form des Wissens, das kulturelle Wissen. Hierbei handelt es sich im Wesentlichen um Annahmen und Werte, die beim Umgang mit neuem Wissen von den Unternehmensmitgliedern zugrunde gelegt werden.[49] Von besonderer Relevanz für die Wettbewerbsfähigkeit der Unternehmung ist auch die Generierung neuen Wissens. So unterliegt die Unternehmung einem langfristig angelegten, dynamischen Prozess der Lerntätigkeit, welcher zu einer absichtsvollen und zielgerichteten Verbesserung des internen Wissens- und Informationsstandes führen soll.[50] Es geht also darum, Kreativitäts- und Innovationsprozesse auf den Weg zu bringen. Niemand kann aber zur Wissensbildung gezwungen werden, d. h. die organisationalen Rahmenbedingungen sind so zu gestalten, dass sich die Wahrscheinlichkeit, neues Wissen zu entwickeln, erhöht.[51] Die Informations- und Wissensgewinnung kann dabei auf zwei Ebenen erfolgen:

Unternehmensintern besteht die Möglichkeit, über Forschungs- und Entwicklungstätigkeit neue Produkte oder Produktionsprogramme auf den Weg zu bringen. Auch die zunehmende Erfahrung der Beschäftigten durch die bisher gewählten Produktionsentscheidungen führt zu einer Erweiterung der Kompetenzen.[52] Dabei spielen auch Beeinflussungseffekte eine Rolle, da interne Lernprozesse selten individuell, sondern in der Gruppe erfolgen. Aber auch individuell ist eine Wissenserweiterung möglich. Beispielsweise kann ein Mitarbeiter durch Besuch eines Abendkurses oder

---

47 Vgl. Amelingmeyer, J. (2002), S. 45-47.
48 Vgl. Mertins, K. / Finke, I. (2004), S. 32-33.
49 Vgl. Choo, C. W. (2002), S. 81.
50 Vgl. Rahmeyer, F. (o. J.), S. 35-37.
51 Vgl. Pawlowsky, P. / Reinhardt, R. (2002), S. 11-12.
52 Vgl. Rahmeyer, F. (o. J.), S. 35-40

durch Anschaffung von Speziallektüre Zusatzinformationen erwerben, welche zunächst ausschließlich in ihm gespeichert sind. Im Idealfall trägt er das neu gewonnene Wissen in die Unternehmung und teilt es mit seinen Kollegen. Im ungünstigsten Fall nutzt er es zu seinem eigenen Vorteil, z. B. zur Erlangung eines Vorteils im Beförderungswettbewerb. Der Aufbau neuen Wissens innerhalb der Unternehmung bringt eine Senkung der Transaktionskosten mit sich, da keine Verträge mit externen Forschungsunternehmen geschlossen werden müssen. Die Implementierung einer ausgefeilten Forschungs- und Entwicklungsabteilung ist aber kostenintensiv und birgt angesichts erheblicher Unsicherheiten bezüglich der technischen und ökonomischen Ergebnisse ein großes Investitionsrisiko.[53] Strenge Eigentumsrechte und der Patentschutz sprechen allerdings für eine interne Wissensgewinnung gegenüber Forschungskooperationen mit anderen Unternehmen oder der Beauftragung externer Forschungsunternehmen. Bei Wahl dieser Forschungsalternative entstehen Kosten in Form von Verhandlungs-, Koordinations- und Kontrollkosten. Im Coase´schen Sinne könnten diese ebenfalls als Transaktionskosten interpretiert werden (vgl. Kapitel 3).

4.3 Die Bedeutung von Wissen im ressourcenorientierten Ansatz

Der in Kapitel 3 vorgestellte Transaktionskostenansatz liefert vor allem eine Erklärung für die Existenz der Unternehmen, liefert aber keine Erklärung für deren Heterogenität und Innovationsfähigkeit. Ein wesentlicher Vorstoß auf diesem Gebiet gelang Edith Penrose, der Begründerin des ressourcenorientierten Ansatzes.

Penrose stellt als wesentlichen Faktor einer erfolgreichen Unternehmung das zur Verfügung stehende Ressourcenbündel heraus. Nach dem ressourcenorientierten Ansatz besteht die Unternehmung im Wesentlichen aus zwei Arten von Ressourcen:[54] Zum Einen aus den physischen Ressourcen in Form von Rohmaterialien, unfertigen Gütern, Werkzeugen und Produktionsausstattungen, Lagerbeständen etc. und zum Anderen den Humanres-

---

[53] Vgl. Rahmeyer, F. (o. J.), S. 35-40.
[54] Vgl. Penrose, E. (1959), S. 24-25.

sourcen in Form von ausgebildeten und ungelernten Arbeitskräften, administrativen Mitarbeitern und Führungskräften. Allerdings beeinflusst nicht ausschließlich die Art der Ressourcen die Entstehung und Entwicklung der Unternehmungen, sondern im Besonderen die Kombination der Ressourcen und die infolgedessen entstehenden heterogenen Leistungen. Eine Unternehmung ist somit ein entwicklungsfähiges Bündel von produktiven, physischen und menschlichen Ressourcen. Die Zusammenstellung dieses Bündels erfolgt durch das Ressourcenmanagement, welches die unterschiedlichen internen Ressourcen zu einem einzigartigen Leistungsbündel zusammenstellt.[55] Hierbei kommt es im Wesentlichen darauf an, dass Ressourcen wertvoll und knapp sind, denn eine Ressource, welche im Überfluss verfügbar ist, vermag wohl kaum zum Unternehmenserfolg beizutragen, da Konkurrenten sie umgehend auch beschaffen könnten. Bei essentiellen Ressourcen handelt es sich um solche, die nicht ohne weiteres imitierbar oder substituierbar sind.[56] Die Heterogenität der angebotenen Leistungen, welche aus der Kombination von Ressourcen resultiert, bestimmt dabei die Einzigartigkeit der Unternehmung und die Verschiedenartigkeit des Angebotes auf dem Markt. Somit erklärt sich auch die Wichtigkeit der Humanressourcen, denn wenn jedes Unternehmen einzigartig ist, erlangen Human- und insbesondere Managementressourcen einen hohen Stellenwert in der Unternehmung.[57]

Es kommt also auf die adäquate Kombination der physischen und menschlichen Ressourcen an. Dennoch stellt sich die Frage, warum eine Unternehmung ihre innovative Idee nicht einfach am Markt verkauft, ohne selbst die neue Kombination von Ressourcen zu produzieren. An dieser Stelle versagt die Preisbildung auf dem Markt. Eine ungeprobte Idee ist u. U. nichts wert, da sich kein Unternehmen findet, welches bereit ist, das Risiko des Scheiterns mit dieser Idee zu tragen. Erst, wenn sich die neue Ressourcenkombination am Markt bewährt hat, werden erste Interessenten und Nachahmer den Markt betreten. Eine gute Idee muss sich zunächst beweisen, dazu muss das Unternehmen sie selbst durchführen. Hierzu ist zweckadäquates Wissen erforderlich, um neue Kombinationen von Ressourcen zu entwickeln. Bereits im vorangegangenen Kapitel wurden die essentielle

---

55 Vgl. Rahmeyer, F. (o. J.), S. 35-40.
56 Vgl. Ridder, H.-G. (1999), S. 98-99.
57 Vgl. Pitelis, C. / Penrose, P. (2002), S. 25.

Bedeutung der Wissensbildung für die Kompetenz einer Unternehmung und der Zusammenhang von Kompetenz und Aufbau, Ausbau und Nutzung eines Bündels von Ressourcen herausgearbeitet.

Was aber ist der Grund für die immer wieder in Gang kommenden Prozesse der Neuentwicklung von Ressourcenkombinationen? Die Individuen innerhalb der Unternehmung sind auf der Suche nach Ruhm und Anerkennung. Diesen erhalten sie über den Unternehmenserfolg. In Kapitel 4.1 wurde bereits erwähnt, dass Produktinnovationen zu einer Generierung kurzfristiger Monopolgewinne führen können.[58] Am Unternehmenserfolg beteiligte Individuen werden dabei zumeist mit Beförderungen oder monetären Leistungen für den geleisteten Beitrag entschädigt.[59] Durch das Streben nach Anerkennung und Ruhm werden sie immer wieder bereit sein, ihr Wissen zur Entwicklung neuer Ressourcenkombinationen in die Unternehmung einzubringen.

Ein solcher Anreiz für die Akteure innerhalb der Unternehmung ist aber auch mit Nachteilen behaftet. So kann persönliches Erfolgsstreben und übertriebener Ehrgeiz der Mitarbeiter schnell zum Eingang erhöhter Risiken führen. Das Verhalten des Managers stimmt u. U. nicht mit der Risikoeinstellung des Prinzipals überein. Es kommt zu Ressourcenverschwendung und Ertragseinbußen innerhalb der Unternehmung, wenn der Unternehmenseigner das Verhalten und die Anweisungen des Geschäftsführers nicht unmittelbar beobachten kann, somit also Wissensdefizite besitzt (vgl. auch Kapitel 3.3 zur Principal-Agent-Theorie).[60] Penrose geht davon aus, dass sehr gute Geschäftsmänner nicht zwingend auch überdurchschnittlich ehrgeizig sein müssen. So könne ein guter Geschäftsmann auch über ein individuelles Wertesystem verfügen, welches den Freizeitwert höher einordnet als das Prestige. Dies wirke sich dann begrenzend auf die Unternehmensgröße aus.[61]

Auch in diesem Ansatz wird deutlich, dass Information und infolgedessen Wissen als einflussreichste Faktoren zu identifizieren sind. Aber auch per-

---

[58] Vgl. Schumpeter, J. (1987/1934), S. 100-101.
[59] Vgl. Penrose, E. (1980), S. 26-30.
[60] Vgl. Siekmann, T. (1998), S. 4.
[61] Vgl. Penrose, E. (1980), S. 34-35.

sönliche Präferenzen und Risikobereitschaft infolge einer ungleichen Informationsverteilung spielen eine Rolle und können sowohl den Unternehmenserfolg begründen, als auch den Misserfolg einer Unternehmung verursachen.

5. Zusammenfassung und Ausblick

Ausgehend vom Knappheitsproblem ergibt sich der Zwang zu rationalem Handeln. Mit Hilfe von Unternehmen sollen begrenzte Güter und Dienstleistungen zur möglichst maximalen Bedürfnisbefriedigung eingesetzt werden.

Der Transaktionskostenansatz erklärt auf plausible Weise zunächst die Entstehung einer einzelnen Unternehmung und lässt auch die Entstehung einer Konkurrenzsituation zwischen mehreren homogenen Unternehmungen zu. Er stößt jedoch an seine Grenzen, wenn es darum geht die heutige vielfältige Unternehmenslandschaft zu erklären. Zur Erweiterung des Coase´schen Ansatzes kann der wissensbasierte Ansatz herangezogen werden. Hierbei steht die Unternehmung als permanent lernende Organisation im Vordergrund. Das Fortbestehen der Unternehmen wird durch einen effizienten fortlaufenden Innovationswettbewerb erklärt, der zu kurzfristigen Monopolgewinnen führt und somit den Fortbestand der Unternehmung sichert. Allen hier vorgestellten Ansätzen liegt die Information als zentraler Faktor zugrunde. So gründen Innovationen immer zunächst in einer Idee, also Wissen und damit Information. Transaktionskosten können verringert werden indem man den Wissensstand über aktuelle und potenzielle Transaktionspartner erhöht und damit die Unsicherheit und das Risiko verringert. Somit gilt Information in diesem Zusammenhang als Erfolg versprechender Faktor. Aber die subjektiven Aspekte des Wissens bergen auch Gefahren des opportunistischen Verhaltens einzelner Akteure. Somit ist es essentiell für jede Organisation, wirksame Anreiz- und Kontrollmechanismen zu entwickeln, um dieses zu begrenzen. Eine erfolgreich geführte Unternehmung sollte beide Aspekte der Theorien im Auge haben. Eine Optimierung der Transaktionskosten führt zu Kosteneinsparungen und damit zu einer Verbesserung der Wettbewerbsposition. Informationsweitergabe und -verarbeitung sollten möglichst optimal funktionieren, um Fehlerquellen möglichst zu eliminieren. Aber auch Wissensstand und Lernpotenziale der Unternehmung sollten nicht außer Acht gelassen werden, da nur kontinuierliche Innovationsfähigkeit den Fortbestand der Unternehmung im Zeitablauf gewährleisten kann. Nie zuvor war es so einfach, Informationen zu beschaffen, aber es war auch noch nie zuvor so schwer Informationsvorsprünge zu erlangen. Nur ein innovationsfähiges Unternehmen wird es schaffen durch treffende Analysen, Optimierung der Abläufe und Entdeckung neuer Sichtweisen globale Märkte zu erobern.

Literaturverzeichnis

Akerlof, G. A. (1970):
The market for 'Lemons': Quality Uncertainty and the Market Mechanism, Quaterly Journal of Economics, Vol. 84, Nr. 3, 1970.

Amelingmeyer, J. (2002):
Wissensmanagement - Analyse und Gestaltung der Wissensbasis von Unternehmen, 2. Auflage, Wiesbaden, 2002.

Bamberg, G. / Spremann, K. (Hrsg.) (1987):
Agency Theory, Information and Incentives, Heidelberg, 1987.

Choo, C. W. (2002):
Sensemaking, Knowledge Creation and Decision Making, in: Choo, C. W., Bontis, N. The Strategic Management of Intellectual Capital and Organizational Knowledge, New York, 2002.

Choo, C. W. / Bontis, N. (2002):
The Strategic Management of Intellectual Capital and Organizational Knowledge, New York, 2002.

Coase, R. H. (1988):
The Firm, the Market, and the Law, Chicago, 1988.

Dietrich, M. (1994):
Transaction Cost Economics and Beyond, London, New York, 1994.

Fuchs, W. (1994):
Die Transaktionskosten-Theorie und ihre Anwendung auf die Ausgliederung von Verwaltungsfunktionen aus industriellen Unternehmen, Ladenburg, 1994.

Hermesch, M. (2002):
Die Gestaltung von Interorganisationsbeziehungen, Lohmar, Köln 2002.

Jost, P.-J. / Erlei, M. (2001):
Theoretische Grundlagen des Transaktionskostenansatzes, in: Jost, P.-J. Der Transaktionskostenansatz in der Betriebswirtschaftslehre, Stuttgart, 2001.

Jost, P.-J. (Hrsg.) (2001):
Der Transaktionskostenansatz in der Betriebswirtschaftslehre, Stuttgart, 2001.

Kramer, R. (1964):
Information und Kommunikation, Berlin, 1964.

Mertins, K. / Finke, I. (2004):
Kommunikation impliziten Wissens, in: Reinhardt, R. / Eppler, M. Wissenskommunikation in Organisationen, Berlin, Heidelberg 2004.

Pawlowsky, P. / Reinhardt, R. (2002):
Instrumente organisationalen Lernens: Die Verknüpfung zwischen Theorie und Praxis, in: Reinhardt, R. / Pawlowsky, P. Wissensmanagement für die Praxis, Neuwied, Kriftel, 2002.

Pawlowsky, P. / Reinhardt, R. (Hrsg.) (2002):
Wissensmanagement für die Praxis, Neuwied, Kriftel, 2003.

Reinhardt, R. / Eppler M. (Hrsg. 2004):
Wissenskommunikation in Organisationen, Berlin, Heidelberg, 2004.

Meinhövel, H. (1998):
Defizite der Principal-Agent-Theorie, Bochum, 1998.

North, K. (1999):
Wissensorientierte Unternehmensführung, 2. Auflage, Wiesbaden, 1999.

Ouchi, W. G. (1980):
Efficient Boundaries, Graduate School of Management, UCLA, Los Angeles, 1980, Zitiert nach Fuchs, W.; Die Transaktionskostentheorie und ihre Anwendung auf die Ausgliederung von Verwaltungsfunktionen aus industriellen Unternehmen, Ladenburg, 1994.

Penrose, E. T. (1980):
The Theorie of the Growth of the Firm, 2. Auflage, Guildford, London, Worcester, 1980.

Picot, A. / Reichwald, R. / Wigand, R. T. (2003):
Die grenzenlose Unternehmung, 5. Auflage, Wiesbaden, 2003.

Pitelis, C. / Penrose, P. (2002):
Edith Elura Tilton Penrose: life, contribution and influence, in: Pitelis, Christos; The Growth of the Firm, New York, 2002.

Pitelis, C. (2002):
The Growth of the Firm, New York, 2002

Probst, G. J. B. / Raub, S. P. / Romhardt, K. (1998):
Wissen managen: Wie Unternehmen ihre wertvollste Ressource optimal nutzen, 2. Auflage, Wiesbaden, 1998.

Rahmeyer, F. (o. J.):
Prolegomenon zu einer evolutorischen Theorie der Unternehmung, Augsburg. URL: http://www.wiwi.uni-augsburg.de/vwl/institut/ paper/202.pdf. (Stand: 31.05.05 um 14:38h).

Rao, P. K. (2003):
The Economic of Transaction Costs, New York, 2003.

Reinhardt, R. (2002):
Wissen als Ressource, Frankfurt a. M., Bern, Brüssel et al 2002.

Ridder, H.-G. (1999):
Personalwirtschaftslehre, Stuttgart, Berlin, Köln, 1999.

Saam, N. J. (2002):
Prinzipale, Agenten und Macht, Tübingen, 2002.

Sauter, F. (1985):
Transaktionskostentheorie der Organisation, Betriebswirtschaftliche Forschungsbeiträge, Band 14, München, 1985.

Schneck, O. (2003):
Lexikon der Betriebswirtschaftlehre, 5. Auflage, München, 2003.

Schneider, D. (1997):
Betriebswirtschaftslehre Band 3, Theorie der Unternehmung, München, Wien, 1997.

Schumpeter, J. (1987):
Theorie der wirtschaftlichen Entwicklung, 7. Auflage Berlin, 1987.

Siekmann, T. (1999):
Asymmetrische Information, Interessenkonflikte und Finanzierung: Investitions-, Kapitalstruktur- und Ausschüttungspolitik in Publikumsgesellschaften bei Shareholder Value-Orientierung, Berlin, 1999.

Spremann, K. (1987):
Agency Theory and Risk Sharing, in: Bamberg, G. / Spremann, K., Agency Theory, Information and Incentives, Heidelberg, 1987.

Windsperger, J. (1996):
Transaktionskostenansatz der Entstehung der Unternehmensorganisation, Heidelberg, 1996.

Handelt das Management im Sinne der Eigentümer?

Thomas Schütze

Inhalt

1. Einleitung

Am 4. Dezember 2001 war Schluss für das Energiehandels- und Pipelineunternehmen Enron. Der ehemalige Star an der Wall Street war bankrott. Enron stellt dabei nur ein Beispiel ehemaliger Global Player dar, die Ende der 90er Jahre bzw. Anfang des neuen Jahrtausends vom Markt verschwunden sind. Wirtschaftsskandale moderner Großunternehmen in Form der Publikums(aktien)gesellschaft ausgelöst durch Steuervermeidung, Intransparenz, Bereicherung und Kontrollverlust sind in den vergangenen Jahren zur Normalität geworden. Die Kontrolle des Managements durch Aktionäre, staatliche Instanzen, Rechnungsprüfungsfirmen etc. hat nicht funktioniert. Es stellt sich hier also die Frage nach einer optimalen Kontrolle und inwieweit das Management im Sinne der Eigentümer handelt. Diesbezüglich wird u. a. darüber diskutiert, ob die Nachfrage nach Versicherungen durch Unternehmen zur Absicherung beider Parteien dient und inwiefern Management und Eigentümer überhaupt an Versicherungsabschlüssen der Unternehmung interessiert sind.

Es existieren verschiedene Personen- und Kapitalgesellschaften auf den Märkten, wobei es sich zur Diskussion über die o. g. Aspekte insbesondere lohnt, die Kapitalgesellschaften in Form der Aktiengesellschaft (Publikumsgesellschaft) näher zu betrachten. Das Eigenkapital einer AG ist i. d. R. auf eine große Anzahl von (Klein)-Aktionären verteilt, während die Unternehmensentscheidungen an ein Management delegiert werden. Die AG kann durch die Vielzahl von Anteilseignern einen hohen Kapitalbedarf decken, der z. B. für große Produktionsanlagen nötig ist und dadurch auch von Skalenvorteilen (Economies of Scale / Größenkostenersparnisse) antizipieren. Bei der großen Menge an Eigentümern bzw. Teileigentümern kommt es zu enorm hohen Entscheidungskosten bzw. Entscheidungsverzögerungen. Deshalb wird die Unternehmensleitung an ein Management abgegeben. Da die Märkte jedoch unvollkommen sind, d. h. Marktmacht bzw. Wettbewerbsbeschränkungen, Informationsasymmetrien, Transaktionskosten (z. B. Kosten aus Gehaltsverhandlungen) vorliegen, kommt es zu Problemen, die mit der Trennung von Eigentum und Verfügungsmacht einhergehen. Dieses hatte bereits Adam Smith 1789 beschrieben: „The directors of such companies, however being the managers of the other people's money rather than their own, it cannot well be expected, that they should watch over it, with the same anxious vigilance with which the partners in a private co-partnery frequently watch their own. (...) Negligence and profusion, therefore, must always prevail, more or less, in the management of such a company."[1] Der Konflikt, bei dem die Manager andere Interessen als die Anteilseigner haben und diese auch aufgrund diskretionärer Entscheidungsspielräume verfolgen, wird auch als Principal-Agent-Problem bezeichnet, mit dem Kapitalgeber als Principal und dem (Top-)Manager als Agent. Mit der allgemeinen Theorie und seinen verschiedenen Ausprägungen dieser so genannten Sachwalterbeziehung beschäftigt

---

[1] Smith, A. (1789), S. 255.

sich das zweite Kapitel.[2] Gegenstand des dritten Kapitels sind die möglichen Managementprobleme, wobei sich die Arbeit weitestgehend mit den Konflikten mit den Eigentümern befasst. Es steht also mehr der Shareholder Value-Ansatz im Vordergrund und nicht der Stakeholder-Ansatz, bei dem auch die Interessen weiterer interner und externer Anspruchsgruppen wie der Mitarbeiter, Fremdkapitalgeber, Lieferanten, Kunden, Konkurrenz oder auch des Staates betrachtet werden. Es geht also um den Interessenkonflikt, in dem der Manager versucht, seinen individuellen Nutzen zu maximieren, wo hingegen der Anteilseigner eine Unternehmenswertmaximierung verfolgt. Dabei wird auch darauf eingegangen, welche Differenzen beide Parteien bezüglich der Nachfrage nach Versicherungsleistungen durch das Unternehmen haben. Mögliche Divergenzen zwischen Agents in Principal-Agent-Modellen mit mehreren Agents, wie z. B. das Free-Rider-Problem (Trittbrettfahrerproblem) werden in dieser Arbeit nicht betrachtet, sondern es wird davon ausgegangen, dass die Manager alle die gleichen Interessen besitzen. Im vierten Kapitel wird darüber diskutiert, welche Institutionen das Verhalten der Manager überwachen und dafür sorgen können, dass das Management im Sinne der Eigentümer handelt bzw. welche Argumente gegen eine Managerdisziplinierung sprechen. In diesem Zusammenhang stellt sich die Frage, welches Interesse die Anteilseigner überhaupt an einer Kontrolle und auch Absicherung der Manager und des Unternehmens durch z. B. den Abschluss von Versicherungsverträgen haben. Abschließend erfolgt eine kurze Schlussbetrachtung.

2. Die Principal-Agent-Theorie

2.1 Überblick über die allgemeine Theorie

Eine Principal-Agent-Beziehung liegt vor, wenn ein Auftraggeber (Principal) und ein Auftragnehmer (Agent) vereinbaren, dass der Agent für den Principal bzw. in dessen Auftrag bestimmte Aufgaben übernimmt. Es liegt also eine Vertragsbeziehung vor, wobei der Agent nicht zum Vertragsabschluss gezwungen werden kann (Teilnahmebedingung). Jensen / Meckling haben die Theorie erstmalig 1976 in einem Aufsatz erörtert,[3]

---

2 Vgl. Zweifel, P. / Eisen, R. (2003), S. 188.
3 Vgl. Jensen, M. C. / Meckling, W. H. (1976), S. 305-360.

dessen Grundzüge auf die Theorie unvollständiger Märkte zurückgehen, welche u. a. Coase 1937 begründete.[4] Wichtige Merkmale der Principal-Agent-Theorie sind, dass es Parteien (Principal und Agent) gibt, wobei der Principal eine Verteilungsregel für die aus der Handlung ergebenden Folgen festlegt und das Residuum aus der Agency-Beziehung bekommt.[5] Der Agent hingegen muss eine der diversen Handlungsmöglichkeiten auswählen, durch deren Folgen die Wohlfahrt beider Parteien beeinflusst wird. Beide Parteien handeln im eigenen Interesse, wodurch es zu Zielkonflikten kommen kann. Die Beteiligten verhalten sich somit opportunistisch. Die Vertragsbestimmungen müssen daher auch mit den Anreizen des Sachwalters kompatibel sein (Anreizkompatibilitätsbedingung). Die Principal-Agent-Theorie geht ebenso von begrenzter Rationalität der beteiligten Wirtschaftssubjekte (Personen) aus, was vor allem asymmetrische Informationsverteilung betrifft. Der Principal verfügt nicht über die notwendigen Informationen, um das Verhalten des Agenten vollständig beurteilen bzw. kontrollieren zu können. Die Parteien haben häufig unterschiedliche Risikoneigungen. Der Principal ist i. d. R. risikoneutral, während sich der Agent risikoavers (risikoscheu) verhält. Der Principal kann das Engagement bzw. die Qualität seines Agents lediglich mit Einschränkungen erkennen und sieht allerhöchstens das Ergebnis der Anstrengung. Es liegt somit für den Principal eine Entscheidungsunsicherheit des Agents über die Ergebnisse des Handelns bedingt durch die komplexen Umweltbeziehungen vor. Der Agent hat also einen Informationsvorsprung, welchen er bei unterstellter Nutzenmaximierung für seine eigenen Zwecke zum Nachteil des Principals nutzen könnte („shirking“)[6]. I. d. R. werden die folgenden Arten der asymmetrischen Information unterschieden: Hidden action und hidden information, hidden characteristics sowie hidden intention.[7] Diese Informationsasymmetrien treten entweder ex ante (vorvertraglich) oder ex post (nachvertraglich) auf.

---

4 Vgl. Coase, R. H. (1937), S. 331-351.
5 Vgl. Grossmann, S. J. / Hart, O. D. (1986), S. 691-719.
6 Vgl. Ebers, M. / Gotsch, W. (1995), S. 213.
7 Vgl. Picot, A. / Dietl, H. / Frank, E. (1999), S. 88-89.

2.2 Die verschiedenen Agency-Theorien

Ökonomische versus finanzielle Agency-Theorie

Bei der ökonomischen Agency-Theorie handelt es sich um einen eher allgemeinen Ansatz, welcher auf diverse ökonomische Problemstellungen anwendbar ist. Es geht um entscheidungslogische Analysen von Problemen im Zusammenhang mit der Festsetzung von Anreizsystemen. Im Mittelpunkt der Theorie steht die Ermittlung des „first-best"-Vertrages.[8] Diese optimalen finanziellen Anreizsysteme bzw. Belohnungsfunktionen sollen bewirken, dass der Agent im Sinne des Principals hinsichtlich seines Anstrengungsniveaus und seiner Investitionsentscheidungen handelt. Über die Verträge sollen Anreizprobleme gelöst und eine bestmögliche Risikoallokation hervorgebracht werden. Ross hat in einem Aufsatz den Begriff der ökonomischen Agency-Theorie geprägt.[9] Die finanzielle Agency-Theorie befasst sich mit Vertragsbeziehungen im Finanzbereich und stellt somit ein Teilgebiet der ökonomischen Agency-Theorie dar. Es geht um den Kontrakt zwischen Inhabern von Finanzierungstiteln hinsichtlich einer bestmöglichen finanzwirtschaftlichen Entscheidung für das Unternehmen wie z. B. das optimale Verhältnis zwischen Eigen- und Fremdfinanzierung unter Beachtung von Agency-Kosten. Aber auch eine Ausschüttungs- / Dividendenpolitik wird u. a. untersucht.

Dynamische versus statische Agency-Theorie

Bei der dynamischen Principal-Agent-Theorie werden langfristige Principal-Agent-Beziehungen untersucht. Es geht um die zentrale Frage, wann ein langfristiger Anreizvertrag einer Folge kurzfristiger Kontrakte vorgezogen werden sollte, da der Markt, so Fama (1980), u. U. automatisch das Einkommen des Agenten an seine in der Vergangenheit erbrachten Leistung anpasst.[10] Dieser Prozess wird von Fama „ex post Settling Up" genannt. Statische Principal-Agent-Modelle hingegen berücksichtigen den Zeitaspekt nicht.

8 Vgl. Laux, H. / Liermann, F. (2003), S. 525-624.
9 Vgl. Ross, S. A. (1973), S. 134-139.
10 Vgl. Fama, E. F. (1980), S. 288-307.

Positive versus normative Agency-Theorie

Die positive Theorie beschreibt das Principal-Agent-Problem mit Worten und versucht, mit Hilfe empirischer Methoden Lösungsansätze zu finden.[11] Es wird z. B. nach Argumenten gesucht, die das Überleben einer AG begründen. Die normative Theorie hingegen versucht optimale Kontrakte zwischen dem Principal und dem Agent formal abzuleiten.[12] Bei den Modellen der Vertragsgestaltung werden die verschiedenen Präferenzen, der Umfang der Informationen und die Art der Unsicherheit berücksichtigt.

3. Zielkonflikte zwischen Management und Anteilseignern

3.1 Der Wachstumskonflikt

Beim Wachstumskonflikt handelt es sich um Managementprobleme, die das Ausmaß und / oder die Art des unternehmerischen Wachstums betreffen. Während die Unternehmenseigner eine Gewinnmaximierung anstreben, verfolgen die Manager auch eigene Interessen die darüber hinaus gehen, denn die Vergütung des Topmanagements ist i. d. R. nicht nur positiv mit der Unternehmensgröße korreliert (bei Aktiengesellschaften üblicherweise durch die so genannten stock options (Aktienoptionspakete)), sondern hohe Wachstumsraten sorgen auch für ein höheres Ansehen des Managers, was u. U. auch seinen Einfluss steigen lässt.[13] Der Agent hat also auch Status- und Machtmotive. Zudem sind die Manager jedoch auch auf den Erhalt ihres Arbeitsplatzes bedacht. Deshalb achten sie darauf, dass eine Unternehmensinsolvenz bzw. ein Konkurs vermieden wird und darüber hinaus der Wert des Unternehmens (Wert der Aktien bei einer AG) mindestens ein so hohes Niveau aufweist, dass dadurch Unternehmensübernahmen (Merger and Acquisitions) mit einem wahrscheinlichen Managementwechsel verhindert werden. Marris zeigt hiermit die Gefahr eines ineffizient großen (falschen) Wachstums auf. Ein Beispiel hierfür ist die Investition des Agents in einen Bereich, in dem er ein Expertenwissen hat und somit nicht einfach ausgetauscht werden kann.[14]

11 Vgl. Eisenhardt, K. M. (1989), S. 59.
12 Vgl. Jensen, M. J. (1983), S. 334.
13 Vgl. Marris, R. (1963), S. 186-191 und Ricketts, M. (2002), S. 112.
14 Vgl. DeBondt, W. F. M. / Thompson, H. E. (1992), S. 34.

3.2 Investitionen mit Konsumcharakter und Verringerung des Arbeitsleids

Bei Investitionsausgaben mit Konsumcharakter und der Verringerung des Arbeitsleids geht es darum, dass der Agent einen direkten Nutzen erfährt, wenn er sich aus Unternehmensgeldern eine komfortable Büroausstattung, einen Firmen-Jet oder auch einen luxuriösen Firmenwagen usw. zulegt. Zusätzlich hat das Topmanagement auch eine Präferenz für eine große Anzahl an Mitarbeitern, da hierdurch ein Prestigegewinn zu erwarten ist, sowie eine Arbeitsentlastung. Zudem führt ein großer Mitarbeiterstab meistens auch zu qualitativ hochwertigeren Entscheidungen. Mit diesem Problem hat sich Williamson 1963/1964[15] ausgiebig auseinandergesetzt. Williamson geht davon aus, dass das Management durch einen Informationsvorsprung einen diskretionären Entscheidungsspielraum besitzt. Ein Teil des Unternehmensgewinns, nämlich den diskretionären Gewinn, nutzt der Agent nun für die o. g. Investitionen mit Konsumcharakter. Der diskretionäre Unternehmensgewinn setzt sich aus der Differenz des von der Mitarbeiteranzahl abhängigen Unternehmensgewinns und dem Gewinnniveau zusammen, welches die Aktionäre erwarten, damit die Manager ihren Posten nicht abgeben müssen. Er kann als eine nach unten geöffnete Parabel graphisch dargestellt werden. Der Unternehmensgewinn wächst zuerst mit steigendem Mitarbeiterstab, bis das Maximum (first-best) erreicht wird. Da jedoch das Management seinen Nutzen maximiert und es einen Informationsvorsprung besitzt, wählt es den Punkt auf der Parabel, der seinen Nutzen maximiert. Dieser Punkt ist der Tangentialpunkt der Parabel und der Nutzenindifferenzkurve, die dem Manager den höchsten Nutzen stiftet. Er befindet sich auf dem rechten, fallenden Ast der Parabel. In diesem Punkt wird lediglich eine second-best-Lösung realisiert, da die Kosten für den ausgewählten Mitarbeiterstab so groß sind, dass der höchstmögliche Unternehmensgewinn nicht erreicht wird. Die Differenz aus der first-best und second-best-Lösung wird auch als Agency-Kosten bezeichnet.

[15] Vgl. Williamson, O. E. (1964), S. 38-60 und vgl. Richter, R. / Furubotn, E. (2003), S. 220-223.

3.3 Eigenkapital- / Fremdkapitalkonflikt

Dieser Konflikt wurde ausgiebig in einem Aufsatz von Jensen und Meckling (1976) diskutiert, soll aber nicht im Detail dargestellt werden. Ausgangspunkt des Modells ist ein 100 %-Eigentümer-Manager, welcher 100 % des Eigenkapitals des Unternehmens hält und zusätzlich die Geschicke dieses Unternehmens leitet.[16] Jensen und Meckling haben nun gezeigt, dass durch den Verkauf eines Teils des Eigenkapitals, also bei externer Eigenkapitalbeteiligung, Wohlfahrtsverluste entstehen. Die Höhe dieser Wohlfahrtsverluste setzt sich aus der Summe diverser Agency-Kosten zusammen. Dabei werden drei Arten von Agency-Kosten unterschieden: „The monitoring expenditures by the principal, the bonding expenditures by the agent, the residual loss."[17] Bei den monitoring-costs oder auch Steuerungs- / Kontrollkosten handelt es sich um Kosten, welche bei der Anstrengung des Principals seinen Informationsnachteil gegenüber dem Agent zu verringern, entstehen. Die bonding-costs (Signalisierungskosten / Garantiekosten / Pfandkosten) repräsentieren die Anstrengungen des Agenten zur Reduzierung von Informationsasymmetrien. Hierbei handelt es sich um Manageraktivitäten hinsichtlich der eigenen Glaubwürdigkeit, dass keine zu hohen Investitionen mit Konsumcharakter (nichtgeldliche Vorteile) getätigt werden. Beispiele stellen eine vertragliche Vereinbarung über eine Budgetbegrenzung bei der Büroausstattung oder auch über zustimmungspflichtige Geschäfte dar.[18] Die Residualkosten (residual loss) sind die Kosten des verfehlten Optimums, d. h. die Kosten, die durch den Konsum nichtgeldlicher Vorteile durch den Agent bei Trennung von Management und Eigentum entstehen und damit den Marktwert des Unternehmens im Gegensatz zum Idealzustand bei symmetrischen Informationen sinken lassen. Es stellt sich nun jedoch die Frage, warum der 100 %-Eigentümer-Manager Eigenkapitalanteile abgibt, obwohl dadurch Wohlfahrtsverluste resultieren. Ricketts führt dafür zwei mögliche Gründe auf:[19] Erstens könnte der Verkaufserlös in andere Unternehmen investiert werden, um auch dort eine Teilhaberschaft zu erlangen und somit durch Diversifikation des persönlichen Portfolios eine Risikoreduktion herbeizuführen. Dieses Ar-

---

16 Vgl. Jensen, M. C. / Meckling, W. H. (1976), S. 305-360.
17 Jensen, M. C. / Meckling, W. H. (1976), S. 308.
18 Vgl. Kräkel, M. (2004), S. 282.
19 Vgl. Ricketts, M. (2002), S. 325.

gument greift vor allem bei einer risikoscheuen Einstellung des Eigentümer-Managers. Zweitens kann angenommen werden, dass eine einzelne Privatperson nicht das entsprechende Budget hat z. B. alle Aktien einer großen AG zu erwerben bzw. zu halten. Zusätzlich zur externen Eigenkapitalbeteiligung haben sich Jensen / Meckling mit der externen Fremdkapitalbeteiligung auseinandergesetzt. Hier wurde die Annahme getroffen, dass nicht Eigenkapital verkauft, sondern Fremdkapital bei einem Kreditinstitut aufgenommen wird.[20] Doch auch hier, so wird gezeigt, entstehen Agency-Kosten durch den so genannten „asset substitution effect". Asset substitution bedeutet, dass bei einer Finanzierung mit ausfallbedrohtem Fremdkapital der Eigentümer-Manager ein Anreiz hat risikoreichere Investitionen zu tätigen, da er, so Kräkel: „...im Erfolgsfall sämtliche „Früchte" der Investition erhält, im Falle eines Misserfolgs jedoch nur zum Teil die hieraus resultierenden Kosten zu tragen hat".[21] Auch Myers (1977) hat auf weitere Konfliktpotenziale zwischen Management und Eigentümern durch Fremdfinanzierung hingewiesen.[22] Auf der einen Seite schildert er das Problem, das sich durch eine verzögerte Liquidation („option to wait") ergibt. Hier haben die Eigentümer (wegen des Optionscharakters des Eigenkapitals) einen Anreiz, die Liquidation herauszuzögern („gambling for resurrection"). Auf der anderen Seite droht Unterinvestition in Form ineffizienter Liquidation, was Myers als „debt overhang" bezeichnet.

3.4 Free-Cashflow-Konflikt

In dem Beitrag von Jensen 1986[23] wird die Problematik aufgezeigt, dass das Management einer Unternehmung dazu neigt, freie Cashflows zu reinvestieren.[24] Durch die Informationsasymmetrie zwischen Management und Kapitalgebern kommt es hier zu einem hidden action-Problem: Für die Kapitalgeber besteht nicht die Möglichkeit zu überwachen, ob das Management eine marktwertmaximierende Mittelverwendung betreibt. Als freien Cashflow bezeichnet Jensen den Finanzmittelüberschuss, welcher nach

20 Vgl. Jensen, M. C. / Meckling, W. H. (1976), S. 333-343.
21 Kräkel, M. (2004), S. 283.
22 Vgl. Myers, S. (1977), S. 147-175.
23 Vgl. Jensen, M. C. (1986), S. 323-329.
24 Vgl. Hart, O. D. (1995), S. 126-155.

Begleichung von Verbindlichkeiten und Investitionen mit positivem Kapitalwert am Ende einer Periode noch übrig bleibt. Die Gefahr besteht nun darin, dass die Manager den Überschuss ineffizient zum Aufkauf von Unternehmensteilen einsetzen. Aus einem derartigen „empire building" kann das Management einen zusätzlichen Nutzen in Form von Macht, gesellschaftlicher Anerkennung usw. beziehen. Diese Vorgehensweise steht allerdings im Widerspruch zur Wahrung des Unternehmensziels Marktwertmaximierung. Dieses Ziel kann nur dann erreicht werden, wenn die überschüssigen Finanzmittel an die Anteilseigner als Dividende ausgeschüttet werden, um von ihnen anschließend wieder über den Kapitalmarkt attraktiveren Investitionsprojekten zugeleitet zu werden. Auch Gutenberg 1980 hatte sich dazu wie folgt geäußert: „..., dass hohe Gewinnausschüttungen und Retransferierungen der Gewinne von den Kapitalmärkten in die Gesellschaften zu weniger Fehlinvestitionen und Kapitalfehlleitungen führen als niedrigere Gewinnausschüttungen."[25]

3.5 Risikopräferenzkonflikt und Versicherungskonflikt

Der Konflikt besteht darin, dass Manager und Eigentümer oftmals eine unterschiedliche Risikoneigung haben.[26] Die Anteilseigner sind meistens risikoneutral, was seine Ursache darin hat, dass ihr Einkommen häufig in verschiedene Unternehmen investiert ist. Durch ein breit gestreutes Portfolio können die Eigentümer ihr Risiko leicht diversifizieren. Es fällt für sie i. d. R. nicht weiter ins Gewicht, wenn eines der Unternehmen an dem sie Anteile halten durch zu risikoreiche Investitionsprojekte negative Cashflows einfährt und evtl. sogar Konkurs anmelden muss, da die Gewinne der anderen Unternehmen an denen Beteiligungen gehalten werden diesen Einkommensverlust ausgleichen. Zusätzlich können Aktionäre die Manager für Fehler anschließend immer noch „...vors Gericht zerren...",[27] was heute immer mehr zunimmt. Dies liegt daran, dass die Haftung der Topmanager aufgrund der Gesetzgebung und Rechtssprechung immer schärfer geworden ist und vermutlich noch wird. Da die Vorstände in Unternehmensangelegenheiten die Sorgfalt eines ordentlichen Geschäftsmannes anzu-

---

[25] Gutenberg, E. (1980), S. 271.
[26] Vgl. Ballwieser, W. / Schmidt, R. H. (1981), S. 669-670.
[27] Lichter, J. / Tödtmann, C. (2004), S. k01.

wenden haben, haften sie auch bei Fahrlässigkeit gegenüber den Aktionären unbegrenzt. Prominente Beispiele für eine Anklage sind Rolf Breuer oder Josef Ackermann.

Das Problem besteht auch darin, dass die Manager im Nachhinein bei einer Anklage aufgrund einer Fehlentscheidung nicht wissen, ob das Gericht das Managementhandeln später als „positiv-mutig" oder als „schuldhaft-zumutig" beurteilt. Es entsteht ein negativer Bumerang-Effekt, nämlich dadurch, dass die Topmanager sich nach allen Seiten absichern.[28] Sie sind meistens risikoavers, was auch die folgenden Gründe hat: Erstens ist das Einkommen der Manager selbstverständlich häufig nicht sehr breit gestreut, sondern hängt lediglich von dem Unternehmen ab, für welches sie die Vorstandstätigkeit verrichten. Dieses Einkommen setzt sich zudem aus einer fixen und einer variablen Komponente zusammen, wobei der variable Anteil immer mehr an Bedeutung gewinnt. Die Höhe des variablen Bestandteils hängt i. d. R. vom Unternehmenserfolg ab, ist also positiv mit dem Unternehmensrisiko korreliert. Dieser Teil der Entlohnung findet oftmals durch das Einräumen von Aktienoptionen (stock options) statt. Zweitens wird ein Manager nach Fehlern heute nicht mehr nur entlassen, sondern sein Unternehmen bittet ihn persönlich zur Kasse. Die Klagefreudigkeit von Konsumenten und Anteilseignern ist gewaltig gestiegen. Für das Haftungsrisiko des Managers gibt es zwar die Directors & Officers-Haftpflichtversicherung (D&O-Versicherung), jedoch besitzen viele Führungskräfte diese Versicherung nicht oder wissen nicht, welche Risiken versichert sind und wenn ja, in welcher Höhe eine Selbstbeteiligung auf sie zukommt, da die Verträge vom Unternehmen abgeschlossen werden und nicht vom Versicherten selbst.

Die Absicherung der Manager über die D&O-Versicherung wird immer geringer bzw. die Haftpflichtversicherung bietet immer weniger Schutz, was zwei Ursachen hat: Auf der einen Seite erhöhen die Versicherer die Prämien überproportional oder senken die Deckungssummen. Der Grund: „Nach dem Holzmann-Skandal und anderen spektakulären Fällen ist den D&O-Versicherern heute der Boden zu heiß."[29] Auf der anderen Seite schließen die Versicherer auch immer mehr Risiken aus den Policen aus.

---

[28] Vgl. Bauer, J.-H. (2004), S. k01.
[29] Lichter, J. / Tödtmann, C. (2004), S. k01.

So wurde z. B. bei Epcos die Haftung für Risiken aus US-Geschäften, Terror- und Asbest-Fällen gestrichen. Aus diesen angeführten Gründen verhält sich der Manager also risikoscheu und ist im Gegensatz zu den Eigentümern zudem an einer hohen Absicherung durch Versicherungen interessiert. Wichtige Unternehmensentscheidungen werden somit hinausgezögert oder noch schlimmer, so der Arbeitsrechtler Jobst-Hubertus Bauer: „Die eine oder andere sinnvolle Maßnahme unterbleibt ganz - nur aus Furcht vor Regressforderungen.“[30]

3.6 Der Zeitpräferenzkonflikt

Der Disput der Zeitpräferenz bezieht sich darauf, dass die Manager oftmals an kurz- bis mittelfristigen Investitionsprojekten interessiert sind, während die Eigentümer mittel- bis langfristige Projekte präferieren.[31] Kurzfristige Projekte werden deshalb häufig vom Management bevorzugt, da ihr Einkommen meistens einen variablen Anteil hat, welcher vom Unternehmensgewinn der vorangegangenen Periode abhängt. Das Einkommen ist also umso höher, je höher die kurzfristigen Rückflüsse der Projekte sind. Das gleiche Argument greift auch für Manager, welche kurz vor der Rente stehen, denn sie wollen lediglich ein so hohes Einkommen wie möglich bis zum Rentenanfang erzielen. Ein weiterer Vorteil kurzfristig hoher Einzahlungsüberschüsse ergibt sich für die Topmanager dann, wenn sie evtl. einen baldigen Unternehmenswechsel anstreben und über die nach außen hin hervorragend aussehende Arbeit ihren Wert auf dem Managermarkt erhöhen können. Eine Präferenz für mittelfristige Investitionsprojekte ergibt sich daraus, dass Manager nicht ewig leben, sondern maximal einige Jahrzehnte für eine Unternehmung tätig sein können. Die Manager sind dementsprechend oftmals darauf bedacht, den so genannten schnellen Euro zu verdienen. Die Eigentümer wollen auf längere Sicht konstante Rückflüsse und sind an Investitionsprojekten mit dem höchsten Kapitalwert interessiert. Diese Ziele werden sehr häufig durch die o. g. mittel- bis langfristigen Projekte erreicht.[32]

30 Bauer, J.-H. (2004), S. k01.
31 Vgl. Ballwieser, W. / Schmidt, R. H. (1981), S. 650-651.
32 Vgl. Kräkel, M. (2004), S. 287-288.

4. Die Möglichkeiten der Kontrolle und Disziplinierung des Managements

4.1 Die Hauptversammlung

Bei der Hauptversammlung (stockholder meeting) handelt es sich um eine jährlich stattfindende Versammlung der Aktionäre, in der sie ihre Rechte und Angelegenheiten der AG ausüben können. Auf der Hauptversammlung wird u. a. über die Verwendung des Bilanzgewinns, Maßnahmen der Kapitalbeschaffung und -herabsetzung, Bestellung der Mitglieder des Aufsichtsrats, Bestellung der Abschlussprüfer, Satzungsänderungen etc. Beschluss gefasst. Die Hauptversammlung stellt die einzige direkte Möglichkeit zur Kontrolle und Disziplinierung der Manager durch die Anteilseigner selber dar. Befinden sich die Aktien jedoch im großen Streubesitz, d. h. gibt es viele Kleinaktionäre (dieses ist vor allem in den USA der Fall), so haben die Eigentümer i. d. R. nur einen geringen Anreiz zur Kontrolle.[33] Dieses liegt daran, dass die Überwachung für die Eigentümer ein öffentliches Gut (public good) ist, d. h. es herrscht Nichtrivalität (mein Konsum schränkt nicht den Konsum eines anderen ein) und Nichtausschließbarkeit (jeder kann konsumieren) im Konsum. Es entsteht ein Free-Rider-Problem (Trittbrettfahrerproblem), denn viele Anteilseigner überlassen die Kontrolle den anderen Aktieninhabern, da ihnen die Kosten für die Anreise zur Hauptversammlung zu hoch sind, der Zeitverlust für den Besuch zu groß ist oder sie ihren Einfluss mit ihren wenigen Stimmrechten als nicht relevant ansehen.[34] Hier fallen individuelle Rationalität und kollektive Rationalität auseinander.

Anders verhält es sich bei Großaktionären (treten in Deutschland sehr konzentriert auf), deren Einkommen hängt stärker von der effizienten Arbeit des Managements ab und auch eine Einflussmöglichkeit aufgrund der höheren Anzahl an Stimmrechten ist gegeben. Hier ergibt sich allerdings u. U. ein mehrstufiges Principal-Agent-Problem, da es sich bei den Großaktionären vor allem um institutionelle Anleger, wie Banken, Versicherungen und andere Unternehmen handelt und z. B. eine AG A, die Anteile an einer

---

33 Vgl. Stiglitz, J. E. (1985), S. 136.
34 Vgl. Kräkel, M. (2004), S. 302-303.

AG B hält, häufig die eigenen Topmanager zur Hauptversammlung der Unternehmung B schickt.[35]

4.2 Der Aufsichtsrat und der Betriebsrat

Der Aufsichtsrat setzt sich zusammen aus Vertretern der Arbeitgeber (Kapitalvertreter) und Arbeitnehmer. Seine Aufgaben sind die Überwachung der Geschäftsführung, Prüfung von Jahresabschluss und Lagebericht sowie Bericht darüber in der Hauptversammlung. Sie bestellen und überwachen somit den Vorstand und legen dessen Vergütung fest. Die Arbeitnehmervertreter sind natürlich daran interessiert die Vorstellungen der Mitarbeiter durchzusetzen. Da für die Arbeitnehmer vor allem eine möglichst langfristige Sicherheit ihres Arbeitsplatzes im Vordergrund steht und Arbeitsplätze aufgrund von Managementfehlern stark gefährdet sind, haben die Arbeitnehmervertreter ein großes Interesse an der Kontrolle der Manager. Fragwürdig ist nun, ob die Arbeitnehmerinteressen mit denen der Anteilseigner übereinstimmen, denn für die Mitarbeiter könnten auch Entscheidungen optimal sein, die nicht den Unternehmenswert maximieren, wenn sich Umverteilungsaktivitäten z. B. vorteilhaft auf ihren Lohn auswirken.[36]

Die gleiche Problematik ergibt sich auch bei Betrachtung des Betriebsrats. Im Rahmen der eigentlichen Betriebsverfassung ist der Betriebsrat der hauptsächliche Träger der Mitbestimmungs- und Mitwirkungsrechte der Arbeitnehmer. Allerdings könnte über den Betriebsrat auch indirekt ein Handeln des Managements im Sinne der Eigentümer möglich sein. Erstens dient der Betriebsrat als so genanntes Sprachrohr der Belegschaft. Durch verbesserte Information über die Präferenzen der Arbeitnehmer kann das Management die Personalpolitik mehr an diesen Präferenzen ausrichten, wodurch evtl. die Leistungsbereitschaft der Arbeitnehmer steigt, die Fluktuation sinkt und damit der Output der Unternehmung verbessert wird, was wiederum eine Unternehmenswertsteigerung zur Folge hat. Dieses Sprachrohrmodell wird auch als Collective-Voice-Modell bezeichnet.[37] Es ist aber

---

35 Vgl. Prowse, S. (1994), S. 59.

36 Vgl. Kräkel, M. (2004), S. 296.

37 Vgl. Freeman, R. B. / Lazear, E. P. (1995), S. 27-50 und Müller-Jentsch, W. (1995), S. 53-78.

häufig so, dass der Betriebsrat als Sprachrohr nicht genutzt wird, da auch die Arbeitsplatzbedingungen den Charakter eines öffentlichen Gutes haben und somit wieder ein Free-Rider-Problem entsteht. Zweitens dient der Betriebsrat als Schutz vor einem opportunistischen Verhalten der Manager. Da der Betriebsrat für objektive Entlohnungskriterien sorgen kann, steigt hierdurch wieder die Motivation und Leistungsbereitschaft der Arbeitnehmer. Die daraus resultierende Outputsteigerung ist selbstverständlich im Sinne der Anteilseigner. Die Kapitalvertreter des Aufsichtsrats haben häufig wenig Anreize den Vorstand zu kontrollieren, da sie oftmals ein fixes Einkommen erhalten und eine rechtliche Haftung aus einer Aufsichtspflichtverletzung eher selten vorkommt. Weiterhin sitzen teilweise ehemalige Vorstandsmitglieder einer Unternehmung, wie z. B. Rolf Breuer bei der Deutschen Bank, im Aufsichtsrat des gleichen Unternehmens, so dass dort kaum ein Anreiz besteht, ehemalige Kollegen eines Fehlverhaltens zu überführen. Ein drohender Verlust des Aufsichtsratsmandats könnte evtl. ein Kontrollanreiz sein, jedoch nehmen viele Aufsichtsratsmitglieder häufig weitere Mandate wahr.[38] Alles in allem liegt hier eine Principal-Agent-Beziehung zwischen den Anteilseignern und dem Aufsichtsrat vor. Der Aufsichtsrat nutzt eher selten die gegebenen Kontroll- und Disziplinierungsmöglichkeiten gegenüber dem Topmanagement, außer u. U. bei der weit verbreiteten variablen Managerentlohnung in Form von Aktienoptionsprogrammen oder auch reinen Aktien. Die Aktienoptionen beinhalten das Recht, zu einem vorab bestimmten Preis (Basispreis) Aktien zu kaufen. Steigt der Kurs, verdient der Inhaber der Option die Differenz zwischen Basispreis und aktuellem Kurs. Diese Aktienoptionen lassen die Manager jedoch häufig auch nicht im Sinne der Shareholder agieren, wie zwei bekannte Studien der Fondsgesellschaft Union Investment[39] zeigen.

In vielen Fällen erhöhen die Programme das Managereinkommen auf Kosten der Aktionäre, ohne die Ziele zu erreichen. Dies liegt an der qualitativen und quantitativen Ausgestaltung. Die Programme sind nur sinnvoll, wenn bestimmte Kriterien bei der Ausgestaltung eingehalten werden. Zu den wichtigsten Anforderungen zählen dabei laut Aktienfondsmanager Jens Wilhelm die Forderung nach absoluten und relativen Erfolgszielen, einem Eigeninvest der Berechtigten, Mindestlaufzeiten und Sperrfristen,

---

[38] Vgl. Kräkel, M. (2004), S. 297-301.
[39] Vgl. Koeberle-Schmid, A. (2004), S. 1.

Gewinnkappung bei außerordentlichen Entwicklungen, Transparenz hinsichtlich der Bilanzierung und Begrenzung des Umfangs.[40] Reine Aktien hingegen, so zeigen Feltham / Wu (2001) in einer Analyse, bieten häufig eher Anreize (incentives), die die Manager motivieren im Interesse der Anteilseigner zu handeln.[41] Als Argument wird das hohe Verlustrisiko der Aktien angeführt. Anreizkompatible Arbeitsverträge können also u. U. das Management in Richtung der Shareholder lenken, wobei es wiederum eine Reihe von Problemen gibt, die hier z. T. aufgezeigt worden sind. Laux / Liermann haben sich u. a. damit auseinandergesetzt, wie eine optimale Entlohnungsfunktion aussehen muss und wie sie zu ermitteln ist.[42] Dies soll jedoch hier nicht näher betrachtet werden.

4.3 Die Abschlussprüfer und die Gesetze

Eine weitere in der Praxis relevante Kontrollaktivität ist die gesetzlich vorgeschriebene Bestellung der Abschlussprüfer. Die Wirtschaftsprüfer prüfen dabei den Jahresabschluss der Unternehmen. Auch hier birgt die Beauftragung der Prüfer Agency-Probleme, denn in Deutschland ist die Abschlussprüfung mehr eine reine Gesetzes- und Ord-nungsmäßigkeitsprüfung, da nur überprüft wird, ob das Management bei der Erstellung des Abschlusses gegen Gesetze oder die Unternehmenssatzung verstoßen hat, aber nicht, ob Unzulänglichkeiten vorliegen, wie z. B. Unterschlagungen. Des Weiteren müssen die Verträge so gestaltet sein, dass sie den Prüfer dahin bewegen die Anteilseigner wahrheitsgemäß zu informieren, d. h. eine Koordination zwischen Managern und Prüfern muss verhindert werden. Fama (1980) hat dabei einen Marktmechanismus analysiert, der zeigt, dass es für Prüfer und Manager aufgrund des Wettbewerbs nicht oder höchstens kurzfristig optimal ist als Komplizen tätig zu sein.[43] Diese Koalitionsbildung hat es in der Vergangenheit allerdings häufig gegeben. Ein Beispiel dafür ist die Verwicklung der Rechnungsprüfungsgesellschaft Arthur Anderson in den Enron-Skandal, die die unsauberen Bilanzen usw. nicht erkannt haben wollen, was wohl nicht nur an der Unfähigkeit der Prüfer lag. Enron war nämlich

[40] Vgl. Filbert, D. / Kramarsch, M. H. (2004), S. 5.
[41] Vgl. Feltham, G. A. / Wu, M. G. H. (2001), S. 7-28.
[42] Vgl. Laux, H. / Liermann, F. (2003), S. 525-624.
[43] Vgl. Fama, E. F. (1980), S. 288-307.

einer der wichtigsten Kunden von Anderson, der einen Verdienst von über 50 Millionen US-Dollar einbrachte. Es liegt also häufig keine Unabhängigkeit der Prüfer vom Mandanten vor, was noch verstärkt wird, wenn der Erstprüfer Investitionen in sein Humankapital vornimmt. Diese Investitionen lassen Quasi-Renten[44] entstehen, die den Prüfer langfristig an das Unternehmen binden.[45] Es ist somit problematisch, Verträge zu finden, die die Abschlussprüfer dazu bewegen, die Unternehmen im Sinne der Kapitalgeber zu kontrollieren und dabei noch hohen Profit zu erwirtschaften.

Die aufgeführten Argumente sprechen sogar dafür, dass die Prüfer nichts gegen offensichtliche Betrugs- oder Konkursfälle wie bei Enron unternommen haben. Deshalb wurde u. a. auch das Gesetz zur Kontrolle und Transparenz im Unternehmensbereich (KonTraG) eingeführt. Zudem hat es durch eine Diskussion über die rechtlichen Rahmenbedingungen für börsennotierte Unternehmen in Deutschland, die Globalisierung, zunehmende Volatilität der Finanzmärkte, sowie ein Vergleich mit den Standards der Unternehmensführung und -kontrolle im anglo-amerikanischen Raum heftige Kritik an der deutschen Unternehmensverfassung gegeben. Dies hat wiederum zu einigen gesetzlichen Neuerungen geführt. Kritisiert wurde z. B. die mangelhafte Ausrichtung auf Aktionärsinteressen sowie die eben angesprochene Unabhängigkeit der Abschlussprüfer. Ergebnisse dieser Reformdiskussion sind u. a. das KonTraG, das Gesetz zur weiteren Reform des Aktien- und Bilanzrechts zu Transparenz und Publizität (TransPuG), sowie eine ganze Reihe weiterer Gesetze.[46] Nach dem KonTraG vom 27. April 1998 ist nun z. B. der Vorstand dazu verpflichtet, Überwachungs- bzw. Frühwarnsysteme im Hinblick auf den Fortbestand der Unternehmung zu installieren.[47] Es geht hier also um ein Risikomanagement mit der Ausrichtung auf die Interessen der Shareholder. Auch ist es jetzt Aufgabe des Aufsichtsrates den Abschlussprüfer für den Jahres- und Konzernabschluss zu bestellen.[48] Das KonTraG führt eher zu einer Konkretisierung

44 Vgl. Milgrom, P. R. / Roberts, J. (1992), S. 602.

45 Detaillierte Ausführungen zu dieser Thematik, wie z. B. zum so genannten „Low-balling-Effekt", können nachgelesen werden, vgl. Kräkel, M. (2004), S. 312-314.

46 Zu den weiteren Gesetzen zählen noch die Finanzmarktförderungsgesetze, das Gesetz für kleine Aktiengesellschaften, das Kapitalaufnahmeerleichterungsgesetz (KapAEG), die Steuerreform 2000, das Namensaktiengesetz oder auch der Deutsche Corporate Governance Kodex.

47 Vgl. § 91 AktG.

48 Vgl. § 111 Abs. 2 AktG und § 290 HGB.

des Pflichtrahmens des Vorstandes, Stärkung der Kontrollfunktion des Aufsichtsrates, Ausbau der Kontrolle durch die Hauptversammlung und Aufwertung der Abschlussprüfung, was zusammen mit den weiteren Gesetzen dazu beiträgt und wahrscheinlich weiterhin beitragen wird, dass das Management jetzt mehr im Sinne der Eigentümer handelt. Ein Beleg dafür ist eine stärkere Nachfrage nach Haftpflichtversicherungen durch die Unternehmen.

4.4 Der Markt

Dieser Abschnitt behandelt sowohl die Managerkontrolle durch den externen Managermarkt, sowie den Markt für Übernahmedrohungen. Fama (1980) hat sich u. a. damit befasst, wie der Arbeitsmarkt für Topmanager zu einem Handeln im Sinne der Eigentümer beiträgt.[49] Die Manager können i. d. R. ihr Humankapital nicht großartig diversifizieren, deshalb haben sie ein starkes Interesse am Bestehen ihres Unternehmens. Sie investieren einen Teil des Humankapitals in die Unternehmung und bei Erfolgen spiegeln sich diese Investitionen in höheren Aktienkursen wieder. Die Kurse signalisieren also eine Einschätzung der handelnden Manager durch den Kapitalmarkt. Misserfolge oder ein Konkurs sind somit schlecht für weitere Karrierechancen.

Es gibt einen externen und einen internen Disziplinierungseffekt. Bei dem externen Effekt geht es darum, dass Managementteams expandierender Unternehmen im Wettbewerb mit potenziellen neuen Managern stehen. Somit versuchen die Manager sich über den eben beschriebenen Mechanismus zu empfehlen. Wird die entsprechende Leistung des Managers jedoch nicht angemessen entlohnt, so werden die Manager abwandern, „..., the best are the first to leave".[50] Beim internen Effekt kontrollieren sich die Manager verschiedener Managementebenen im Unternehmen selber, da untere Manager Fehler aufdecken möchten, um Höherrangige ablösen zu können. Weiterhin existiert das „ex post settling" Konzept.[51] Hier finden Vereinbarungen in Gehaltsverträgen über einen ex post Ausgleich statt, d.

49 Vgl. Fama, E. F. (1980), S. 288-307.
50 Fama, E. F. (1980), S. 292.
51 Vgl. Fama, E. F. (1980), S. 295-297.

h. die Entlohnung der Manager wird an vertraglich vereinbarte Leistungskriterien angepasst. Gegen ein Handeln im Sinne der Eigentümer sprechen z. B. die Argumente der Umsatz- oder Wachstumsmaximierung des Unternehmens durch die Topmanager oder auch die Investition in Projekte mit kurzfristig hohen Auszahlungsüberschüssen (siehe Abschnitt 3.6).[52]

Bei dem Markt für Übernahmedrohungen ist es so, dass eine ineffiziente Managerarbeit den Aktienkurs sinken lässt. Wird dies erkannt und die Mehrheit der Stimmrechte von einem Anteilseigner erworben, tauscht der neue Mehrheitsbesitzer das alte Management gegen ein neues, effizientes Management aus. Man kann zwischen freundlicher (mit Einverständnis der Unternehmensleitung) und feindlicher Übernahme unterscheiden. Gute Manager verhalten sich deshalb wenig ineffizient. Allerdings dienen Übernahmedrohungen oftmals nicht als gutes Kontrollmittel, da es in Deutschland im Gegensatz zur USA sehr viele große institutionelle Anleger gibt, die ihre Anteile nicht so einfach verkaufen. Empirisch betrachtet wirkt sich eine Übernahme meistens auch nur für die Aktionäre des übernommenen Unternehmens positiv aus.

Aus theoretischer Sicht ist zu erkennen, dass von Übernahmedrohungen unerwünschte Signalwirkungen ausgehen können. Andere mögliche Aufkäufer (raider) werden aufmerksam, die den Anteilseignern dann ebenfalls eine Offerte machen und damit den Übernahmepreis in die Höhe treiben. Auch tritt hier vielleicht das Trittbrettfahrerproblem auf.[53] Viele Kleinaktionäre verkaufen bei einem Übernahmeangebot ihre Aktien nicht, da sie davon ausgehen, dass hierdurch die Übernahme nicht verhindert wird und sie anschließend von steigenden Kursen profitieren können. Denken jedoch alle Aktionäre so, wird die Übernahme scheitern. Zudem gibt es noch Abwehrmaßnahmen des Topmanangements, wie z. B. exorbitant hohe Managerabfindungen oder bei Übernahmegefahr der Verkauf von Kronjuwelen in Form besonders erfolgreicher Unternehmensanteile.[54] Der Verkauf lässt den Unternehmenswert sinken und macht die Übernahme unattraktiv. Weitere Untersuchungen zur Disziplinierung durch den Markt könnte man

---

[52] Vgl. Baumol, W. J. (1959), S. 45-93 und Marris, R. (1963), S. 186-191.

[53] Vgl. Grossmann, S. J. / Hart, O. D. (1980), S. 42-64.

[54] Vgl. Stiglitz, J. E. (1985), S. 138-139.

noch bezüglich des Wettbewerbs auf Gütermärkten[55], der Effizienz des Kapitalmarktes und des „market for corporate control“[56] sowie des Insider Trading vornehmen, worauf hier allerdings verzichtet werden soll.

4.5 Die Banken

In Deutschland gibt es im Gegensatz zu den USA Universalbanken, die „alles“ dürfen. Sie können sowohl das Wertpapiergeschäft als auch das Einlagen- und Kreditgeschäft betreiben, große Einlagenanteile in Form von Aktien an Unternehmen halten und auch die dazugehörigen Stimmrechte ausüben. Zudem übertragen ihnen häufig Kleinaktionäre weitere Stimmrechte. Die Banken haben nun als Kreditgeber der Unternehmen starke Kontrollanreize bezüglich des Topmanagements, damit Zinsen und Tilgungszahlungen regelmäßig geleistet werden.[57] Diese Anreize erhöhen sich zudem noch, wenn die Banken selber Anteilseigner des Schuldnerunternehmens sind. Allerdings ergibt sich hier evtl. ein zweistufiges Principal-Agent-Problem, denn die Anteilseigner sind die Principals der Bank (Agent) und diese ist wiederum Principal eines anderen Unternehmens (Agent). Die Manager der Bank könnten evtl. andere Ziele verfolgen, als von den Eigentümern erwünscht. Es ergibt sich deshalb ein Zielkonflikt, da die Bank sowohl Eigenkapital- als auch Fremdkapitalinteressen hat. Weiterhin haben die Banken rechtliche Möglichkeiten, offene Kredite und Zinsen einzuklagen und damit u. U. auch bessere Informationsrechte zu erhalten.[58] Auch kann die Bank im Kreditvertrag vorgeben, wofür das Unternehmen das Geld zu verwenden hat. Insgesamt spricht durch das in Deutschland vorherrschende bankbasierende System einiges für eine befriedigende Managerkontrolle.

55 Vgl. Kräkel, M. (2004), S. 308-309.
56 Vgl. Schoppe, S. G. (1995), S. 220-221.
57 Vgl. Stiglitz, J. E. (1985), S. 143-144.
58 Vgl. Stiglitz, J. E. (1985), S. 141.

4.6 Die Versicherungen

Dieser Abschnitt behandelt die Frage, welche Interessen bzw. Vor- oder Nachteile die Eigentümer haben, wenn das Unternehmen und / oder die Manager sich versichern. Erst einmal kann ein Aktionär seine persönlichen Risiken durch Verluste aus z. B. Sach- und Vermögensschäden der Unternehmung durch eine gute Portefeuille-Strategie wegdiversifizieren. Jedoch lässt sich das Risiko in systematisches und unsystematisches Risiko aufspalten und nur das unsystematische lässt sich so beseitigen, wie es das bekannte Capital-Asset-Pricing-Modell (CAPM) zeigt. Das systematische Risiko (spezifische β_i), welches den Anteil des Risikos betrifft, „...der mit makroökonomischen Gegebenheiten des Gesamtmarktes zusammenhängt...“[59], lässt sich nicht durch Diversifikation beseitigen. Jedoch kann Versicherungsschutz diesen Risikoteil reduzieren, denn bei der Verteilung des versicherten Risikos über die Versicherten hat der Anteilseigner wieder Diversifikationsvorteile.

Zweifel / Eisen (2003) nennen drei mögliche Vorteile beim Versicherungsschutz der Unternehmung für die Eigentümer:[60] Erstens können Versicherungen das systematische Risiko senken, denn indirekte Aufschlüsse ergeben, dass die versicherten Schäden der Unternehmen i. d. R. etwas höher sind, wenn die Rendite auf dem Kapitalmarkt hoch ist. Der Kauf von Versicherungsschutz reduziert demzufolge wahrscheinlich die Finanzierungskosten. Davidson, Cross und Thornton (1992) haben jedoch in einer Untersuchung gezeigt, dass zumindest die Schadenentwicklung in den USA unabhängig von der Kapitalmarktrendite ist.[61] Zweitens lohnt sich Versicherung, wenn die relativen Transaktionskosten (Verwaltungs- und Vertriebskosten etc.) geringer sind als die der persönlichen Portefeuille-Strategie (Bankgebühren für den Aktienhandel, Maklercourtage etc.). Versicherungsschutz vermindert auch die Transaktionskosten z. B. bei der Abwicklung von Schadenfällen, wo das Versicherungsunternehmen einen komparativen Vorteil hat wie z. B. bei Produkthaftpflichtfällen. Hier trägt das Versicherungsunternehmen den Streit mit dem Kunden aus. Drittens

59 Schulenburg, J.-M. Graf von der (2005), S. 62.
60 Vgl. Zweifel, P. / Eisen, R. (2003), S. 155-156.
61 Vgl. Zweifel, P. / Eisen, R. (2003), S. 159.

spricht für Versicherungen, das dadurch bestimmte Kosten mindestens im Ertragswert gesenkt werden können.

Diese Kostenvorteile haben Mayers und Smith (1982) aufgezeigt.[62] Zunächst ist es so, dass die Ansprüche der Shareholder mit den Ansprüchen der Stakeholder (Kunden, Lieferanten ...) häufig kollidieren. Haben die Stakeholder mögliche hohe Ansprüche gegen die Unternehmung, so ist der Druck auf die Manager stärker, höheren Versicherungsschutz im Sinne der Aktionäre nachzufragen. Dadurch können die Ansprüche der Stakeholder nicht so schnell die der Eigentümer verdrängen. Weiter tragen im Konkursfall nicht nur die Aktionäre die daraus resultierenden Kosten, sondern auch die Manager durch Arbeitsplatzverlust, Rufschädigung usw., so dass auch hier die Shareholder-Interessen durch Versicherungen gewahrt werden. Das gleiche Argument greift auch Doherty (1985) bei Betriebsunterbrechungsschäden wie etwa Feuer auf.[63] Übersteigt zudem der Grenzsteuersatz für Selbstfinanzierung denjenigen für Fremdfinanzierung, so bietet es sich an, im Schadenfall auf Fremdfinanzierung durch Versicherung zurückzugreifen.

Die Nachfrage nach Versicherungsschutz führt also zu einer Verminderung der Steuerschuld, so dass höhere Gewinne im Interesse der Eigentümer daraus resultieren. Die Auswirkungen von Steuern haben bereits Modigliani / Miller (1958) untersucht.[64] Sie haben gezeigt, dass Versicherungsschutz, aber auch andere Arten von Transaktions- und Informationskosten, den Unternehmensmarktwert erhöhen. Zweifel / Eisen führen noch zwei weitere Gründe für bzw. gegen Versicherungsschutz auf.[65] Einerseits können die Manager aus der Existenz von Sachwalterkosten Vorteile ziehen, indem sie durch die Unternehmensversicherung auf Kosten der Aktionäre ihren eigenen Wohlstand sichern oder sogar erhöhen, wobei entsprechende Kontrollen dieses zum Großteil verhindern können.

Andererseits ist es aber auch im Interesse der Anteilseigner, wenn das Management viel Versicherungsschutz nachfragt, da die negativen Einflüsse z.

---

62 Vgl. Mayers, D. / Smith, C. W. Jr. (1982), S. 190-205.
63 Vgl. Doherty, N. A. (1985), S. 273.
64 Vgl. Modigliani, F. / Miller, M. H. (1958), S. 261-297.
65 Vgl. Zweifel, P. / Eisen, R. (2003), S. 162-163.

B. auf die erwarteten Erträge nicht so schwer wiegen wie die Sachwalterkosten. Außerdem wird das Argument der versunkenen Kosten (sunk costs) aufgeführt. Spezialisiertes Know-how oder Patente stellen z. B. sunk costs dar. Es handelt sich also um Aktiva, die bei Verkauf einen Erlös weit unter ihrem Wert für das Unternehmen erzielen würden, d. h. die Aktionäre können diese Aktiva nicht über mehrere Unternehmen zur Diversifikation verteilen. Hieraus ergibt sich ein Nutzen für die Eigentümer durch die Beschaffung von Versicherungsschutz, da dieser ihre Ansprüche schützt. Auch Nickel (1998) hat sich mit dieser Problematik auseinandergesetzt, wobei für diese Arbeit lediglich die Versicherungsnachfrage mit Marktunvollkommenheiten, Marktunvollständigkeiten und risikoneutralen Wirtschaftssubjekten betrachtet werden soll.[66] Diese Annahmen treffen i. d. R. auf große Kapitalgesellschaften zu. Nickel geht u. a. auf die Wirkung des Investitionsvolumens ein, was MacMinn (1987) analysierte.[67]

Es zeigt sich, dass ein Konflikt zwischen Aktionären und Kreditoren bei Investitionsentscheidungen durch Versicherungsschutz reduziert werden kann. Das optimale Investitionsvolumen kann erhöht und die Beteiligten können im Sinne des Pareto-Optimums besser gestellt werden. Weiterhin sind hohe Versicherungsniveaus positive Signale für die Entwicklung des Unternehmens, da hohe Betriebseinnahmen zu steigenden versicherbaren Risiken führen, so Grace und Rebello (1993).[68] Auch zeigen Froot / Scharfstein / Stein (1993), dass Volatilität interner Kapitalströme durch Hedging verringert werden kann.[69] Die Auswirkungen von Managerhaftpflichtversicherungen (D&O) auf das Managementverhalten werden in Abschnitt 3.5 beschrieben.

5. Schlussbetrachtung

Die Theorie und Empirie zeigt, dass die Unternehmenspleite von Enron kein Zufall war. Die Kontrolle des Managements durch die Aktionäre, den Aufsichtsrat, Rechnungsprüfungsfirmen etc. funktioniert nicht, staatliche

66 Vgl. Nickel, A. (1998), S. 429-437.
67 Vgl. MacMinn, R. (1987), S. 670.
68 Vgl. Grace, M. F. / Rebello, M. J. (1993), S. 147-172.
69 Vgl. Froot, K. A. / Scharfstein, D. / Stein, J. C. (1993), S. 1630-1631.

Kontrolle hat nicht ausgedient. Es existieren zu viele Principal-Agent-Probleme mit dem Management als Principal und Eigentümer als Agent, die nicht so einfach gelöst werden können und das Management im Sinne der Eigentümer handeln lassen. Hierzu wird angemerkt, dass eine reine Aktienwertmaximierung wie bei Enron wohl nicht der richtige Ansatz ist, da hierdurch sowohl die Unternehmung als auch der Wert der Aktien zerstört werden. Es sollte unter Berücksichtigung der Stakeholder-Interessen eine automatische Unternehmensmarktwertmaximierung durch das Management angestrebt werden. Die aufgeführten Akteure und Institutionen können aktuell nur bedingt ein Handeln des Managements im Sinne der Aktionäre bewirken, wobei die gesetzlichen Änderungen bereits Verbesserungen gebracht haben und durch weitere Ausgestaltung noch zusätzlich bringen können. Auch Marktmechanismen sind vorhanden, die die Manager disziplinieren. Eine Nachfrage nach Versicherungsschutz der Unternehmen ist zudem oftmals im Sinne der Anteilseigner. Die Unternehmen können hiermit Risiken auf die Versicherer übertragen, was für die Eigentümer dann vorteilhaft ist, wenn sie die Risiken nicht durch Portefeuille-Strategie wegdiversifizieren können. Weiterhin erhöht Versicherungsschutz evtl. sogar im Schaden- und Nichtschadenfall den Marktwert der Unternehmung. Manchmal stiften Versicherungen allerdings nur den Managern oder anderen Anspruchsgruppen Nutzen und stellen für die Anteilseigner lediglich Kosten dar. Ziel sollte es sein, ein optimales Risikomanagement und eine optimale Absicherung des Unternehmens durch Versicherungen zu finden, die dafür sorgen, dass die Unternehmensexistenz langfristig gesichert bleibt und dabei die Eigentümerinteressen gewahrt werden. Hierzu müssen natürlich auch die Hauptversammlung, der Aufsichtsrat, die Wirtschaftsprüfer usw. beitragen. Es müssen in der Zukunft auf allen Ebenen Verbesserungen erfolgen, wobei Unternehmenspleiten durch nicht beobachtbare und nicht überprüfbare Managerfehler aufgrund des diskretionären Entscheidungsspielraums nicht immer zu verhindern sein werden. Ein generelles Handeln des Managements im Sinne der Eigentümer ist nahezu ausgeschlossen. Es gibt jedoch Möglichkeiten, die Interessen beider Parteien anzugleichen und für eine ausreichende Managerdisziplinierung zu sorgen, so dass das Fortbestehen der Unternehmung auch langfristig nicht gefährdet wird.

Literaturverzeichnis

Aktiengesetz (2004):
Vom 6. September 1965 (BGB1. I S. 1089) in der Fassung der Bekanntmachung vom 25. November 2003 (BGB1. I S. 2304).

Ballwieser, W. / Schmidt, R. H. (1981):
Unternehmensverfassung, Unternehmensziele und Finanztheorie, in: Bohr, K. / Drukarczyk, J. / Drumm, H.-J. / Scherrer, G. (Hrsg.), Unternehmensverfassung als Problem der Betriebswirtschaftslehre, Berlin, S. 645-682.

Bauer, J.-H. (2004):
Die lähmende Angst vor dem Fehler, in: Handelsblatt, 30. Januar 2004, S. k01.

Baumol, W. J. (1959):
Business Behavior, Value and Growth, New York.

Coase, R. H. (1937):
The Nature of the firm, in: Economica 4, S. 386-405.

DeBondt, W. F. M. / Thompson, H. E. (1992):
Is Economic Efficiency the Driving Force behind Mergers?, in: Managerial and Decision Economics 13, S. 31-44.

Doherty, N. A. (1985):
Corporate Risk Management, New York.

Ebers, M. / Gotsch, W. (1995):
Institutionenökonomische Theorien der Organisation, in: Kieser, A. (Hrsg.), Organisationstheorien, Stuttgart, Berlin, Köln.

Eisenhardt, K. M. (1989):
Agency-Theory: An Assessment and Review, in: The Academy of Management Review 14, Nr. 1, S. 57-74.

Fama, E. F. (1980):
Agency problems and the theory of the firm, in: Journal of Political Economy 88, S. 288-307.

Feltham, G. A. / Wu, M. G. H. (2001):
Incentive Efficiency of Stock versus Options, in: Review of Accounting Studies 6, S. 7-28.

Filbert, D. / Kramarsch, M. H. (2004):
Long Term-Incentives in Deutschland, URL: ftp://ftp.zew.de/pub/zew-docs/zn/schwerpunkt _sow1204.pdf [Stand 08.06.2005].

Freeman, R. B. / Lazear, E. P. (1995):
An Economic Analysis of Work Council, in: Rogers, J. / Streeck, W. (Hrsg.), Works Councils: Consultation, Representation and Cooperation in Industrial Relations, Chicago, London, S. 27-50.

Froot, K. A. / Scharfstein, D. / Stein, J. C. (1993):
Risk Management: Coordinating Investment and Financial Policies, in: Journal of Finance 48, S. 1629-1658.

Grossmann, S. J. / Hart, O. D. (1986):
The Costs and Benefits of Ownership: A Theory of Vertical and Lateral Integration, in: Journal of Political Economy 94, S. 691-719.

Gutenberg, E. (1980):
Grundlagen der Betriebswirtschaftslehre, Bd. 3, Die Finanzen, 8. ergänzende Auflage, Enzyklopädie der Rechts- und Staatswissenschaft, Abteilung Staatswissenschaft, Berlin, Heidelberg, New York.

Handelsgesetzbuch (2005):
Vom 10. Mai 1897 (RGB1. S. 219) in der Fassung der Bekanntmachung vom 15. Dezember 2004 (BGB1. I S. 3408) m.W.v. 21. Dezember 2004.

Hart, O. (1995):
Firms, contracts and financial structure, Oxford.

Jensen, M. C. / Meckling, W. H. (1976):
Theory of the firm: managerial behavior, agency costs and ownership structure, in: Journal of Financial Economics 3, S. 305-360.

Jensen, M. C. (1983):
Organization Theory and Methodology, in: The Accounting Review 58, Nr. 2, S. 319-339.

Jensen, M. C. (1986):
Agency Costs of Free Cash Flow, Corporate Finance, and Takeovers, in: American Economic Review 76, Nr. 2, S. 323-329.

Koeberle-Schmid, A. (2004):
Bewertung von Aktienoptionsprogrammen, URL: ftp://ftp.zew.de/pub/ zew-docs/zn/ schwerpunkt_sow1204.pdf [Stand 08.06.2005].

Kräkel, M. (2004):
Organisation und Management, 2. Auflage, Tübingen.

Laux, H. / Liermann, F. (2003):
Grundlagen der Organisation: Die Steuerung von Entscheidungen als Grundproblem der Betriebswirtschaftslehre, 5. Auflage, Berlin.

Lichter, J. / Tödtmann, C. (2004):
Viele Manager wollen ihre Haftungsrisiken nicht sehen (D&O Haftpflichtversicherungen werden teurer und bieten weniger Schutz), Handelsblatt vom 30. Januar 2004, S. k01.

MacMinn, R. (1987):
Insurance and Corporate Risk Management, in: Journal of Risk and Insurance 54, S. 658-677.

Marris, R. (1963):
A Model of the Managerial Enterprise, in: Quaterly Journal of Economics 77, S. 185-209.

Mayers, D. / Smith, C. W. Jr. (1982):
On the Corporate Demand for Insurance, in: Journal of Business 55, Nr. 2, S. 190-205.

Milgrom, P. R. / Roberts, J. (1992):
Economics, Organization and Management, Englewood Cliffs.

Modigliani, F. / Miller, M. H. (1958):
The Cost of Capital, Corporation Finance and the Theory of Investment, in: American Economic Review 48, S. 261-297.

Germany: From Collective Voice to Co-Manager, in: Rogers, J. / Streeck, W. (Hrsg.), Works Councils: Consultation, Representation and Cooperation in Industrial Relations, Chicago, London, S. 3-78.

Myers, S. (1977):
Determinants of corporate borrowing, in: Journal of Financial Economics 5, S. 147-175.

Nickel, A. (1998):
Versicherungsnachfrage der Unternehmen, in: Zeitschrift für die gesamte Versicherungswissenschaft 87, S. 429-437.

Picot, A. / Dietl, H. / Frank, E. (1999):
Organisation, 2. Auflage, Stuttgart.

Prowse, S. (1994):
Corporate Governance in an International Perspective, BIS Economic Papers, Nr. 41, Basel.

Richter, R. / Furubotn, E. (2003):
Neue Institutionenökonomik, 3. Auflage, Tübingen.

Ricketts, M. (2002):
The Economics of Business Enterprise, 3. Auflage, New York.

Ross, S. A. (1973):
The Economic Theory of Agency: The Principal's Problems, in: American Economic Review 62, S. 134-139.

Schoppe, C. S. (1995):
Moderne Theorie der Unternehmung, München.

Schulenburg, J.-M. Graf von der (2005):
Versicherungsökonomik (Ein Leitfaden für Studium und Praxis), Karlsruhe.

Smith, A. (1789):
An Inquiry into the nature and the causes of the wealth of nations, 5. Auflage, London.

Stiglitz, J. E. (1985):
Credit Markets and the Control of Capital, in: Journal of Money, Credit and Banking 17, S. 133-152.

Williamson, O. E. (1963):
Managerial Discretion and Business Behavior, in: American Economic Review 53, S. 1030-1057.

Williamson, O. E. (1964):
The Economics of Discretionary Behavior: Managerial Objectives in a Theory of the Firm, London.

Zweifel, P. / Eisen, R. (2003):
Versicherungsökonomik, 2. Auflage, Berlin.

Risikomanagement als Instrument der Ergebnissteuerung in Unternehmen: Grundlagen, Ziele und Methoden

Marco Felten

Inhalt

1. Einleitung

Die fortschreitende Internationalisierung und Globalisierung sowie die Dynamisierung des Wettbewerbs bringen ganz unterschiedliche Wirtschaftsräume zusammen und damit auch neue Chancen und Risiken. Durch diese veränderten Rahmenbedingungen entstehen neue Herausforderungen bei der Führung von Unternehmen. Besonders die wachsende Komplexität und abnehmende Reaktionszeit unternehmerischer Vorgänge führte in den letzten Jahren vermehrt zu großen Unternehmenskrisen und sogar zu Zusammenbrüchen. Dadurch entwickelte sich weltweit eine Diskussion über gute Unternehmensführung und -überwachung. Im Mittelpunkt dieser Corporate Governance steht ganz vordringlich der Umgang mit Risiken auf der Führungsebene, von deren Erkennung bis hin zur Bewältigung. Als Ergebnis dieser Debatte wurden oftmals an die Unternehmensleitung gerichtete Verhaltensregeln aufgestellt.[1] Davon ausgehend verabschiedete der deutsche Gesetzgeber 1998 das Gesetz zur Kontrolle und Transparenz im Unternehmensbereich (KonTraG).[2] Es erfolgte die Novellierung des Aktien-

[1] Vgl. Hommelhoff, P. / Mattheus, D. (2000), S. 7.
[2] Vgl. Hommelhoff, P. / Mattheus, D. (2000), S. 7-8.

gesetzes, insbesondere im Bereich der Überwachungssysteme.[3] Die Vorschriften des KonTraG beinhalten die Forderung, die Rechnungslegung der Unternehmen mehr auf die Bedürfnisse des internationalen Kapitalmarktes auszurichten. Hierbei wird von Aktiengesellschaften die Einrichtung eines Risikomanagements sowie dessen Prüfung gefordert.[4]

Allerdings gehört die Auseinandersetzung mit Risiken nicht erst seit Inkrafttreten des KonTraG zu den wesentlichen Aufgaben von Vorständen. Das Management von Risiken stellt seit jeher einen existenziellen Bestandteil unternehmerischer Tätigkeit dar. Ein Wirtschaftssubjekt kann dabei versuchen ein Risiko selbst zu tragen oder auf Institutionen zu übertragen, die hierfür als geeignet erscheinen. In der arbeitsteiligen Wirtschaft hat sich insbesondere die Versicherungswirtschaft entwickelt.[5] Risikomanagement gewinnt zunehmend an Bedeutung. Das liegt auch an der Erkenntnis, dass Gewinne und Risiken untrennbar miteinander verbunden sind. Es lässt sich sogar feststellen, dass das Risiko umso höher ist, je größer die Gewinnaussichten sind. Andererseits lassen sich ohne Risiko keine Gewinne erzielen. Daher ist ein Risikomanagement auf die Unternehmensbesonderheiten abzustellen.[6] Es erlaubt einem Unternehmen somit, seine Risiken besser zu handhaben. Dadurch kann es effektiver und offensiver seinen Tätigkeiten nachgehen.[7]

2. Einführung in die Risikopolitik von Unternehmen

2.1 Definition des Risikobegriffs

Der Terminus Risiko hat eine lange und komplexe Tradition in der naturwissenschaftlichen, mathematischen, betriebswirtschaftlichen und allgemeinen Literatur. Dabei ist vielen Veröffentlichungen zu entnehmen, dass jegliches Handeln mit Risiken behaftet ist. Denn nur bei Eingehen von Risiken kann Erfolg erzielt werden.[8]

---

3 Vgl. Hahn, D. / Krystek, U. (2000), S. 75.
4 Vgl. Dörner, D. / Doleczik, G. (2000), S. 195.
5 Vgl. Helten, E. / Bittl, A. / Liebwein, P. (2000), S. 155.
6 Vgl. Kramer, J. W, (2002), S. 157.
7 Vgl. Williams, C. A. / Heins, R. M. (1989), S. 4-5.
8 Vgl. Hofmann, M. / Bühler, P. (2004), S. 161.

Als Risiko können allgemein potenzielle Störungen bezeichnet werden, die zu Abweichungen von den Unternehmenszielen führen.[9] Risiko impliziert die Unfähigkeit, die Zukunft vorauszusehen.[10] Risiken verschiedener Art und Dimension existierten schon immer. Sie unterlagen stets mehr oder weniger starker Veränderung. Wissenschaftliche Neuerungen und Anwendung neuer Technologien und Techniken halfen, Risiken und Schäden zu verhüten und zu vermindern. Diese waren aber auch zugleich Quelle neuartiger Risiken.[11] Zur möglichen Definition des Risikobegriffs können zwei Merkmale dienen. Der Begriff beinhaltet zum einen die Zielbezogenheit wirtschaftlichen Handelns. Denn nur bei Verfolgen von Zielen können diese auch erreicht werden. Weiterhin impliziert der Risikobegriff ein Informationsdefizit über Ursache-Wirkungs-Beziehungen menschlicher und technischer Aktivitäten. Dies ist eine realistische Annahme, da in den meisten realen Situationen nicht alle relevanten Einflussgrößen bekannt sein können.[12] In der Umgangssprache werden mit Risiko Gefahren, die negative Ereignisse auslösen wie z. B. Feuer, akzentuiert. Wagnisse werden ebenfalls oft als Risiko bezeichnet. Bei der Abgrenzung handelt es sich aber bei Gefahren oder Wagnissen um Faktoren, die Risiken verursachen oder aus denen Risiken resultieren können, sog. Risikofaktoren.[13]

In einer weiteren Eingrenzung des Begriffs kann Risiko als die Gefahr einer negativen Abweichung des tatsächlichen Ergebniswertes vom erwarteten Ergebniswert bezeichnet werden. Dies ist in Abbildung 1 dargestellt. Um den Planwert (Erwartungswert) ergeben sich Chancen und Risiken, die um diesen streuen. Die Streuung wird durch die Standardabweichung oder die Varianz beschrieben. Dem Risiko steht i. d. R. auch eine Chance gegenüber, dass das geplante Ergebnis erreicht oder sogar übertroffen wird. Die Chancen gilt es im Rahmen der geschäftpolitischen Aktivitäten möglichst optimal zu nutzen. Dazu müssen für ein effizientes Risikomanagement zunächst die für das Unternehmen relevanten Risikokategorien sauber voneinander abgegrenzt werden.[14]

---

9 Vgl. Zech, J. (2002), S. 39.
10 Vgl. Doherty, N. (2000), S. 17.
11 Vgl. Schließer, W. (1996), S. 279.
12 Vgl. Helten, E. / Bittel, A. / Liebwein, P. (2000), S. 159.
13 Vgl. Helten, E. / Bittel, A. / Liebwein, P. (2000), S. 159-165.
14 Vgl. Schierenbeck, H. / Lister, M. (2002), S. 183.

Abbildung 1: Wahrscheinlichkeitsverteilung

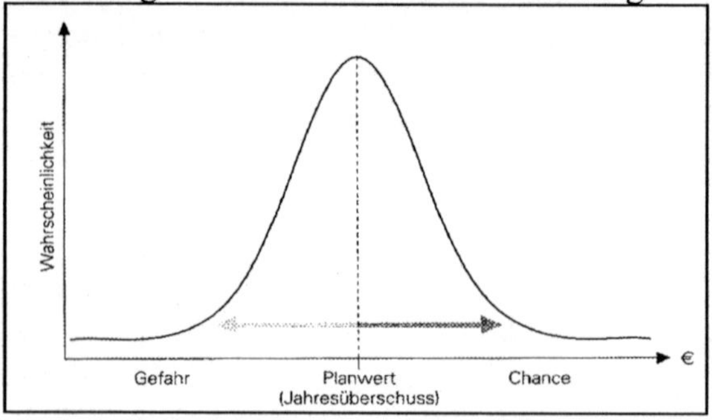

Quelle: Hofmann, M. / Bühler, P. (2004), S. 163.

2.2 Risikoarten in Unternehmen

Im Bereich des Risikomanagements kann zwischen verschiedenen Risikokategorien unterschieden werden. Dabei sind Markt-, Finanz- und Umweltrisiken sowie rechtliche Risiken und Risiken der Leistungserstellung zu unterscheiden.[15]

Bei Marktrisiken geht es um mögliche zukünftige Entwicklungen, die mit einer Bedrohung von Seiten des Marktes verbunden sind. Dabei können zwei Arten des Marktrisikos unterschieden werden. Auf der einen Seite gibt es Marktrisiken, die durch Veränderungen am Markt, d. h. der Umwelt entstehen. Auf der anderen Seite gibt es Risiken, die aus dem Wertschöpfungsprozess des Unternehmens unmittelbar resultieren. Wenn ein Unternehmen alle internen Wertschöpfungsprozesse auf hohem Niveau beherrscht, kann das intern induzierte Marktrisiko weitgehend ausgeschlossen werden. Sobald externe und interne Marktrisiken in Kombination auftreten, vergrößert das nicht nur das Marktrisiko an sich. Das Unternehmen kann sogar in große Schwierigkeiten gelangen, die den Fortbestand gefährden können.[16]

---

15 Vgl. Dörner, D. / Horváth, P. / Kagermann, H. (2000), S. 221-222.

16 Vgl. Töpfer, A. / Heymann, A. (2000), S. 227-228.

Zu den im Finanzbereich (Treasury) relevanten Risiken zählen das Liquiditäts-, das Adressausfall-, das Marktpreis- und das Organisationsrisiko sowie das Rechtsrisiko. Das Liquiditätsrisiko besteht in einem allgemeinen Finanzierungsrisiko und dem Risiko unzureichender Marktliquidität. Bei erst genanntem besteht die Gefahr, dass das Unternehmen den Zahlungsverpflichtungen am Fälligkeitstermin aufgrund eines liquiditätsmäßigen Engpasses nicht nachkommen kann. Das Risiko unzureichender Marktliquidität bedeutet, dass Positionen aufgrund unzulänglicher Markttiefe oder Marktstörungen nicht ohne weiteres zu fairen Preisen eingedeckt bzw. glattgestellt werden können. Das Adressausfallrisiko (Kreditrisiko) kennzeichnet das Risiko des vollständigen oder teilweisen Ausfalls einer Gegenpartei. Ergeben sich bei Finanzinstrumenten Änderungen ihrer Marktpreise und damit ihrer Bewertungsparameter wie Zinssätze, Währungskurse etc., wird vom Marktpreisrisiko gesprochen. Das Organisationsrisiko beschreibt Störungen in Informationssystemen oder Fehler bei internen Kontrollen. Sind abgeschlossene Geschäfte rechtlich nicht durchsetzbar oder vertraglich nicht korrekt, handelt es sich um das Rechtsrisiko.[17] Der Fortbestand eines Unternehmens kann durch Entwicklungen mit rechtlichem Hintergrund wie z. B. Verstöße gegen gesetzliche Vorschriften gefährdet sein.[18]

Vom Management geht ebenfalls ein nicht unwesentliches Risiko für das Unternehmen aus. Dem hat der Gesetzgeber mit Einführung des KonTraG Rechnung getragen. Danach hat der Vorstand einer Aktiengesellschaft für ein angemessenes Risikomanagement und für eine angemessene interne Revision zu sorgen.[19]

2.3 Grundsätze der Risikopolitik in Unternehmen

Für eine nachhaltige Unternehmenspolitik sind die Ziele Sicherheit, Rendite und Flexibilität gleichermaßen zu berücksichtigen. Der Corporate Governance Codex verlangt, dass kein Ziel dieses magischen Dreiecks ver-

17 Vgl. Scharpf, P. (2000), S. 255-259.
18 Vgl. Meyding, T. / Fabian, C.-P. (2000), S. 285.
19 Vgl. Lück, W. (2000), S. 313.

nachlässigt wird.[20] Eine Risiko- und Kontrollkultur im Unternehmen prägt die Art und Weise, wie über Risiken kommuniziert wird. Nur wenn offen über drohende Gefahren gesprochen wird, können Handlungsmaßnahmen rechtzeitig geplant und umgesetzt werden. Ein Risikomanagement und seine Elemente sind daher zu einem zielgerichteten Ganzen zu verbinden und laufend weiter zu entwickeln.[21]

Gegenstand der Risikopolitik in Unternehmen ist ein strategischer Umgang mit Risiken. Bei der Konstruktion eines Risikomanagements sind dabei organisatorische und informationelle Aspekte zu berücksichtigen.[22] Da Risiken nicht ganz vermieden werden können, ist zumindest von einer Unternehmensführung zu erwarten, dass sie in der Lage ist, bestehende bzw. potenzielle Risiken zu erkennen, zu überwachen und spätestens wenn diese die Situation des Unternehmens gefährden auch abwehren zu können. Durch die Verabschiedung des KonTraG zielt der Gesetzgeber einerseits auf die Risikoerkennung, welche verhindern soll, dass sich Risiken überhaupt realisieren und das Unternehmen gefährden können. Andererseits sollte dafür Sorge getragen werden, dass Anleger und Investoren in einer Weise über die wertbeeinflussenden Risiken informiert werden, dass sie ihre Investitionsentscheidung überprüfen und sich ggf. vor Vermögensschäden bewahren können.[23]

Da das Eintreten von Risiken gravierende negative Auswirkungen haben kann, stellt sich die Frage, nach welchen Prinzipien und Grundsätzen die Risikopolitik im Unternehmen zu gestalten ist. Risiken dadurch zu vermeiden, dass Handeln unterlassen wird, entspricht nicht dem Sinn eines Unternehmens. Es gibt mehrere Ansätze, mit möglichen Risiken umzugehen. Zunächst kann durch Risikovermeidung versucht werden, Risiken von einem bestimmten Ausmaß zu verhindern. Wenn Risiken grundsätzlich nicht ganz vermeidbar sind, stellt sich die Frage, ob eine Risikostreuung einen Ausweg bietet. Dabei stellt eine Streuung von Marktrisiken auf verschiedene geographische Märkte einen zweckmäßigen Ansatz dar. Auch eine Streuung auf verschiedene Abnehmerzielgruppen kann sinnvoll sein.[24] Im

---

20 Vgl. Losskarn, N. / Gähr, S. (2002), S. 794.
21 Vgl. Wittmann, E. (2000), S. 818-819.
22 Vgl. Franz, K.-P. (2000), S. 53.
23 Vgl. Hommelhoff, P. / Mattheus, D. (2000), S. 8.
24 Vgl. Töpfer, A. / Heymann, A. (2000), S. 249.

Vordergrund steht eine Risikobegrenzung und Risikoabwälzung. Durch Frühaufklärung und Früherkennung von Risiken kann eine Risikobegrenzung erreicht werden. Wenn das erforderliche Risikobewusstsein in der Unternehmenskultur vorhanden ist, eröffnet dies einen Weg mit präventiven Verhaltensweisen negative Folgen schnell auffangen zu können. Dabei kann es manchmal sinnvoll sein, Risiken abzuwälzen. Dies kann durch Abschließen einer Versicherung geschehen, wobei aber die Relation zwischen Prämienhöhe und den negativen Folgen des möglichen Ereignisses abgewogen werden muss.[25]

Eine Risikomanagementphilosophie sorgt für einen bestimmten Umgang mit Risiken durch Verhaltensregeln und Vorgaben. Darin enthalten sind die Risikokultur und die Risikoumwelt. Die Kultur spiegelt die Einstellung der Geschäftsleitung und Mitarbeiter wider. Der Markt und die Öffentlichkeit sind Elemente der Risikoumwelt. Ein weiteres Element der Philosophie stellt die hier zu betrachtende Risikopolitik dar.[26] Aus der Verschränkung der Risikopolitik mit der gesamten Unternehmenspolitik ergibt sich die Notwendigkeit eines übergreifenden Risikomanagements.[27]

3. Risikomanagement als Teil der Unternehmenspolitik

3.1 Grundlagen und Ziele eines Risikomanagements

Risikomanagement ist Teil des Führungssystems eines Unternehmens. Das übergeordnete System, das Führungssystem sowie Organisationsstruktur und Überwachung umschließt, ist Corporate Governance. Das Risikomanagementsystem setzt sich aus vier Subsystemen zusammen. Elemente sind das Früherkennungssystem, das Controllingsystem, das interne Überwachungssystem sowie die Versicherung von Risiken. Den gesetzlichen Rahmen bildet dabei das KonTraG.[28]

---

[25] Vgl. Töpfer, A. / Heymann, A. (2000), S. 249-250.
[26] Vgl. Hofmann, M. / Bühler, P. (2004), S. 174-175.
[27] Vgl. Schenk, P. (1998), S. 52.
[28] Vgl. Dörner, D. / Horváth, P. / Kagermann, H. (2000), S. 3.

Bei der Einführung eines Risikomanagementsystems ist die organisatorische Zuordnung der Aufgaben der Mitarbeiter festzulegen und der Risikomanagementprozess zu definieren. Dieser wird durch die Aufgabenträger durchgeführt.[29] Zu den wesentlichen Treibern eines Risikomanagements gehören die zunehmende Globalisierung der Märkte und des Wettbewerbs. Die Liberalisierung und der Abbau von Handelshemmnissen sowie verbesserte Transportmöglichkeiten und neue technische Standards haben dazu beigetragen. Veränderte politische Verhältnisse wie der Zusammenbruch der kommunistischen Wirtschaftssysteme in Osteuropa und der Wandel in China haben zu einer Öffnung der Märkte geführt. In internationalen Konzernen ergeben sich hieraus Anforderungen an den Aufbau der Organisations- und Führungsstrukturen. Ein globalisiertes Geschäft macht die koordinierte Zusammenarbeit zwischen weltweit verteilten Wertschöpfungseinheiten nötig. Ein weltweit tätiges Unternehmen muss zeitlich schnell und flexibel agieren und seine Innovationskraft ständig unter Beweis stellen können.[30]

Neben diesen externen Risiken hat sich auch der Wandel innerhalb von Unternehmen verschärft. In den letzten Jahren wurden immer flachere Hierarchieebenen ausgebildet. Damit sind auch die häufig in den Zwischenebenen wahrgenommenen Kontrollfunktionen fortgefallen. Daneben kann die zunehmende Dezentralisierung nicht nur unternehmerische Kräfte freisetzen, sondern auch zu Risiken des Missbrauchs führen, wenn nicht entsprechende Kontrollen vorgesehen sind.[31]

In international tätigen Unternehmen ist verstärkt eine Zunahme von Risiken aus internationalen Zahlungs- und Finanzströmen zu beobachten, die mit geeigneten Finanzinstrumenten abzusichern sind. Weitere Risiken ergeben sich durch die steigenden Ansprüche der Stakeholder wie z. B. bei der Erfüllung von Umweltschutzauflagen.[32]

Abbildung 2 stellt die Komponenten eines Risikomanagements in Unternehmen dar. Dabei spielen sowohl die Risikopolitik als auch das Überwa-

---

[29] Vgl. Lischke, T. / Kirner, H. (2000), S. 44.
[30] Vgl. Wittmann, E. (2000), S. 791-792.
[31] Vgl. Wittmann, E. (2000), S. 792.
[32] Vgl. Wittmann, E. (2000), S. 792-793.

chungssystem und das Controlling eine entscheidende Rolle. Dem Risikomanagement kommen dabei sehr komplexe Aufgaben zu. Zunächst müssen die Bereiche identifiziert werden, in denen Risiken auftreten können. Dann sind einzelne Risiken zu benennen, zu analysieren und qualitativ und quantitativ zu bewerten sowie Instrumente einzusetzen, die geeignet sind diese Risiken zu vermeiden, zu begrenzen oder zu steuern.[33] Primäre Ziele eines Risikomanagements sind die Sicherung des künftigen Erfolgs des Unternehmens sowie Sicherung der Unternehmensziele. Dabei soll der Unternehmenswert nachhaltig erhöht und die Risikokosten optimiert werden. Soziale Ziele resultieren aus der gesellschaftlichen Verantwortung des Unternehmens.[34]

Abbildung 2: Komponenten des Risikomanagements im Unternehmen

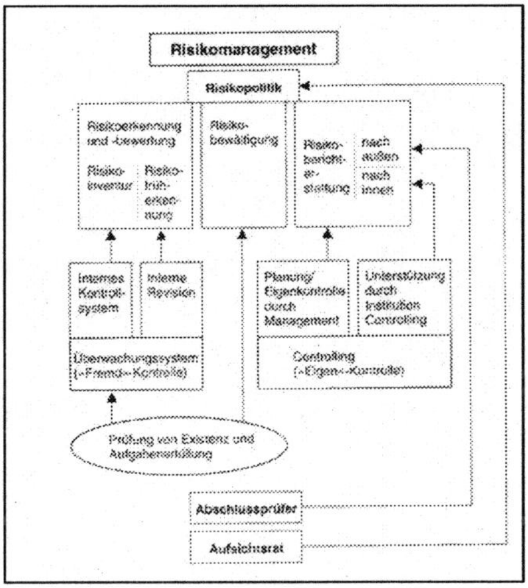

Quelle: Franz, K.-P. (2000), S. 67.

Ein weiteres Ziel ist die Erfüllung der Vorschriften des KonTraG. Es sollen weiterhin frühzeitig und systematisch risikoreiche Tatsachen erkannt und vermieden werden.[35] Dies kann durch eine wirksame Schadenverhütung (Risk Engineering) und die Optimierung des Versicherungsmanagements

33 Vgl. Kramer, J. W. (2002), S. 157-158.
34 Vgl. Romeike, F. (2005), S. 254.
35 Vgl. Claassen, U. (2000), S. 825.

erfolgen.[36] Dabei sollen die interne Transparenz verbessert und ein Risikobewusstsein verankert werden. Die dezentrale Eigenverantwortung der Bereiche sollte unterstützt und der Unternehmensleitung bei der Reduzierung möglicher Haftungsrisiken und Erreichung der Unternehmensziele geholfen werden.

3.2 Merkmale und Komponenten eines Risikomanagementsystems

Mit der Neufassung des KonTraG ist die Diskussion um Frühwarn-, Früherkennungs- und Frühaufklärungssysteme neu aufgekommen. Seit den 70er Jahren sind verschiedene Ansätze solcher Informationssysteme entstanden. Frühwarnsysteme stellen dabei die ursprünglichste Form dar. Sie sollen dem Benutzer bereits verdeckt vorhandene Bedrohungen so rechtzeitig signalisieren, dass noch genug Zeit zur Ergreifung geeigneter Maßnahmen zur Abwehr oder Minderung besteht. Da aber mit Bedrohungen zugleich Chancen verbunden sind, wurden die Informationssysteme erweitert und unter dem Namen der Früherkennung geführt. Mit der Erweiterung auf die Einleitung von Planung, Steuerung und Kontrolle relevanter Strategien und Maßnahmen wird der Begriff der Frühaufklärung umschrieben. Diese Zusammenhänge macht Abbildung 3 deutlich.[37]

---

36 Vgl. Hofmann, M. / Bühler, P. (2004), S. 172-173.
37 Vgl. Hahn, D. / Krystek, U. (2000), S. 75-76.

Abbildung 3: Zusammenhang zwischen Frühaufklärung, Früherkennung und Frühwarnung

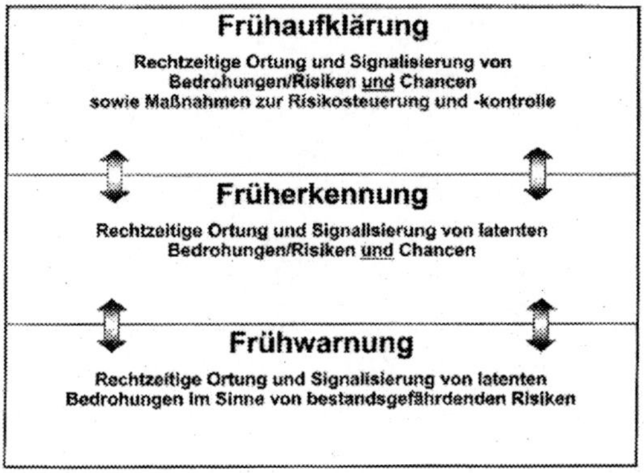

Quelle: Romeike, F. (2005), S. 251.

Es lassen sich operative und strategische Früherkennungssysteme abgrenzen. Die operativen sind am weitesten verbreitet und umfassen die kennzahlenorientierte und indikatorenorientierte Früherkennung. Kennzahlen sollen als quantitativer Ausdruck mit konzentrierter Aussagekraft über bestimmte Tatsachen berichten. Durch eine Zusammenfassung zu Kennzahlensystemen wird deren Aussagekraft verstärkt und Fehlinterpretationen entgegen gewirkt. Im Hinblick auf eine Früherkennung erfolgt ein Zeitvergleich der jeweiligen Kennzahlen. Sobald Früherkennungsinformationen nicht nur auf quantitative Kennzahlen, sondern auch auf qualitative Informationen bezogen werden, spricht man von Früherkennungsindikatoren. Eine Überwachung des Früherkennungssystems muss durch das Interne Überwachungssystem gewährleistet sein. Strategische Früherkennungssysteme sind im Vergleich zu den operativen immer gesamtunternehmensbezogen und können sich nicht nur auf latente Risiken beschränken. Als grundlegende Ansätze sind hier das Konzept der Schwachen Signale von Ansoff und die Diffusionstheorie zu nennen.[38]

Bei dem Ansatz von Ansoff wird davon ausgegangen, dass Trendbereiche nicht zufällig ablaufen, sondern durch Schwache Signale (weak signals) angekündigt werden. Es gilt diese Informationsrudimente richtig zu deuten

[38] Vgl. Hahn, D. / Krystek, U. (2000), S. 81-86.

und bereits im frühen Stadium strategische Planungen vorzubereiten, bevor das Risiko im Zeitablauf klarere Konturen annimmt. Die Diffusionstheorie beschäftigt sich mit der Erkundung von Ausbreitungswegen neuer Erkenntnisse sowie neuer Meinungen bzw. Verhaltensweisen. Dabei wird davon ausgegangen, dass von einem Träger neuer Erkenntnisse Ansteckungswirkungen ausgehen und so auf eine große Zahl von Personen bzw. Institutionen übergreifen. Um möglichst früh Signale zu erkennen, wird durch Abtasten und Rastern des Umfeldes des Unternehmens (Scanning) versucht, diese zu erkennen und in einem weiteren Schritt darüber relevante Informationen zu finden (Monitoring). Nach der Erfassung schwacher Signale müssen diese dokumentiert und interpretiert werden. Konzeptionell ist eine Integration zu einem kombiniert strategisch-operativen Früherkennungssystem im Rahmen des Risikomanagements sinnvoll.[39]

Im Rahmen des Risikomanagementsystems bildet das interne Überwachungssystem eine weitere wichtige Säule. Die unternehmensinterne Überwachung als Führungsfunktion ist ein sehr breites und komplexes Aufgabenfeld. Als Unterbegriffe der Überwachung werden Prüfung (Revision) und Kontrolle gesehen. Die Begriffe unterscheiden sich wesentlich durch den Prozessbezug. Interne und externe Revision sind prozessunabhängige Vorgänge und werden als systemexterne Prüfung angesehen. Kontrollen sind dagegen systeminterne Vorgänge und somit prozessabhängig.[40] Ziel eines Internen Kontrollsystems ist es, Fehler zu finden und Abweichungen zu verhindern. Abläufe sollen möglichst selbstüberwachend und selbstregulierend ausgestaltet werden und in einem vertretbaren Kosten-Nutzen-Verhältnis stehen. Systemelemente sind hierbei Objekte, Träger und Prozesse der internen Kontrolle. Zu sichern ist ebenfalls eine Kopplung von präventiv wirkenden mit korrektiven Kontrollen. Um interne Kontrollen durchführen zu können, muss auch der Einsatz von Instrumenten gewährleistet sein. Dabei sind sämtliche Instrumente der Informationserfassung, -aufbereitung und -weitergabe zu nutzen.[41]

Die interne Revision bildet die zweite Säule des Überwachungssystems. Ihre Aufgabe ist es, der Leitung des Unternehmens beratende Unterstüt-

---

39 Vgl. Hahn, D. / Krystek, U. (2000), S. 86-89.
40 Vgl. Buderath, H. / Amling, T. (2000), S. 129.
41 Vgl. Buderath, H. / Amling, T. (2000), S. 130-132.

zung bei deren Überwachungspflicht durch Berichterstattung über Prüfobjekte zu geben. Das Tätigkeitsspektrum reicht dabei von einer Ergebnis - oder Einzelfallprüfung (financial auditing) über die Verfahrens- und Systemprüfung der Funktionsfähigkeit des internen Überwachungssystems (operational auditing) bis hin zur Überprüfung der Geschäftsleitung (management auditing).[42] Prüfungen der internen Revision können mehrere Felder betreffen. Es ist eine vollständige Erfassung aller Risikofelder zu beachten. Die eingerichteten Maßnahmen zur Risikoerfassung und -kommunikation sollten dabei angemessen sein und kontinuierlich angewendet werden.[43]

Für den Aufbau und die Implementierung eines Risikomanagements existieren auf der Ebene der Teilsysteme viele funktionale und institutionelle Anknüpfungspunkte. Besonders das Controlling wird als wichtige Basisfunktion angesehen und sollte hin zu einem risikoorientierten Controlling ausgebaut werden. Neben der Ergebnisorientierung müsste ein solches Controlling auch Risikoaspekte bei der Planung, Steuerung und Kontrolle berücksichtigen. Das Risikomanagement kann als Teil des Controlling betrachtet werden. Demnach sind Risiken Objekte des Controlling. Die Ausgestaltung des Controlling im Unternehmen und die systembezogene Einbindung in das Führungssystem wird als Controllingsystem bezeichnet. Die Instrumente des strategischen und operativen Controlling lassen sich nützlich im Risikomanagement einsetzen. Damit wird eine funktionale und organisatorische Verankerung des Risikomanagements im Controlling deutlich. Gleiches gilt auch für die Schnittstellen zwischen dem Controllingsystem und den weiteren relevanten Teilsystemen des Risikomanagements, dem Früherkennungssystem und dem internen Überwachungssystem.[44]

Wichtige Impulse können bei der Risikoanalyse von Instrumenten des strategischen Controlling sowie insbesondere der Früherkennung ausgehen. Als Controllinginstrumente zur Risikoplanung und -steuerung können hier die Budgetierung und die Balanced Scorecard dienen. Auf eine Risikosteuerung hat das Controlling allerdings nur indirekten Einfluss, da dies die

---

[42] Vgl. Buderath, H. / Amling, T. (2000), S. 134-135.
[43] Vgl. Franz, K.-P. (2000), S. 55.
[44] Vgl. Horváth, P. / Gleich, R. (2000), S. 101-110.

Aufgabe der Unternehmensleitung sein sollte. Controlling hat in seiner Risikomanagementfunktion dafür zu sorgen, dass bei Abweichungen ermittelt und dokumentiert wird, in welcher Art und Weise die Verantwortungsträger darauf reagiert haben.[45] Überwachung stellt Fremdkontrolle dar, wobei Controlling Eigenkontrolle ist. Controlling hat als Institution auch mit Kontrolle zu tun und rückt somit in die Nähe der internen Revision.[46]

3.3 Risikomanagement als Prozess

Der Prozess des Risikomanagements besteht aus den Elementen Risikoidentifikation, Risikoanalyse und -bewertung sowie Risikosteuerung. Basis für diesen Prozess ist die Festlegung von Unternehmensstrategien und -zielen durch den Vorstand. Dieser Prozess wird in allen Phasen durch das Risikocontrolling und -reporting begleitet. Voraussetzung für die Effektivität der einzelnen Elemente ist eine zeitnahe Anpassung an die sich aus der revolvierenden Planung ergebenden Veränderungen.[47]

Der Vorstand setzt die Erwartungen der Stakeholder in strategische Ziele um. Diese werden dann im Rahmen der operativen Planung auf die verschiedenen Unternehmensbereiche heruntergebrochen. Das Risikomanagement hat sich an die auf den Ebenen festgelegten Ziele, Strategien und kurzfristigen Erfolgsfaktoren zu orientieren.[48]

Die Phasen des Risikomanagementprozesses sind in der nachfolgenden Abbildung 4 dargestellt.

---

45 Vgl. Horváth, P. / Gleich, R. (2000), S. 110-123.
46 Vgl. Franz, K.-P. (2000), S. 56.
47 Vgl. Dörner, D. / Doleczik, G. (2000), S. 201.
48 Vgl. Dörner, D. / Doleczik, G. (2000), S. 201-202.

Abbildung 4: Der Risikomanagementprozess

Quelle: Hofmann, M. / Bühler, P. (2004), S. 166.

Die Risikoidentifikation stellt eine Bestandsaufnahme dar. Dabei sollen möglichst alle Gefahrenquellen, Schadensursachen und Störpotenziale des Unternehmens erfasst werden. Diese Suche nach Risiken stellt eine permanente Aufgabe dar, da sich diese täglich ändern können. Es sind alle Funktionsbereiche und Geschäftsprozesse des Unternehmens zu betrachten. Dazu wird das Unternehmen in relevante Untersuchungsbereiche zerlegt und nach vorher definierten Risiken abgesucht.[49]

Für die Risikoanalyse und -bewertung werden die für das Unternehmen tatsächlich relevanten Risiken bestimmt sowie die möglichen Auswirkungen auf den Unternehmenserfolg möglichst quantifiziert. Das Ausmaß eines Risikos wird durch die Eintrittswahrscheinlichkeit und die Höhe des damit verbundenen Schadens determiniert. Hierbei gilt es Interdependenzen zwischen einzelnen Risiken zu erfassen und mögliche kumulative Einwirkungen festzustellen. Die Beseitigung eines Risikos kann zur Erhöhung oder zum Entstehen eines anderen führen. Die erfassten und bewerteten Risiken im Einklang mit den Unternehmenszielen und den definierten Risikovorgaben zu bringen ist Aufgabe der Risikosteuerung. Dabei kommen Maßnahmen zur Vermeidung, Reduktion und Eingehen von Risiken in Betracht. Beim Vermeiden wird auf den Abschluss des risikoträchtigen Geschäfts verzichtet. Im Rahmen der Risikoreduktion werden Wahrscheinlichkeiten der aus dem Geschäft resultierenden Risiken gemindert oder be-

[49] Vgl. Hofmann, M. / Bühler, P. (2004), S. 178.

seitigt. Beim Eingehen des Risikos trägt das Unternehmen das Risiko bewusst selbst.[50] Das Risikocontrolling und -reporting setzt die organisatorische Einbindung des Risikomanagements in den Managementprozess voraus. Die Mitarbeiter, die für die Erfassung, Messung und Weitermeldung der Risiken verantwortlich sind, müssen auf den verschiedenen Unternehmensebenen bekannt sein. Es sind die für eine Weitermeldung nötigen Signale, Schwellenwerte oder Limits festzulegen. Im Rahmen einer laufenden Kontrolle sind diese zu überprüfen und ggf. anzupassen.[51]

4. Methoden und Werkzeuge des Risikomanagements

4.1 Möglichkeiten und Verfahren zur Risikokontrolle

Nach der Analyse von Risiken gilt es, diese zu gestalten. Es müssen adäquate risikopolitische Instrumente eingesetzt werden. Für die praktische Anwendung wurden in der Vergangenheit eine Fülle von Maßnahmen sowohl zur Schadenverminderung wie auch zum Schadenausgleich entwickelt. Eine große Zahl von Unternehmen bietet Produkte und Dienstleistungen an, die zur Erreichung von höherer Sicherheit eingesetzt werden können. Beispiele sind hier Hersteller von Schutzbekleidung oder Bewachungsdienste. Eine ganz wichtige Rolle spielen Versicherungsunternehmen, da deren Produkte oftmals den Kern der risikopolitischen Maßnahmen bilden.[52]

Grundsätzlich ist die Wirkung risikopolitischer Maßnahmen nur für abgegrenzte risikobedrohte Systeme und für ganz bestimmte Risikosituationen abschätzbar. Für eine optimale Lösung müssten eine Fülle von Informationen über alle Risiken, deren Eigenschaften, die Risikoeinstellungen der Entscheidungsträger und die Vielfalt der Wirkungen risikopolitischer Instrumente bekannt sein.[53] Im Zentrum der Risikokontrolle steht die laufende operative und strategische Überprüfung der Effizienz des Risikomanagements. Durch eine Risikoüberwachung soll sichergestellt werden, dass die Ist-Risikosituation im Unternehmen der Soll-Situation jederzeit ent-

---

50 Vgl. Dörner, D. / Doleczik, G. (2000), S. 202-203.
51 Vgl. Dörner, D. / Doleczik, G. (2000), S. 204.
52 Vgl. Theil, M. (1996), S. 216-217.
53 Vgl. Theil, M. (1996), S. 217-218.

spricht. Weiterhin sind hierbei auftretende Veränderungen kontinuierlich zu erfassen.[54]

4.2 Werkzeuge des Risikomanagements

Durch die steigende Komplexität der Finanzinstrumente und die volatilen Kapitalmärkte haben sich die Anforderungen an das Risikomanagement im Finanzbereich (Treasury) erhöht. Die im Treasury in erster Line relevanten Risiken sind das Liquiditäts-, das Adressausfall-, das Marktpreis-, das Organisations- sowie das Rechtsrisiko. Zwischen diesen Risiken bestehen teilweise Interdependenzen.[55]

Eine Steuerung von Risiken kann mit Hilfe von Finanzinstrumenten erfolgen. Dabei geht es um Zinsänderungs-, Währungs-, Aktien- oder Rohstoffpreisrisiken. Diese Form der Steuerung mit (derivativen) Finanzinstrumenten ist in der Praxis weit verbreitet. Instrumente hierfür sind Optionen, Swaps, Futures, Forward Rate Agreements oder Devisentermingeschäfte. Entscheidend dabei ist das richtige Verhältnis zwischen dem Volumen des Grundgeschäfts und dem des Sicherungsgeschäfts, die sog. Hedge Ratio, da ansonsten ein Absicherungserfolg nicht gegeben ist. Eine Steuerung oben aufgeführter Risiken mit OTC Termingeschäften (nicht börsengehandelte Geschäfte) ist heute üblich. Ein Termingeschäft stellt eine Vereinbarung zwischen Verkäufer und Käufer dar, eine im Voraus festgelegte Menge eines bestimmten Handelsgutes (Underlying) zu einem bestimmten Preis an einem bestimmten zukünftigen Zeitpunkt zu kaufen oder zu verkaufen. Eingesetzt werden dabei auch Optionen. Dabei wird zwischen Kauf- (Calls) und Verkaufsoptionen (Puts) unterschieden. Diese können gekauft und verkauft werden. Von besonderem Interesse ist hierbei die Absicherung (Hedging) gegen Marktpreisveränderungen.[56]

Insbesondere Kapitalanlageentscheidungen sollen die optimale Zusammensetzung eines Portefeuilles während eines Planungszeitraumes sicherstellen. Dazu werden alternative Porte-feuillezusammenstellungen bewertet

[54] Vgl. Schierenbeck, H. / Lister, M. (2002), S. 190.
[55] Vgl. Scharpf, P. (2000), S. 255.
[56] Vgl. Scharpf, P. (2000), S. 255-271.

und ausgewählt. Als Bewertungskriterium wird die vorgegebene Zielgröße, z. B. Rentabilität, genutzt.[57] Die 1980er und 1990er Jahre waren eine Periode mit Finanzinnovationen. Damit waren Investoren in der Lage, spekulative Positionen mit den Basiswerten einzugehen. Durch diese neuen Instrumente wurde eine starke Nachfrage nach ihnen begründet. Dies wurde noch durch Optionspreismodelle von Black und Scholes verstärkt.[58]

Versicherung wurde lange Zeit genutzt, um Eigentum zu schützen, Haftpflicht abzusichern und andere versicherbare Risiken zu versichern. Ein besonderes Charakteristikum dieser Risiken ist, dass sie häufig unter Kontrolle des Policenbesitzers sind. Ein Unternehmen kann u. U. die Wahrscheinlichkeit eines Schadeneintritts beeinflussen. Traditionelle Versicherungsrisiken sowie auch finanzielle Risiken können Gegenstand einer Versicherung sein. Die Grenze zwischen Kapitalmarkt und Versicherung wurde so zunehmend aufgeweicht.[59] Mit Versicherung können Unternehmen Risiken auf die Versicherungsunternehmen abwälzen und somit eine effiziente Risikoallokation für die Anspruchsgruppen erzielen.[60]

Versicherung kann von zwei Seiten aus definiert werden. Zunächst ist Versicherung der Schutz vor finanziellem Verlust durch ein Versicherungsunternehmen. Aus zweiter Sicht ist Versicherung ein Werkzeug, in dem die Risiken mehrerer Versicherungsnehmer in einem Fonds kombiniert und aus diesem im Schadenfall finanziert werden. In einem Versicherungsvertrag gibt es zwei Parteien, den Versicherungsnehmer und den Versicherer. Der Versicherer teilt die Versicherten in Gruppen ein und hat gewisse Erwartungen - auf Wahrscheinlichkeiten beruhend - welche Schäden eintreten.[61] Bei der Beobachtung eines Kollektivs über viele Perioden lassen sich Schwankungen ersehen. Allerdings werden diese Schwankungen umso unbedeutender, je größer die Menge der beobachteten Elemente ist, bei denen Zufallsschwankungen beobachtet werden. Grundlage hierfür sind die empirischen Gesetzmäßigkeiten des so genannten Ausgleichs im Kollektiv und

57 Vgl. Schenk, P. (1998), S. 66-73.
58 Vgl. Doherty, N. (2000), S. 6-8.
59 Vgl. Doherty, N. (2000), S. 4-6.
60 Vgl. Mayers, D. / Clifford, W. S. (1982), S. 193.
61 Vgl. Williams, C. A. / Heins, R. M. (1989), S. 243-257.

des Ausgleichs in der Zeit. Diese Stabilisierungsaussagen finden Niederschlag im Gesetz der großen Zahlen.[62]

Der entscheidende Vorteil einer Versicherung ist die Absicherung gegen unerwartete Schäden. Dieser individuelle Vorteil führt auch zu einem Vorteil der gesamten Gesellschaft. Die Produktion kann unter Risiken fortgeführt werden, Steuereinnahmen steigen und staatliche Wohlfahrtszahlungen werden reduziert. Weitere Vorteile sind darin begründet, dass die Versicherungswirtschaft führend bei der Risikokontrolle ist. Auch kleine Unternehmen können durch eine Versicherung Risiken eingehen, die sonst nur Großunternehmen tragen könnten. Es gibt jedoch Risken, die nicht versichert werden können oder bei denen eine Versicherung zu teuer wäre. Versicherung wird in Unternehmen häufig in Kombination mit anderen Methoden der Risikokontrolle verwendet.[63]

5. Schlussbetrachtung und Ausblick

Für ein Risikomanagement spielt die Risikopolitik in Unternehmen eine wichtige Rolle. Risiko steht dabei im Mittelpunkt. Von grundlegender Bedeutung ist, dass mit Chancen auch Risiken verknüpft sein können. In Unternehmen finden sich verschiedene Risikokategorien. Gegenstand der Risikopolitik ist ein strategischer Umgang mit Risiken. Bei der Konstruktion eines passenden Risikomanagements sind organisatorische und informationelle Aspekte zu beachten. Strategien sind dabei Risikovermeidung, -streuung, -begrenzung und -abwälzung. Aus der Verflechtung der Risikopolitik mit der Unternehmenspolitik lässt sich die Notwendigkeit eines ganzheitlichen Risikomanagements ableiten.

Ein Risikomanagementsystem setzt sich aus den Elementen Früherkennungssystem, Controllingsystem, internes Überwachungssystem und Versicherung von Risiken zusammen. Dabei bestehen zwischen diesen Elementen Wechselwirkungen und Abhängigkeiten. Ziele eines Risikomanagements sind die Sicherung des künftigen Erfolgs und der Unternehmensziele sowie die Erhöhung des Unternehmenswertes und Reduzierung von

---

[62] Vgl. Helten, E. / Bittl, A. / Liebwein, P. (2000), S. 175-177.
[63] Vgl. Williams, C. A. / Heins, R. M. (1989), S. 243-257.

Risikokosten. Ein Risikomanagementprozess in Unternehmen beschäftigt sich mit der Risikoidentifikation, Risikoanalyse und -bewertung sowie Risikosteuerung. Begleitend dokumentiert ein Risikocontrolling diesen Prozess und zeichnet auftretende Abweichungen auf. Nach der Analyse von Risiken müssen diese auch bewertet und adäquate risikopolitische Instrumente eingesetzt werden. Instrumente sind dabei Finanzinstrumente und die Möglichkeit einer Versicherung.

Die Versicherungsbranche hat sich auf den Umgang mit Risiken spezialisiert und deckt neben traditionellen Versicherungsrisiken auch finanzielle Risiken ab. Insbesondere für kleine Unternehmen ist mit diesem Instrument die Möglichkeit eines effizienten Risikomanagements ermöglicht worden, welches sonst nur in Großunternehmen möglich wäre. Unternehmen werden auch in Zukunft immer stärker mit der zunehmenden Globalisierung und Internationalisierung konfrontiert. Die dabei entstehenden Chancen gilt es zu nutzen und die damit verbundenen Risiken zu erkennen und zu kontrollieren. Im Rahmen dieser Entwicklung wird auch die Debatte über gute Unternehmensführung und -überwachung immer stärker in den Blickwinkel treten. Durch die Verabschiedung des KonTraG stellt der deutsche Gesetzgeber eine Weiche zur Einrichtung eines Risikomanagements in Unternehmen.

Literaturverzeichnis

Baetge, J. / Jerschensky, A. (1999):
Frühwarnsysteme als Instrumente eines effizienten Risikomanagement und -Controlling, in: Controlling 11, Nr. 4/5, S. 171-176.

Buderath, H. / Amling, T. (2000):
Das Interne Überwachungssystem als Teil des Risikomanagementsystems, in: Dörner, D. / Horváth, P. / Kagermann, H. (Hrsg.), Praxis des Risikomanagements, Stuttgart, S. 127-152.

Claassen, U. (2000):
Risikomanagement und Wissensmanagement als Erfolgsfaktoren zur Beherrschung von operativer und strategischer Komplexität - Praxisbeispiele der Sartorius AG, in: Dörner, D. / Horváth, P. / Kagermann, H. (Hrsg.), Praxis des Risikomanagements, Stuttgart, S. 821-836.

Doherty, N. A. (2000):
Integrated Risk Management, New York.

Dörner, D. / Horváth, P. / Kagermann, H. (Hrsg.) (2000):
Praxis des Risikomanagements, Stuttgart.

Dörner, D. / Doleczik, G. (2000):
Prüfung des Risikomanagements, in: Dörner, D. / Horváth, P. / Kagermann, H. (Hrsg.), Praxis des Risikomanagements, Stuttgart, S. 193-215.

Franz, K.-P. (2000):
Corporate Governance, in: Dörner, D. / Horváth, P. / Kagermann, H. (Hrsg.), Praxis des Risikomanagements, Stuttgart, S. 41-70.

Guserl, R. / Pernsteiner, H. (Hrsg.) (2004):
Handbuch Finanzmanagement in der Praxis, Wiesbaden.

Hahn, D. / Krystek, U. (2000):
Früherkennungssysteme und KonTraG, in: Dörner, D. / Horváth, P. / Kagermann, H. (Hrsg.), Praxis des Risikomanagements, Stuttgart, S.73-97.

Helten, E. / Bittl, A. / Liebwein, P. (2000):
Versicherung von Risiken, in: Dörner, D. / Horváth, P. / Kagermann, H. (Hrsg.), Praxis des Risikomanagements, Stuttgart, S. 153-187.

Hofmann, M. / Bühler, P. (2004):
Risikomanagement im Unternehmen, in: Guserl, R. / Pernsteiner, H. (Hrsg.), Handbuch Finanzmanagement in der Praxis, Wiesbaden, S. 159-197.

Hölscher, R. / Elfgen, R. (Hrsg.) (2002):
Herausforderung Risikomanagement, Wiesbaden.

Hommelhoff, P. / Mattheus, D. (2000):
Gesetzliche Grundlagen: Deutschland und International, in: Dörner, D. / Horváth, P. / Kagermann, H. (Hrsg.), Praxis des Risikomanagements, Stuttgart, S. 5-21.

Horváth, P. / Gleich, R. (2000):
Controlling als Teil des Risikomanagements, in: Dörner, D. / Horváth, P. / Kagermann, H. (Hrsg.), Praxis des Risikomanagements, Stuttgart, S.99-126.

Kramer, J. W. (2002):
Vom Rechnungswesen zum Risikomanagement, München.

Lischke, T. / Kirner, H. (2000):
Einführung und Organisation eines Risikomanagement-Systems, in: Controller Magazin 25, Nr. 1, S. 44-49.

Losskarn, N. / Gähr, S. (2002):
Herausforderungen des Risiko- Managements, in: Zeitschrift für das Versicherungswesen 53, Nr.24, S. 794.

Lück, W. (2000):
Managementrisiken, in: Dörner, D. / Horváth, P. / Kagermann, H. (Hrsg.), Praxis des Risikomanagements, Stuttgart, S. 311-341.

Meyding, T. / Fabian, C.-P. (2000):
Rechtliche Risiken, in: Dörner, D. / Horváth, P. / Kagermann, H. (Hrsg.), Praxis des Risikomanagements, Stuttgart, S. 283-309.

Meyers, D. / Clifford, W.S. (1982):
On the Corporate Demand for insurance, in Journal of Business, vol. 55, no 2, p. 190-205.

Mugler, J. / Nitsche, M. (Hrsg.) (1996):
Versicherung, Risiko und Internationalisierung, Wien.

Romeike, F. (2005):
Risikomanagement als Grundlage einer wertorientierten Unternehmenssteuerung, in: Stolorz, C. / Fohmann, L (Hrsg.), Controlling in Consultingunternehmen: Instrumente, Konzepte, Perspektiven, Wiesbaden, S. 245-262.

Scharpf, P. (2000):
Finanzrisiken, in: Dörner, D. / Horváth, P. / Kagermann, H. (Hrsg.), Praxis des Risikomanagements, Stuttgart, S. 253-282.

Schenk, P. (1998):
Derivative Finanzinstrumente, Wiesbaden.

Schierenbeck, H. / Lister, M. (2002):
Risikomanagement im Rahmen der wertorientierten Unternehmenssteuerung, in: Hölscher, R. / Elfgen, R. (Hrsg.), Herausforderung Risikomanagement, Wiesbaden, S. 181-203.

Schließer, W. (1996):
Aktuelle Aspekte der Internationalisierung des Versicherungsgeschäfts, in: Mugler, J. / Nitsche, M. (Hrsg.), Versicherung, Risiko und Internationalisierung, Wien, S. 277-300.

Stolorz, C. / Fohmann, L. (Hrsg.) (2005):
Controlling in Consultingunternehmen: Instrumente, Konzepte, Perspektiven, Wiesbaden.

Theil, M. (1996):
Risikomanagement - Stand und Ansätze für eine Weiterentwicklung, in: Mugler, J. / Nitsche, M. (Hrsg.), Versicherung, Risiko und Internationalisierung, Wien, S. 205-219.

Töpfer, A. / Heymann, A. (2000):
Marktrisiken, in: Dörner, D. / Horváth, P. / Kagermann, H. (Hrsg.), Praxis des Risikomanagements, Stuttgart, S. 225-251.

Williams, C. A. / Heins, R. M. (1989):
Risk Management and Insurance, New York.

Wittmann, E. (2000):
Risikomanagement im internationalen Konzern, in: Dörner, D. / Horváth, P. / Kagermann, H. (Hrsg.), Praxis des Risikomanagements, Stuttgart, S. 789-820.

Zech, J. (2002):
Integriertes Risikomanagement - Status quo und Entwicklungstendenzen aus der Perspektive eines Versicherungskonzerns, in: Hölscher, R. / Elfgen, R. (Hrsg.), Herausforderung Risikomanagement, Wiesbaden, S. 33-49.

Die Rolle von Kapitalmarktinstrumenten sowie Versicherungsnahme im Risikomanagement von Unternehmen

Mitja Kilian

Inhalt

1. Einleitung

Die Risikosituation für Unternehmen hat sich in den vergangenen Jahren deutlich verschärft. Die voranschreitende Globalisierung, die Öffnung der Märkte im asiatischen Raum sowie der Fall von Handelsbarrieren bieten neue Chancen, aber auch Risiken für Unternehmen. Darüber hinaus stellt die seit dem 11. September 2001 viel diskutierte Gefahr durch Terroranschläge und ein unberechenbarer werdendes Weltklima Unternehmen vor neue Herausforderungen. Vor allem in den USA ist des Weiteren eine besonders für kleinere Unternehmen existenzbedrohende Gefahr aus Schadensersatzklagen und Produkthaftungsprozessen zu beobachten, die sich durch viele symbolträchtige Prozesse der vergangenen Jahre dokumentieren lässt. Exemplarisch sei an dieser Stelle die Prozesswelle gegen den Bayer Konzern im Zuge des Lipobay-Skandals genannt. Trotz eines Produkt-Versicherungsschutzes über 1,2 Mrd. USD[1] führten die Klagen 2003 zu einem massiven Kursverfall der Bayeraktie. Ein solcher Kursverfall geht für Aktiengesellschaften häufig mit einer erschwerten Kapitalaufnahme einher.

Ziel dieser Arbeit ist es, vor dem Hintergrund der aufgezeigten Risikosituation, die Rolle von Versicherungen sowie von Kapitalmarktinstrumenten im Risikomanagement von Unternehmen darzustellen. Hierbei wird insbesondere auf innovative Möglichkeiten zur Risikobewältigung eingegangen, die diesen neuen Herausforderungen gerecht werden sollen. Zu diesem Zweck wird in Kapitel zwei eine Arbeitsdefinition für den Begriff „Risiko" und in Kapitel drei für „Risikomanagement" getroffen. Im Anschluss wird in Kapitel vier die traditionelle Versicherung betrachtet, um im Folgenden auf neue Möglichkeiten und insbesondere Kapitalmarktinstrumente zur Risikobewältigung einzugehen. Die Arbeit schließt mit einer Würdigung und einem Ausblick auf die Zukunft der aufgeführten Instrumente des Risikomanagements.

2. Risiko

2.1 Definition von Risiko

In der Betriebswirtschaftslehre sind Risikodefinitionen meist durch Abweichungen von Zielwerten oder negative Unternehmensentwicklungen geprägt. Sowohl für Unternehmen als auch für Individuen spielt die Quantifizierbarkeit von Risiken hierbei eine zentrale Rolle. Im Folgenden soll dementsprechend ein auf zwei Komponenten aufbauender Risikobegriff versuchen diesem Kriterium zu entsprechen. Eine solche Risikodefinition beinhaltet zum einen die Finalität des menschlichen und hierbei insbesondere des wirtschaftlichen Handelns. Ohne die Zielsetzung einer Handlung zu kennen, ist keine Aussage über einen potenziellen Fehlschlag möglich. Aus dem Element einer Zielsetzung geht das Problem von Informationsdefiziten als zweite Komponente hervor, da in der Realität meist keine deterministischen Ursache-Wirkungs-Beziehungen im Hinblick auf die Ziel-

[1] o. V. (2005a).

erreichung bekannt sind.[2] Risiko kann demnach als „... Informationsdefizit über die finale Bestimmtheit, d. h. die Ungewissheit über das Erreichen der gesteckten (geplanten) Ziele ..."[3] definiert werden. Diese Ungewissheit wird von Individuen auf unterschiedliche Weise wahrgenommen: Ungewissheit kann als Zustand des Seins betrachtet werden, während Unsicherheit die Empfindung eines agierenden und entscheidenden Individuums beschreibt. Bei einer konkreten Entscheidung wird diese Unsicherheit für den Entscheidungsträger zu einem Risiko.[4]

2.2 Quantifizierung von Risiko

Das zentrale Problem bei der Quantifizierung von Risiken besteht darin, ein Maß für Informationsdefizite zu finden. Hinzu kommt, dass die Begriffe Information und Informationsdefizit, aber auch das Ziel einer Handlung, stets personen- bzw. gruppenabhängig und somit subjektiv sind.[5] Um unter diesen Voraussetzungen trotzdem eine Bewertung von Risiken durchführen zu können, bieten sich Wahrscheinlichkeitsverteilungen als Instrument an. Von Interesse ist in diesem Zusammenhang die Wahrscheinlichkeit der Abweichung von einem Planwert, einem Zeitintervall oder einem Anspruchsniveau. Diese so genannten Zielabweichungsverteilungen lassen sich in Zielabweichungszahl-, Zielabweichungshöhen- und Gesamtzielabweichungsverteilungen untergliedern. In der Versicherungswirtschaft sind diese Verteilungen unter den Bezeichnungen Schadenzahl-, Schadenhöhen- und Gesamtschadenverteilung bekannt. Eine solche Bewertung kann die Gewichtigkeit von Risiken für die Unternehmung aufzeigen. Darüber hinaus ermöglichen es Zielabweichungsverteilungen den Unternehmen, die Wirksamkeit ihres Risikomanagements beurteilen zu können.[6] Insbesondere in der heutigen Informationsgesellschaft lassen sich inzwischen viele Risiken über empirische Datenbestände besser einschätzen. Diese Evaluation von Risiken stellt eine der Kernaufgaben des Risikomanagements dar.

---

2 Vgl. Helten, E. (1994a), S. 3.
3 Helten, E. (1994b), S. 21.
4 Vgl. Bittl, A. / Müller, B. (1998), S. 376.
5 Vgl. Helten, E. (1994b), S. 21.
6 Vgl. Helten, E. / Bittl, A. / Liebwein, P. (2000), S. 11-12.

3. Risikomanagement

3.1 Grundlagen des Risikomanagements

Am 01. Mai 1998 trat das Gesetz zur Kontrolle und Transparenz im Unternehmensbereich (KonTraG) in Deutschland in Kraft. Dieses Gesetz beinhaltet die Verpflichtung der Geschäftsführung von Aktiengesellschaften zur Einrichtung eines Risikomanagements.[7] In Anlehnung an die eingangs getroffene Risikodefinition soll sich die Begriffsbestimmung für Risikomanagement an Helten orientieren.[8] Demnach kann Risikomanagement als systematische Analyse und koordinierte Führung aller betrieblichen Risiken verstanden werden.[9] Die systematische Analyse betrieblicher Risiken findet im Rahmen des Risikomanagementprozesses statt, welcher in die Basisphasen:

- Risikoidentifikation und -analyse,
- Risikosteuerung durch den Einsatz von risikopolitischen Instrumenten und
- Risikoüberwachung

unterteilt werden kann.[10] Seit dem Inkrafttreten des KonTraG ergeben sich diese Basisphasen auch aus dem deutschen Aktiengesetz. Die Pflicht zur Risikofrüherkennung und damit der Identifizierung von Risiken ist in § 91 Abs. 2 AktG i. V. m. § 93 Abs. 1 AktG kodifiziert.[11] Die Phasen Risikosteuerung und Risikoüberwachung folgen aus der allgemeinen Sorgfaltspflicht des Vorstands §§ 76[12], 93 Abs. 1 S. 1 AktG. Dem Gesetzestext folgend ist das Ziel der Risikoidentifikation ein frühes Erkennen von Entwicklungen, die für den Fortbestand der Gesellschaft bedrohliche Ausmaße erreichen können. Erkannte Risiken werden in der Teilphase der Risikoanalyse quantifiziert. Im Mittelpunkt dieser qualitativen Einschätzung steht

---

7 Vgl. Kromschröder, B. / Lück, W. (1998).

8 In der betriebswirtschaftlichen Literatur findet sich eine Vielzahl von Definitionen für „Risikomanagement". Dies ist vor allem auf unterschiedliche Auffassungen des zugrunde liegenden Begriffes Risiko zurückzuführen. Eine Übersicht von Risikomanagementdefinitionen findet sich u. a. bei Hermann, D. C. (1996), S. 35.

9 Vgl. Helten, E. (1994), S. 3.

10 Vgl. Albrecht, P. (1998), S. 2.

11 O. V. (2003a), S. 206-207.

12 O. V. (2003a), S. 201.

die Erfassung von Eintrittswahrscheinlichkeiten und möglicher Schadenshöhen. Analysierte Risiken können mit Hilfe von Kennzahlen bewertet werden. Die eigentliche Bedeutsamkeit eines Risikos ergibt sich aus der Verbindung der Kennzahlen mit dem operationalen Zielsystem der Unternehmung.[13] Die so gewonnene Einschätzung der Risiken durch die Unternehmung bildet die Grundlage der Risikosteuerung. Die Instrumente bzw. Maßnahmen der Risikosteuerung lassen sich nach unterschiedlichen Kriterien kategorisieren. In traditionellen Ansätzen wird zwischen ursache- und wirkungsbezogenen Maßnahmen unterschieden. Eine neuere, betriebswirtschaftliche Einteilung erfolgt bei Haller, welcher eine Unterteilung risikopolitischer Maßnahmen in Risikovermeidung, Risikoverminderung, Risikoüberwälzung und Risikoakzeptanz vornimmt.[14] In Kapitel vier und sechs dieser Arbeit sollen die Instrumente des Risikomanagements zur Risikoüberwälzung bzw. zur Risikominderung näher betrachtet werden. Die letzte Phase des Risikomanagementprozesses stellt schließlich die Risikoüberwachung dar. Diese kann als die permanente Beobachtung aller Risiken sowie ihrer Interdependenzen verstanden werden. Der Aspekt einer koordinierten Führung innerhalb des Risikomanagements zielt auf die Einbindung in die Unternehmensführung ab. Nach Küpper umfasst diese die Teilsysteme Planung, Kontrolle, Personalführung, Organisation, Information, sowie deren koordinierte Steuerung durch das Controlling.[15] Eine koordinierte Führung impliziert somit die Notwendigkeit einer Integration des Risikomanagements in alle Teilsysteme der Führung.

3.2 Warum Unternehmen Risikomanagement betreiben

Abgesehen von den jeweiligen gesetzlichen Bestimmungen eines Landes lassen sich aus Unternehmenssicht drei Hauptgründe für das Betreiben von Risikomanagement identifizieren. Im Mittelpunkt steht hierbei die Stabilisierung von Umsatz und Gewinn.[16] Im Fall einer Krise soll eine Risikoüberwälzung dem Unternehmen Zugriff auf finanzielle Mittel ermöglichen.

---

13 Vgl. Rockel, W. (2002), S. 3.
14 Vgl. Haller, M. (1975), S. 383-386.
15 Vgl. Küpper, H.-U. (1997), S. 13.
16 Gemeint ist eine Festigung der wirtschaftlichen Lage des Unternehmens und keine Bilanzverschönerung.

Infolgedessen können das Risiko einer Insolvenz oder die Kosten einer finanziellen Notlage reduziert werden. Zu diesen Kosten zählen beispielsweise schlechtere Kreditkonditionen oder ein Rückgang des Aktienkurses, der die Aufnahme von Eigenkapital erschwert.[17] Eine weitere Motivation zum Risikomanagement findet sich in der unternehmerischen Zielsetzung, Investitionspläne möglichst störungsfrei durchzuführen: Investitionsprojekte erfordern einen stabilen Kapitalzufluss. Dieser kann durch eine Reduzierung der Volatilität des Cash Flow sichergestellt werden. In diesem Sinne können u. a. Kapitalmarktinstrumente helfen, eben diese finanzielle Stabilität zu gewährleisten. Eng hiermit verknüpft ist der dritte Grund für Risikomanagement in dem Ziel einer Stabilisierung von Umsatz und Gewinn zu suchen. Stabile Gewinne können dazu beitragen die Steuerbelastung für Unternehmen zu senken.[18] Diese Überlegung korreliert letztendlich auch mit einer hohen Bewertung der Unternehmensaktien am Kapitalmarkt. Solange die Kosten den Nutzen nicht übersteigen, kann Risikomanagement demnach Shareholder Value schaffen.[19] Die aufgeführten Motive zum allgemeinen Risikomanagement behalten bei den nachfolgenden Überlegungen zur Versicherungsnahme und zum Einsatz von Kapitalmarktinstrumenten ihre Gültigkeit.

4. Versicherungsnahme durch Unternehmen

4.1 Die Versicherung

Das Produkt Versicherungsschutz kann als Instrument des Risikomanagements betrachtet werden. Versicherungen bieten Unternehmen die Möglichkeit, einen Teil ihrer Risiken auf unternehmensexterne Märkte zu transferieren.[20] Der Begriff Versicherung lässt sich als „...planmäßige und kollektiv organisierte Ansammlung von Geldmitteln, die der Zahlung zukünftiger, zum Zeitpunkt ihrer (Vorab-) Kalkulation in Anzahl und / oder Betragshöhe unsicherer Versicherungsleistungen dient“[21], umschreiben. Das Ergebnis dieses Prozesses ist die Platzierung des immateriellen Produktes

---

17 Vgl. MacMinn, R. / Garven, J. (2000), S. 17.
18 Vgl. Mayers, D. / Clifford, W. S. Jr. (1982), S. 202.
19 Vgl. Holzheu, T. / Karl, K. / Raturi, M. (2003), S. 6-7.
20 Vgl. Albrecht, P. (1998), S. 5.
21 Helten, E. / Bittl, A. / Liebwein, P. (2000), S. 20.

Versicherungsschutz als Möglichkeit des Risikotransfers am Markt.[22] Typische Versicherungen[23] für gewerbliche Kunden sind bspw. die Haftpflicht- oder Gebäudeversicherung. Ein solcher Versicherungsschutz deckt so genannte „low severity / high frequency“ Risiken ab. Sie treten häufig in Erscheinung, sind aber in ihrem Ausmaß für die Versicherungsgesellschaft nicht gravierend. Dementsprechend orientiert sich grundsätzlich für den Versicherungsnehmer die jährliche Prämie am Erwartungswert der Inanspruchnahme der Police. Nach dem Gesetz der „Großen Zahlen“ kann eine Versicherungsgesellschaft damit rechnen, diesen Versicherungsbetrag auszahlen zu müssen.[24] In der Theorie kann die Versicherung ihrerseits einen stabilen Gewinn aus den Zinseinkommen der Prämieneinnahmen erwirtschaften. Somit bildet der Versicherungsschutz eine Grundlage des unternehmerischen Risikomanagements.[25]

4.2 Die Versicherungsnachfrage der Industrie

Unternehmen sehen sich nicht erst seit dem 11. September 2001 mit einer steigenden Anzahl von Risiken konfrontiert. Neben dem Risiko durch Terrorismus ergeben sich u. a. aus Naturkatastrophen, Betriebsunterbrechungen, Wetterschwankungen, Feuer, Produktrückrufen und der Volatilität der Finanzmärkte Anforderungen an das Risikomanagement der Unternehmen. Risiken die zum Kerngeschäft der Unternehmung gehören werden hierbei i. d. R. selbst getragen. Alle anderen Risiken, für die Unternehmen eine unsichere Schadenshöhe durch eine feste Versicherungssumme ersetzen wollen, eignen sich grundsätzlich zum Transfer auf den Versicherungsmarkt. Somit kann die Versicherungsnachfrage als Teilfunktion des Risikomanagements betrachtet werden. Im Unterschied zum allgemein gefassten Risikomanagement werden hier allerdings nur reine, versicherbare und keine spekulativen Risiken betrachtet.[26]

---

22 Vgl. Helten, E. / Bittl, A. / Liebwein, P. (2000), S. 20.

23 Der Begriff Versicherung ist an dieser Stelle und im Folgenden als am Markt angebotene Leistung eines Versicherungsunternehmens zu verstehen.

24 Vgl. Pensa, P. (2004), S. 3.

25 Vgl. Wolf, K. (2003), S. 1071.

26 Vgl. Wolf, K. (2003), S. 1071.

Das Kerngeschäft von Versicherungsgesellschaften liegt dementsprechend in der Unterstützung anderer Wirtschaftssubjekte beim Management versicherbarer Risiken. Für Unternehmen ergibt sich die Möglichkeit der Risikoallokation an Dritte als Grund für eine Versicherungsnahme. Aus Sicht größerer Konzerne ist mit dieser Allokation allerdings keine Risikoaversion verknüpft.[27] Es lassen sich vielmehr eine Reihe weiterer Motive aus der Nachfrage von Unternehmen nach Versicherungsschutz ableiten: Zunächst lässt sich darlegen, dass der Marktwert einer versicherten Firma größer ist, als der einer unversicherten. So konnte MacMinn in einer Analyse zeigen, dass der Marktwert eines versicherten Unternehmens dem eines unversicherten zuzüglich dem Zeitwert der Reduktion der Konkurs- und Vergleichskosten bei Verrechnung der Versicherungsprämie entspricht.[28] Versicherungsschutz kann sich zudem positiv auf „Agency-Kosten" auswirken. In jedem Unternehmen besteht ein potenzielles Principal-Agent Problem zwischen der Leitung (Agent) und den Kapitalgebern (Principal). Differenzen zwischen diesen beiden Gruppen können durch Informationsasymmetrien oder Zielkonflikte begründet sein. Als klassischer Zielkonflikt sei der Trade of zwischen Unternehmenswachstum und Dividendenzahlung genannt. Voraussetzung für die Durchführung eines Investitionsprojektes ist jedoch Einigkeit zwischen den Kapitalgebern und der Unternehmensleitung. Die folglich notwendige Beseitigung der aufgeführten Differenzen verursacht Agency-Kosten. In diesem Sinne kann Versicherungsschutz im Fall eines Investitionsprojektes den Interessenkonflikt zwischen beiden Gruppen durch das Vorhandensein zusätzlicher Sicherheiten schmälern. Hierdurch liegt das optimale Investitionsvolumen höher und beide Gruppen sind im Sinne eines Pareto-Optimums besser gestellt.[29] Aus dieser Überlegung folgt ebenfalls die grundsätzliche Notwendigkeit eines höheren Versicherungsschutzes bei hohem Fremdkapitalanteil einer Unternehmung.[30]

Versicherungsschutz kann es Unternehmen darüber hinaus ermöglichen Steuern zu sparen.[31] Diese Möglichkeit ergibt sich im Wesentlichen durch eine versicherungsinduzierte Glättung des Cash Flows. Stabile Gewinne

27 Vgl. Nickel, A. (1999), S. 430.
28 Vgl. MacMinn, R. / Garven, J. (2000), S. 6-7.
29 Vgl. MacMinn, R. / Garven, J. (2000), S. 8.
30 Vgl. Nickel, A. (1999), S. 439.
31 Vgl. Nickel, A. (1999), S. 444.

gehen obendrein einher mit hohen Aktienbewertungen und Bonitätseinstufungen. Sie schaffen Shareholder Value und legen die Grundlage für eine gute Unternehmensreputation.[32] Dieser Zusammenhang wird in Abbildung 1 verdeutlicht:

Abbildung 1: Preis-Buch-Verhältnis der Fortune-1000[33] Unternehmen im Jahr 1998

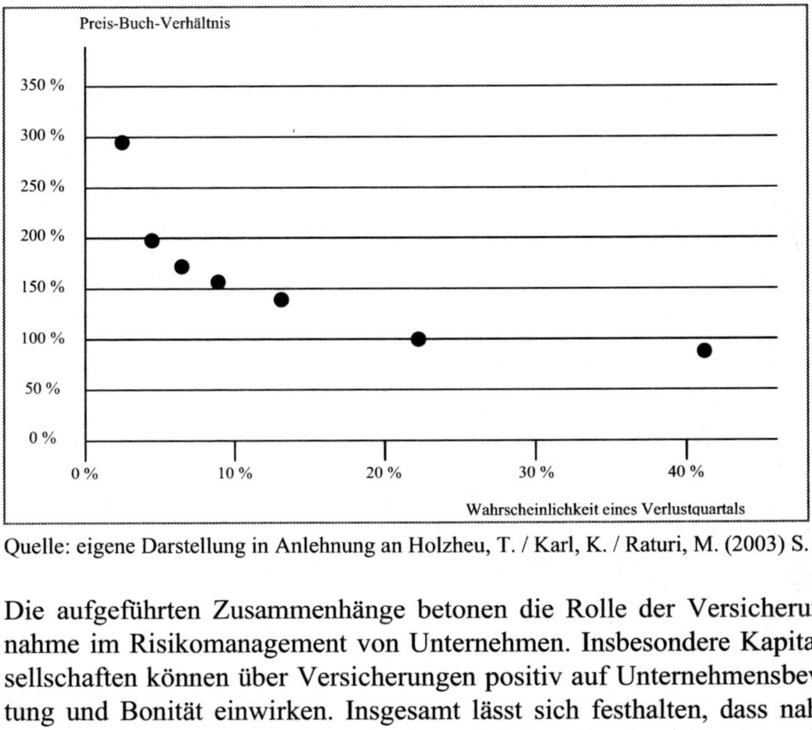

Quelle: eigene Darstellung in Anlehnung an Holzheu, T. / Karl, K. / Raturi, M. (2003) S. 7.

Die aufgeführten Zusammenhänge betonen die Rolle der Versicherungsnahme im Risikomanagement von Unternehmen. Insbesondere Kapitalgesellschaften können über Versicherungen positiv auf Unternehmensbewertung und Bonität einwirken. Insgesamt lässt sich festhalten, dass nahezu alle ökonomischen Aktivitäten vom Vorhandensein eines Versicherungsschutzes profitieren.[34] Die gewerblichen Kunden machten 1996 25 Prozent der Beiträge der deutschen Versicherungswirtschaft aus. Dies entsprach

32 Vgl. MacMinn, R. / Garven, J. (2000), S. 11.

33 Fortune-1000 ist eine Liste der 1000 größten amerikanischen Unternehmen. Diese, vom Fortune Magazin gepflegte Liste, klassifiziert die Unternehmen nach ihrem Gewinnen.

34 Vgl. Nickel, A. (1999), S. 439.

einem Volumen von rund 56 Mrd. DM.[35] Insgesamt gilt es jedoch hervorzuheben, dass Unternehmen i. d. R. den Großteil ihrer Risiken selbst tragen und nicht versichern.

4.3 Grenzen traditioneller Versicherungen

Im Fall von „low frequency/high severity" Risiken, wie z. B. Naturkatastrophen oder Terroranschlägen, greifen die Ausführungen aus Abschnitt 4.1, insbesondere das Gesetz der Großen Zahlen nicht, da diese Risiken nur sehr schlecht diversifiziert werden können.[36] Die seit 2000 andauernde Baisse an den Börsen sowie die Rekordschäden des Jahres 2001[37] bewirkten einen Rückgang der weltweiten Versicherungskapazität von 25 Prozent zwischen 2002 und 2000.[38] Diese Kapazitätsverknappung führte zu einem erheblichen Preisanstieg im Bereich der Nicht-Lebensversicherungen. Bei den amerikanischen Versicherungen bestehen darüber hinaus im Bereich der Haftpflichtversicherungen aufgrund einer neuen Welle von Klagen gegen Unternehmen, die Asbest vertrieben haben, aber auch im Bereich der Ärztehaftpflicht oder Organhaftpflicht erhebliche Deckungslücken.[39] Bedingt durch die hohen Schadensersatzforderungen in den USA stiegen die Preise für Haftpflichtversicherungen dort rapide an. Dies führt insbesondere in Amerika dazu, dass viele Risiken, entweder aufgrund der hohen Prämien oder der Weigerung von Versicherungen das Risiko zu übernehmen, nicht mehr versichert werden können. Hinzu kommt, dass durch die Globalisierung und den technischen Fortschritt viele neue Risiken auf Unternehmen zukommen, die durch traditionelle Versicherungen aus ökonomischer Sicht nicht optimal absicherbar sind, oder gar nicht erst versichert werden können. So erhalten Großunternehmen für existenzbedrohende Risiken teilweise keine Deckung, da die Kapazitäten des (Rück-)Versicherungsmarktes nicht ausreichen.[40] Auch sind bspw. Verluste durch den Ausfall eines Rechenzentrums oder Ertragsrisiken durch eine

---

35 Vgl. O. V. (1996), S. 29.

36 Vgl. Pensa, P. (2004), S. 3.

37 Hierfür sind vor allem der 11. September 2001 und diverse Naturkatastrophen verantwortlich.

38 Vgl. Holzheu, T. / Raturi, M. (2002), S. 3.

39 Vgl. Holzheu, T. / Karl, K. / Raturi, M. (2003), S. 12-13.

40 Vgl. Baur, E. / Schanz, K.-U. (1999), S. 13.

Schlechtwetterperiode aufgrund von Problemen bei der Informationserhebung nur schwer versicherbar.[41] An diesen Stellen setzten die Konzepte des „Alternative Risk Transfer“ an.

5. Alternative Risk Transfer - Eine Begriffsbestimmung

Der Begriff Alternative Risk Transfer (ART) ist aufgrund seiner Vielschichtigkeit nur schwer allgemeingültig zu definieren. Grundsätzlich zielen Lösungen des Alternative Risk Transfer darauf ab, die Grenzen der Versicherbarkeit zu erweitern, die Effizienz des Risikotransfers zu erhöhen und über den Kapitalmarkt zusätzliche Deckungskapazitäten zu erschließen.[42] Der Markt für den alternativen Risikotransfer kann in zwei Segmente gegliedert werden: Risikotransfer durch alternative Träger und Risikotransfer durch alternative Produkte. Im Rahmen dieser Arbeit sollen ART-Produkte, die über Kapitalmarktinstrumente einen Risikotransfer realisieren und traditionelle Versicherungen ergänzen oder ersetzen können, näher beleuchtet werden. Zu diesen Produkten gehören Risikoverbriefungen wie Katastrophenanleihen, Wetterderivate und Commited Capital Lösungen. Ein grundlegendes Merkmal dieser ART-Lösungen ist, dass sie ein maßgeschneidertes Konzept für den Kunden bieten. Die Konzepte zeichnen sich durch die Substitution des reinen Risikotransfers über eine Risikofinanzierung mittels Finanzierungsinstrumenten wie z. B. Derivaten aus. Das Risiko wird dabei durch Träger, die nicht in der (Rück-)Versichererbranche tätig sind, übernommen.[43] Viele dieser Instrumente wurden bis dato hauptsächlich von (Rück-)Versicherungsgesellschaften eingesetzt, um ihre Kapitaldeckung zu erhöhen oder ihren Kunden neue Produkte anbieten zu können. Grundsätzlich können jedoch alle Unternehmen auf ART-Produkte zurückgreifen. Hohe Transaktionskosten und die Ausrichtung der Produkte auf die Versicherungsbranche standen dem in der Vergangenheit jedoch häufig im Wege. Im folgenden Kapitel soll auf den Kapitalmarkt als Risikoträger, und insbesondere auf ART-Kapitalmarktprodukte, die in der

---

41 Vgl. vertiefend Helten, E. / Bittl, A. / Liebwein, P. (2000), S. 21-24.
42 Vgl. Baur, E. / Schanz, K.-U. (1999), S. 3.
43 Vgl. Baur, E. / Schanz, K.-U. (1999), S. 5.

„Nicht-Versicherungsbranche" bereits Anwendung fanden, eingegangen werden.

6. Kapitalmarktinstrumente als Mittel des Risikotransfers

Die grundlegenden Instrumente zur Risikoabsicherung am Kapitalmarkt (Futures, Optionen, Swaps) seien an dieser Stelle der Vollständigkeit halber in Kürze erwähnt.[44] Im Hinblick auf den Leitgedanken dieser Arbeit, der Nachfrage nach Versicherungsleistungen durch Unternehmen, soll jedoch lediglich die Absicherung von Fremdwährungsgeschäften näher ausgeführt werden. Angesichts der anhaltenden Dollar-Schwäche ist dieses Thema insbesondere für das Risikomanagement der deutschen Exportwirtschaft von entscheidender Bedeutung. Die voranschreitende Globalisierung der Geschäftsbeziehungen führt zu einer Vielzahl von Transaktionen in Fremdwährungen. Wechselkursschwankungen können in diesem Zusammenhang zu hohen Ertragsrisiken führen. Das beste Beispiel hierfür stellt der Euro dar. War ein Euro im Juni 2001 0,86 USD wert, so stieg der Kurs im Dezember 2004 auf 1,36 USD.[45] Dies entspricht einer Euro-Aufwertung um mehr als 58 Prozent innerhalb von dreieinhalb Jahren. Eine Weitergabe von solchen Währungsschwankungen ist für die Unternehmen nicht möglich. Hieraus ergibt sich die Notwendigkeit, Auslandspreise möglichst stabil zu halten. Das so genannte Hedging, die Absicherung eines Portefeuilles, z. B. durch Futures, Swaps oder Optionen (Derivate), bietet eine solche Möglichkeit.[46]

Grundsätzlich können vier Arten von Kapitalmarktinstrumenten zur Währungsabsicherung unterschieden werden: Devisentermingeschäfte, Währungsfutures, Devisenoptionen und Währungsswaps. In der Praxis spielen besonders die Devisentermingeschäfte und Devisenoptionen eine große Rolle. Termingeschäfte ermöglichen es, zu einem vorher vereinbarten Termin-Kurs in der Zukunft einen Währungstausch z. B. von Euro in Dollar

[44] Vgl. vertiefend Deutsch, H.-P. (2004), S. 49.

[45] Der Wechselkurs notierte in der 53. Kalenderwoche des Jahres 2004 bei einem Hoch von 1,3646 Euro/USD.

[46] O. V. (2005b).

vorzunehmen. Bei dieser Lösung werden Exporteinnahmen gegen Wechselkursschwankungen abgesichert, gleichzeitig können allerdings mögliche Wechselkursgewinne nicht realisiert werden, da ein Terminkontrakt immer eingelöst werden muss. Optionen hingegen beinhalten das Recht, aber nicht die Pflicht, eine Währung zu einem bestimmten Kurs zu erwerben oder zu verkaufen. Entwickelt sich der Wechselkurs ungünstig, übt das Unternehmen das Optionsrecht aus, bei einer günstigen Entwicklung lässt es hingegen die Option verfallen. Die Nachteile einer Option sind jedoch die begrenzte Laufzeit von meistens 12 Monaten sowie die Kosten aus der Zahlung der Optionsprämie, die sich nach der Größe der zu erwartenden Wechselkursschwankung richten.[47] Die Bedeutung dieser Instrumente des Risikomanagements, insbesondere für die deutsche Exportwirtschaft sollen die folgenden zwei Beispiele illustrieren: VW-Chef Bernd Pieschetsrieder stellte in Bezug auf das Konzernergebnis im Jahre 2003 fest, dass die Dollarschwäche das Unternehmen besonders hart getroffen habe, da sich VW in diesem Jahr nur sehr zurückhaltend gegen Währungsrisiken abgesichert hatte. Für das Konzernergebnis bedeutete dies eine Belastung von 1,3 Mrd.[48] Euro bei einem Gesamtumsatz von 87,2 Mrd. Euro[49]. BMW hingegen verfolgt eine sehr aktive Währungsabsicherung. Goldman Sachs beziffert den Beitrag der Absicherungsstrategie zum Gewinn bei BMW im Jahr 2004 auf 1,5 Mrd. Euro.[50] Die Bedeutung des klassischen Hedging im Risikomanagement der Unternehmen lässt sich in diesem Sinne mit dem Grundsatz: „Ein Exporteur, der sich nicht der Terminmärkte bedient ist zugleich ein Spekulant“[51] zusammenfassen.

Die nachfolgend dargestellten ART Kapitalmarktprodukte unterscheiden sich vom klassischen Währungshedging zunächst durch größtenteils längere Laufzeiten. Ausdrücklich ist an dieser Stelle hervorzuheben, dass durch ART finanzmarktfremde Risiken am Kapitalmarkt platziert werden.

---

47 Vgl. O. V. (2003b).
48 Vgl. Dudenhöffer, F. (2004), S. 20.
49 Vgl. O. V. (2003c), S. 43.
50 Vgl. Müller, S. (2004), S. 6.
51 Müller, S. (2004), S. 6.

6.1 Die Verbriefung von Risiken

Die zentrale Voraussetzung für Transfer und Handelbarkeit von Risiken auf den Finanzmärkten[52] ist die Möglichkeit einer Verbriefung. Hierunter ist die Bündelung der von Risikokollektiven ausgehenden Zahlungsströme und deren Transformation in marktgängige Wertpapiere zu verstehen.[53] Allgemein kann der Begriff Verbriefung als Synonym für all jene Finanztitel verstanden werden, die einen expliziten Bezug zu dem Schadensverlauf von Risiken beinhalten.[54] Das risikoabgebende Unternehmen erhält eine verbriefte Sicherheit anstelle des Leistungsversprechens einer traditionellen Versicherung. Bei dieser Sicherheit kann es sich um eine Geldeinlage (Notes oder Bonds), um eine Bankgarantie (Letter of Credit) oder um ein Depot (Trust Fond) handeln. Die risikoübernehmende Seite wird durch sog. Couponzahlungen vergütet. Ein Restrisiko, wie es bei der traditionellen Versicherung durch die Möglichkeit einer Insolvenz gegeben ist, existiert hierbei nicht. Diese Tatsache macht eine solche Form des Transfers besonders bei „low frequency / high severity" Risiken interessant. Für die risikoübernehmende Seite, also den Investor, sind Verbriefungen erwägenswert, da i. d. R. nur eine geringe Korrelation zum bestehenden Investmentportfolio besteht und die Investition zu dessen Diversifikation beitragen kann.[55] Ein Beispiel hierfür sind Katastrophenanleihen.

6.2 Katastrophenanleihen

Katastrophenanleihen nahmen ihren Ursprung auf dem Versicherungsmarkt. Die Verbriefung von Versicherungsrisiken (Securitization) entstand hier aus dem Bedürfnis heraus, die Lücke zwischen Naturkatastrophendeckung und maximaler Schadensexponierung zu schließen. Auf der Suche nach zusätzlicher Kapazität begannen Investmentbanken, Erst- und Rückversicherungsgesellschaften damit, Portfolios von Katastrophenrisiken zu verbriefen und sie in Form von Wertschriften direkt beim Investor zu plat-

---

52 Der Begriff „Finanzmärkte" ist im Folgenden als Sammelbegriff für Geld-, Kapital-, und Terminmärkte zu betrachten.

53 Vgl. Baur, E. / Schanz, K.-U. (1999), S. 28.

54 Albrecht, P. / Schradin, H. (1998), S. 575.

55 Müller, E. (2000), S. 214.

zieren.[56] Bei den meisten Versicherungsverbriefungen handelt es sich entsprechend um Katastrophenanleihen (im Englischen: CatBonds). Abbildung 2 illustriert die grundsätzliche Funktionsweise solcher Verbriefungen:

Abbildung 2: Funktionsweise einer Verbriefung

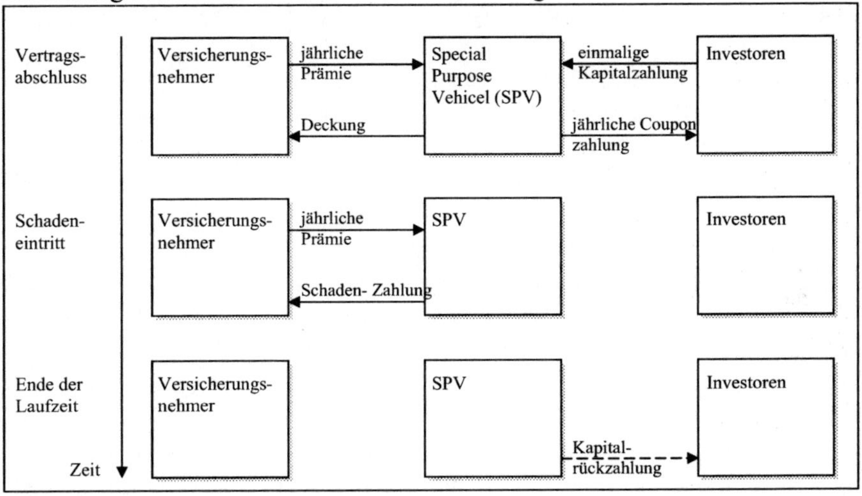

Quelle: Baur, E. / Schanz, K.-U. (1999) S. 29.

Um den Transfer eines Katastrophenrisikos auf den Kapitalmarkt vorzunehmen, wird ein Special Puropse Vehilce (SPV) eingerichtet. Dieses SPV gewährt dem Versicherungsnehmer eine Rückversicherung seiner Verluste. Das SPV zediert eine verzinsliche Obligation am Kapitalmarkt. Durch die Emission dieses Bonds bekommt das SPV Kapital, das in einen Trust gegeben und typischerweise in Staatsanleihen investiert wird. Der Versicherungsnehmer zahlt gleichzeitig eine Prämie für die gewährte Versicherungsleistung an das SPV.[57] Die Zinseinkommen des Trusts und die Prämie des Versicherungsnehmers werden dazu verwendet die Coupons der Anleihe an die Investoren zu bezahlen. Der Umfang der Couponzahlung hängt von Höhe, Struktur und Dauer des transferierten Risikos ab. Tritt ein Schadensfall ein, werden die durch den Trust angehäuften Mittel zur Schadenszahlung verwendet. Dies kann je nach Ausgestaltung des Bonds zum To-

56 Vgl. Baur, E. / Schanz, K.-U. (1999), S. 28.

57 Vgl. vertiefend Pensa, P. (2004), S. 13.

talverlust der Kapitaleinzahlung der Investoren führen. Tritt kein Schadensfall ein, erhalten die Investoren am Ende der Laufzeit den Nominalwert des Bonds zurück.[58] Die Definition des Verlustes, also des Schadeneintritts, wird bei CatBonds über Auslöser (Trigger) festgelegt, von denen drei an dieser Stelle hervorgehoben werden sollen: Trigger, die sich an einem Index wie z. B. dem DAX ausrichten, werden Industry Index Based Triggers genannt. Physical Triggers hingegen orientieren sich an physischen Ereignissen wie z. B. Erdbeben. Beiden Triggern ist gemein, dass für den Versicherungsnehmer zwar ein Basisrisiko[59] bleibt, die Transaktionskosten aufgrund der Unbeeinflussbarkeit dieser Trigger jedoch verhältnismäßig niedrig sind. Parametric Indices hingegen sind direkt auf das Portfolio des Zedenten zugeschnitten. Sie ermöglichen eine vollständige Absicherung, sind aber mit demselben Moral Hazard Problem wie traditionelle Versicherungen verbunden.[60] Ende 2003 machten Industry Index Based Trigger neun Prozent, Physical Trigger sieben Prozent und Parametric Indices Trigger 60 Prozent der ausstehenden CatBonds aus.[61] Die meisten CatBonds werden an der Chicago Board of Trade (CBOT) gehandelt. Bisher spielt die Verbriefung im Risikomanagement von Unternehmen jedoch kaum eine Rolle. Ursächlich hierfür sind vor allem die umfangreichen Dokumentations- und Modellierungserfordernisse, die zu hohen Transaktionskosten führen. Des Weiteren präferieren viele Investoren für „high risk/high return" Anlagen weiterhin Aktien. Die bisherigen Transaktionen fanden i. d. R. auf der Rückversicherungsebene statt. Bis Ende 1998 wurden von den öffentlich bekannten Transaktionen lediglich zwei durch Nicht-Versicherungsgesellschaften durchgeführt.[62] Im April 1999 wurde von der Betreibergesellschaft des Disneyland Tokio erstmals ohne zugrunde liegende Versicherungsverträge das Ertragsausfallrisiko nach größeren Erdbeben verbrieft. Als Trigger diente ein Parametric Indice, der sich aus der seismischen Stärke von Erdbeben innerhalb bestimmter Regionen um das Disneyland herum ergab und gleichzeitig bestimmend für die Schadenshöhe war.

---

58 Vgl. Pensa, P. (2004), S. 12-13.

59 Basisrisiko ist in diesem Zusammenhang als unvollständige Absicherung im Schadensfall zu verstehen.

60 Vgl. Pensa, P. (2004), S. 14.

61 Zanetti, A. / Enz, R./Heck, P. / Green, J. / Sutter, S. (2004), S. 16.

62 Baur, E. / Schanz, K.-U. (1999), S. 29.

Das aktuellste Beispiel zur Verbriefung von Risiken stellt die finanzielle Absicherung der FIFA zur Weltmeisterschaft 2006 in Deutschland dar. Zusammen mit der Credit Swiss First Boston brachte der Fußballverband 2004 eine Katastrophenanleihe über 260 Mio. US-Dollar an den Markt. Der Coupon für diese Anleihe lag 1,5 Prozent über dem Libor[63] Zinssatz. Schadensereignis ist der Physical Trigger eines möglichen Ausfalls der Weltmeisterschaft.[64]

6.3 Wetterderivate

Derivative Kapitalmarktinstrumente lassen sich ihrer Wirkungsweise nach, der Struktur der Finanzmärkte entsprechend, in Kassa- (Swaps), Termin- (Futures, Forwards) und Optionsinstrumente (Optionen) unterteilen.[65] Außer über den Börsenhandel werden Derivate auch „over the counter“ platziert. Ursprünglich galten auch Derivate der Absicherung von Naturkatastrophenrisiken, insbesondere für Erst- und Rückversicherer. Im Gegensatz zur Securitization haben Derivate jedoch immer eine auf 6 bis 12 Monate begrenzte Laufzeit und einen Index Based Trigger.[66] Die Derivatstruktur wird aber auch auf andere Risiken angewandt, von denen Wetterrisiken besonders hervorzuheben sind. Zur Absicherung dieser Risiken kam 1997 das erste Wetterderivat auf den Markt, mit dem ein amerikanischer Stromversorger seine Gewinne gegen wetterbedingte Schwankungen absicherte.[67] Die Funktionsweise eines solchen Wetterderivats soll am Beispiel der Absicherung eines Energieunternehmens über eine Put-Option gezeigt werden (vgl. nachfolgende Abbildung 3):

63 Die Abkürzung Libor steht für London Interbank Offered Rate, dem Zinssatz, den Banken am Londoner Eurogeldmarkt für kurzfristige Ausleihungen an andere Banken verlangen.

64 Vgl. Helms-Dolle, E. (2004), S. 1.

65 Vgl. Grandi, M. / Müller, A. (2000), S. 609.

66 Baur, E. / Schanz, K.-U. (1999), S. 34.

67 Vgl. Holzheu, T. / Karl, K. / Raturi, M. (2003), S. 44.

Abbildung 3: Ausschüttungsprofil einer Wetter Put-Option

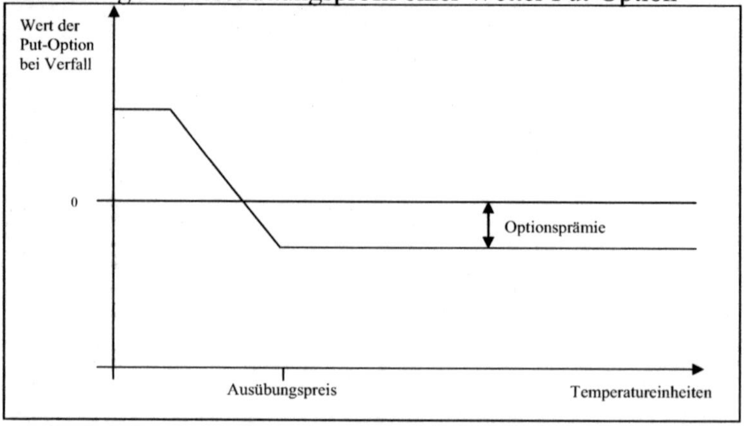

Quelle: in Anlehnung an Baur, E. / Schanz, K.-U. (1999) S. 32.

Ein Energiekonzern möchte sich gegen einen sehr warmen Winter absichern, da dieser mit einer niedrigen Energienachfrage und somit geringeren Einnahmen verbunden wäre. Zeichnet das Unternehmen einen Wetter-Put, wird es gegen Zahlung einer Prämie entschädigt, wenn der vereinbarte Temperaturindex unter ein ex ante festgelegtes Niveau (Strike Level) für die entsprechende Saison fällt. Im Falle eines kalten Winters steigt der Index, ein warmer Winter hingegen bedingt ein niedriges Indexniveau. Die Höhe der Entschädigung berechnet sich über die Temperatureinheiten, um die der Temperaturindex unter den Strike Preis gefallen ist. Dementsprechend stellt eine solche Put-Option eine Absicherung gegen sehr warme Winter dar.[68] Im Jahr 1999 nutzte der zweitgrößte amerikanische Energieversorger Koch Industries diese Möglichkeit und platzierte ein Portfolio von 28 Wetterderivaten, um sich gegen den möglichen Ertragsausfall eines warmen Winters abzusichern.[69] Ein Großteil des Handels mit Wetterderivaten findet ebenso wie der Handel mit Risikoverbriefungen an der CBOT statt. Die dort bisher gehandelten Instrumente zur Risikoabsicherung eignen jedoch kaum für Industrie- und Dienstleistungsunternehmen, da die Produkte spezifisch auf Erstversicherer zugeschnitten sind. Dieses Problem manifestiert sich in der Tatsache, dass die Schadensentwicklung von Unternehmen i. d. R. nur wenig mit den an der CBOT gehandelten Indizes

68 Baur, E. / Schanz, K.-U. (1999), S. 32.
69 Vgl. Müller, E. (2000), S. 214.

einhergeht. Obwohl Wetterderivate bisher fast ausschließlich im Energiesektor Anwendung fanden, ist ihr Markpotenzial enorm. Im Jahr 2001 betrug das Marktvolumen für Wetterderivate in den USA 4,3 Mrd. USD, dies entspricht für den Zeitraum von 1998 bis 2001 einem kumulativen Wachstum von 31 Prozent.[70] Einer Schätzung des britischen meteorologischen Instituts zufolge sind die Umsätze von mehr als 80 Prozent aller Unternehmen wetterabhängig.[71] Allen voran sind hier Branchen wie Tourismus, Landwirtschaft, Baugewerbe und Erfrischungsgetränkehersteller zu nennen. Nach dem amerikanischen Bureau of Economic Analysis unterliegen 33 Prozent des Brutto Inland Produktes (BIP) der USA dem direkten Einfluss des Wetters.[72] Mit einem weiteren Heranreifen dieses Marktes ist davon auszugehen, dass sich mehr Branchen mit Wetterderivaten gegen die Auswirkungen von Klimaschwankungen absichern werden.

6.4 Committed Capital

Committed Capital stellt ein relativ neues Konvergenzprodukt zwischen Versicherungs- und Kapitalmarkt dar. Das Konzept ermöglicht die Finanzierung eines Versicherungsschadens nach dessen Eintritt. Unternehmen sind bei Großschäden oft mit dem Problem einer stark erschwerten Kapitalaufnahme und beeinträchtigten Finanzierungskonditionen konfrontiert. Solche „low frequency/high severity" Risiken bilden den Ausgangspunkt von Committed Capital. Grundsätzlich handelt es sich hierbei um eine Möglichkeit zur Kapitalaufnahme. Dies kann zu ex ante festgelegten Bedingungen oder über eine Put-Option mit einem Versicherungsereignis als zusätzlichem Trigger geschehen.[73] Kauft ein Unternehmen eine Option auf Committed Capital, so hat es das Recht, die eigenen Wertschriften für einen bestimmten Zeitraum nach Eintritt des betreffenden Ereignisses zu einem im Voraus festgelegten Kurs zu verkaufen. Beispielhaft sei an dieser Stelle eine Committed Capital Lösung mit BIP-Trigger genannt: Ein Unternehmen unterzeichnet einen Committed Capital Vertrag mit dem BIP als Trigger, da dieser eng mit den Absatz des Unternehmens zusammen hängt.

---

70 Holzheu, T. / Karl, K. / Raturi, M. (2003), S. 47.
71 Vgl. Müller, E. (2000), S. 218.
72 Dutton, J. A. (1998), S. 2.
73 Vgl. Baur, E. / Schanz, K.-U. (1999), S. 26.

Fällt die Wachstumsrate des BIP unter eine bestimmte Schwelle, so verpflichten sich der Versicherer und ein Bankenkonsortium zur Vergabe eines Kredites zu einem vorab festgelegten Preis. Dies erleichtert dem Unternehmen im Bedarfsfall die Kapitalaufnahme.[74] Auf dem seit 1995 bestehenden Markt für Committed Capital kam es in den USA bis 2001 zu insgesamt 16 Transaktionen in einem Gesamtwert von 6 Mrd. USD. Dieser relativ kleine Markt spielt im Risikomanagement der meisten Unternehmen noch keine Rolle, zeigt aber großes Wachstumspotenzial.[75]

7. Fazit

Im Rahmen der vorangegangenen Kapitel wurden die risikopolitischen Maßnahmen von Versicherungsnahme und Kapitalmarktinstrumenten näher beleuchtet. Die Bedeutung dieser Instrumente für das Risikomanagement folgt im Wesentlichen aus den Zielen der Absicherung, auf die im Rahmen dieser Arbeit jeweils eingegangen wurde. Eine Quantifizierung der Rolle von Versicherung und Kapitalmarktinstrumenten ist schwierig, da ihr Einsatz stark von dem Geschäftsfeld, der Größe und auch der Unternehmensphilosophie abhängt. Grundsätzlich lässt sich allerdings festhalten, dass auch im Rahmen des Risikomanagements die Wirtschaftlichkeit an erster Stelle stehen muss. In diesem Sinne ist davon auszugehen, dass die innerhalb der Produktpalette ART vorgestellten Kapitalmarktinstrumente auch in Zukunft noch eine eher untergeordnete Rolle spielen werden: Die Transaktionskosten für diese Lösungen sind momentan noch zu hoch und der Markt ist primär auf die Versicherungsbranche ausgelegt. Die Literatur bescheinigt diesem Markt jedoch ein großes Wachstumspotenzial. Zum Schutz ihrer Güter setzt die Industrie primär auf Selbstversicherung durch Rücklagenbildung gefolgt von dem traditionellen Versicherungsmarkt. Das Direktprämienvolumen in der Industrieversicherung betrug 2001 weltweit 370 Mrd. USD und machte damit ein Vielfaches der Prämien des gesamten ART Marktes aus.[76] Die wachsende Bedeutung des Kapitalmarktes zur Unternehmensfinanzierung unterstreicht die zunehmende Relevanz des Shareholder Value Prinzip für Kapitalgesellschaften. Wie gezeigt wurde, er-

[74] Vgl. Baur, E. / Schanz, K.-U. (1999), S. 27.
[75] Vgl. Holzheu, T. / Karl, K. / Raturi, M. (2003), S. 35-36.
[76] Vgl. Holzheu, T. / Karl, K. / Raturi, M. (2003), S. 4.

gibt sich aus dieser Bedeutung eine entscheidende Rolle für die Versicherungsnahme sowie den Einsatz von Kapitalmarktinstrumenten im Risikomanagement. In diesem Sinne ist ein holistisches Risikomanagement, in dem sich traditionelle Versicherung und Kapitalmarktinstrument ergänzen, erstrebenswert.

Literaturverzeichnis

Albrecht, P. (1998):
Auf dem Weg zu einem holistischen Risikomanagement, in: Mannheimer Manuskripte zur Risikotheorie, Portfolio Management und Versicherungswirtschaft, Nr. 110, URL: http://bibserv7.bib.uni-mannheim.de/ madoc/volltexte/2004/253/pdf/MAMA47.pdf [Stand 07.06.2005].

Albrecht, P. / Schradin, H. (1998):
Alternativer Risikotransfer: Verbriefung von Versicherungsrisiken, in: Zeitschrift für die gesamte Versicherungswissenschaft, 87, S. 573-610.

Baur, E. / Schanz, K.-U. (1999):
Alternativer Risikotransfer (ART) für Unternehmen: Modeerscheinung oder Risikomanagement des 21. Jahrhunderts?, in: Sigma Nr. 2/1999, Swiss Re.

Bittl, A. / Müller, B. (1998):
Das versicherungstechnische Risiko im Zentrum versicherungswirtschaftlicher Betrachtung - Theoretischer Ansatz und empirische Relevanz des branchenspezifischen Risikos von Versicherungsunternehmen, in: Zeitschrift für die gesamte Versicherungswissenschaft, 87, S. 369.

Deutsch, H.-P. (2004):
Derivate und Interne Modelle - Modernes Risikomanagement, 3. Auflage, Stuttgart.

Dudenhöffer, F. (2004):
Hedging eine vielschichtige Aufgabe, in: Frankfurter Allgemeine Zeitung 20. September 2004, S. 20.

Dutton, J. A. (1998):
The Charge from BASC URL: http://www.ofcm.gov/sai/proceedings/ pdf/01_intro2.pdf [Stand: 07.06.2005].

Grandi, M. / Müller, A. (2000):
Versicherungsderivate, in: Versicherungswirtschaft, Heft 9/2000, S. 608-613.

Haller, M. (1975):
Sicherheit durch Versicherung? in: Zeitschrift für die gesamte Versicherungswissenschaft, 77, S. 383-384.

Helms-Dolle, E. (2004):
Spiel mit der Gefahr: Aus Angst vor Attentaten sind die großen Sportveranstaltungen kaum noch zu versichern, in: Die Zeit, Nr. 24/2004, S. 6.

Helten, E. / Bittl, A. / Liebwein, P. (2000):
Versicherung von Risiken, Manuskript Nr. 29, Institut für Betriebswirtschaftliche Risikoforschung und Versicherungswirtschaft, Ludwig-Maximilians-Universität München, URL: http://www.inriver.bwl.uni-muenchen.de/forschung/publikationen/Manuskripte/Manuskript _29.pdf [Stand 07.06.2005].

Helten, E. (1994a):
Die Erfassung und Messung des Risikos, in: Versicherungswirtschaftliches Studienwerk, Studientext 11, Wiesbaden.

Helten, E. (1994b):
Ist das Risiko ein Konstrukt? Zur Quantifizierung des Risikobegriffes, in: Hesberg, D. / Nell, M. / Schott, W. (Hrsg.), Risiko, Versicherung, Markt: Festschrift für Walter Karten zu Vollendung des 60. Lebensjahres, Karlsruhe.

Hermann, D. C. (1996):
Strategisches Risikomanagement kleiner und mittlerer Unternehmen, Berlin.

Holzheu, T. / Karl, K. / Raturi, M. (2003):
Alternativer Risikotransfer - eine Bestandsaufnahme, in: Sigma, Nr. 1/2003, Swiss Re.

Holzheu, T. / Raturi, M. (2002):
Die globale Nicht-Lebenversicherung in einer Zeit der Kapazitätsknappheit, in: Sigma Nr. 4/2002, Swiss Re.

Kromschröder, B. / Lück, W. (1998):
Grundsätze risikoorientierter Unternehmensführung, in: Der Betrieb, Heft 32 S. 1573-1576.

Küpper, H.-U. (1997):
Controlling: Konzeption, Aufgaben, Instrumente, 3. überarbeitete und erweiterte Auflage, Stuttgart.

MacMinn, R. / Garven, J. (2000):
On Corporate Insurance URL: http://finance.baylor.edu/garven/papers/corpins.pdf [Stand 07.06.2005].

Mayers, D. / Clifford, W. S. Jr. (1982):
On the Corporate Demand for Insurance, in: Journal of Business 1982, Vol. 55 Nr. 2, S. 191-205.

Müller, S. (2004):
Der schwache Dollar: Absichern oder Spekulieren?, in : Börsen-Zeitung, Dokumentation, Ausgabe 253, S. 6.

Müller, E. (2000):
Pluralität der Risikoabsicherungsinnovation, in: Zeitschrift für die gesamte Versicherungswissenschaft, 89, S. 193-223.

Nickel, A. (1999):
Versicherungsnachfrage der Unternehmen, in: Zeitschrift für die gesamte Versicherungswissenschaft, 88, S. 429-447.

O. V. (2005a):
Bayer: Akkumulieren (NordLB), in: Finanznachrichten, URL: http://www.finanz-nachrichten.de/nachrichten-2005-03/artikel-4558030.asp [Stand 07.06.2005].

O. V. (2005b):
Finanzlexikon: Derivate, URL: http://www.pfs-finanzen.de/glossarh.htm [Stand 07.06.2005].

O. V. (2003a):
Wichtige Wirtschaftsgesetze, Herne / Berlin.

O. V. (2003b):
Absicherung von Fremdwährungsgeschäften in: Artemis News 04/2003 URL: http://www. artemis-advisory.de/pdf/artemis_news_04-03.pdf [Stand 07.06.2005].

O. V. (2003c):
Volkswagen Geschäftsbericht 2003, URL: http://www.volkswagen-ir.de/fileadmin/vw-Ir2/ dokumente/berichte/2003/20040309_gb2003_d.pdf [Stand 07.06.2005].

O. V. (1996):
Die Deutsche Versicherungswirtschaft - Jahrbuch 1996 des Gesamtverbandes der Deutschen Versicherungswirtschaft e.V.

Pensa, P. (2004):
Catbonds, URL: http://pensa.info/documents/catbonds/CatBonds.pdf [Stand 07.06.2005].

Rockel, W. (2002):
Risikomanagement im Rahmen der Unternehmens- und Konzernüberwachung, Manuskript Nr. 40, Institut für Betriebswirtschaftliche Risikoforschung und Versicherungswirtschaft, Ludwig-Maximilians-Universität München, URL: http://www.inriver.bwl.uni-muenchen.de/ forschung/publikationen/Manuskripte/ Manuskript_40.pdf [Stand 7.06.2005].

Wolf, K. (2003):
Integration des Versicherungsmanagements im Risikomanagement - Status quo und Handlungsempfehlungen, in : Versicherungswirtschaft, 58, Heft 14/2003, S. 1070-1073.

Zanetti, A. / Enz, R. / Heck, P. / Green, J. / Sutter, S. (2004):
Natur- und Man-made-Katastrophen im Jahre 2003: Zahlreiche Todesopfer, vergleichsweise geringe Versicherungsschäden, Sigma, Nr. 1/2004, Swiss Re.

Der Versicherungsmarkt von Unternehmensversicherungen

Thao-Binh Pham-Thi

Inhalt

1. Einleitung

Die Liberalisierung des deutschen Versicherungsmarkts im Jahre 1994 führte im Markt für Unternehmensversicherung zu erhöhtem Wettbewerbsdruck und zunehmender Konzentration. Nach verlustreichen Jahren Ende der 90er sieht sich die Unternehmensassekuranz wieder positiven Erträgen gegenüber, wenngleich ein gebremstes Wachstum mit geringeren Prämienvolumen sowie Entlastungseffekte auf der Schadenseite geringer ausfielen.[1] Dabei hat der Markt für Unternehmensversicherung mit erheblichen Problemen zu kämpfen. Heftige Preiskämpfe verursachen eine ständige Fluktuation der Konditionen und sorgen somit für große Instabilität am Markt.[2] Des Weiteren schaffen neue Gesetze wie die Solvency-II-Regeln sowie eine fortschreitende Konzentration veränderte Rahmen- und verschärfte Wettbewerbsbedingungen.[3] Zudem wirft das Bundeskartellamt der Industrieversicherungsbranche illegale Preisabsprachen vor und verdächtig dabei eine Reihe führender Industrieversicherer.[4] Auf der Nachfrageseite stellen veränderte Kundenbedürfnisse die Unternehmensversicherer

1 Vgl. GDV (2004b), S. 42-45.
2 Vgl. Fromme, H. (2005a), S. 22.
3 Vgl. Gassner, M. (2005), S. 6.
4 Vgl. Fromme, H. (2005a), S. 22.

vor weitere Herausforderungen. Neue Formen von Unternehmensrisiken, die zu komplex sind oder bislang als nicht versicherbar galten, verstärken die Forderungen der Unternehmen nach innovativen und flexiblen Policen.[5]

2. Begriffsabgrenzung

2.1 Darstellung des Versicherungsmarktes und Abgrenzung auf die Unternehmensassekuranz

Als Anbieter von Versicherungsleistungen treten die Erstversicherer sowie die Rückversicherer auf. Erstversicherungen sind Individualversicherungen (Privatversicherungen) und richten sich an den Endverbraucher, d. h. an Privatpersonen und Unternehmen. Die Rückversicherer beziehen sich nur auf das Verhältnis zwischen Versicherungsunternehmen und beschränken ihre gewöhnliche Geschäftstätigkeit auf die Abdeckung des versicherungstechnischen Risikos der Erstversicherer.[6] Folglich werden im Markt für Unternehmensversicherung Personen ausgegrenzt und auf die Rückversicherer nicht näher eingegangen (vgl. Abbildung 1).[7] Ein weiterer Marktpartner für Unternehmensversicherung sind die Versicherungsmakler, die eine Schnittstellenfunktion besitzen und die Interessen der Versicherungsnehmer vertreten.[8] Auf die Rolle des Staates in der Unternehmensassekuranz wird in diesem Kapitel später eingegangen.

---

5 Vgl. Herold, B. / Paetzmann, K. (1999), S. 21f.
6 Vgl. Koch, P. (1998), S. 46-48.
7 Vgl. Koch, P. (1998), S. 79.
8 Vgl. Pimentel, M. R. (1999), S. 515f.

Abbildung 1: Marktparteien auf dem Markt für Unternehmensversicherung

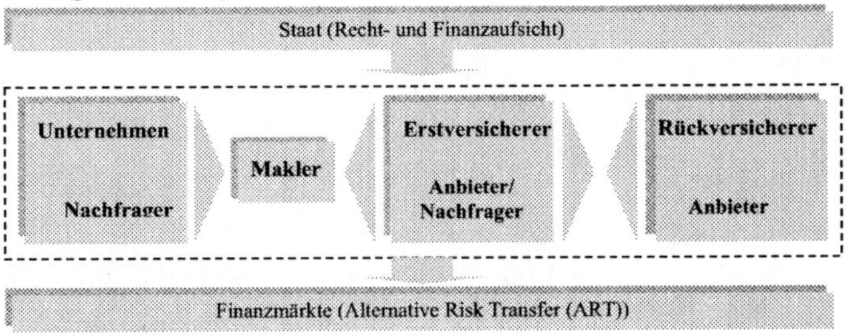

Quelle: eigene Darstellung in Anlehnung an Herold, B. / Paetzmann, K. (1999), S. 515-516.

Der deutsche Versicherungsmarkt unterscheidet sich grundlegend von anderen Märkten, wie z. B. dem amerikanischen Markt, in der Sozialversicherung. Anders als in den USA sind die Bürger in Deutschland per Gesetz verpflichtet Sozialversicherungen abzuschließen, die eine Grundversorgung in den Bereichen Rente, Krankheit, Pflegebedürftigkeit, Berufsunfähigkeit und Arbeitslosigkeit gewähren.[9] Für diese Arbeit spielt jedoch nur die Individualversicherung eine Rolle, da die Sozialversicherung sich nicht an Unternehmen richtet (vgl. Abbildung 2).

Abbildung 2: Die Struktur des deutschen Versicherungsmarkts

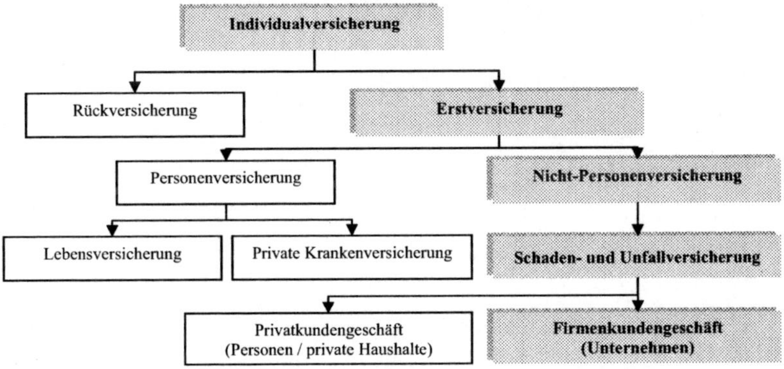

Quelle: eigene Darstellung in Anlehnung an Gerling, R. (1986), S. 30 sowie Koch, P. (1998), S. 32ff. und S. 48ff.

[9] Vgl. Koch, P. (1998), S. 32ff.

Der Versicherungsmarkt ist typischerweise in Versicherungssparten bzw. -zweige gegliedert. Diese Spartentrennung ist ökonomisch sinnvoll, da die Berechnung einer risikogerechten Prämie nur für eine Gruppe gleichartiger Risiken möglich ist.[10] In der Praxis werden die Versicherungszweige entsprechend ihrer Versicherungsart „Personenversicherung (Personenschaden)“ und „Nicht-Personenversicherung (Güter- und Vermögensschaden)“ in die Segmente Lebens- und private Krankenversicherung sowie die Schaden- und Unfallversicherung, auch Kompositversicherung genannt, aufgeteilt.[11] Dabei wird in der Schaden- und Unfallversicherung nach dem Privatkundengeschäft für Privatpersonen und dem Firmenkundengeschäft für Unternehmen unterschieden. Beim Letzteren handelt es sich somit um Unternehmensversicherungen (vgl. Abbildung 2).[12] In Deutschland hat der staatliche Eingriff auf das Marktgeschehen mit der Privatisierung des Versicherungsmarkts durch das „Dritte Durchführungsgesetz zum Versicherungsaufsichtsgesetz vom 21. Juli 1994“ erheblich nachgelassen. Das Bundesaufsichtsamt für das Versicherungswesen (BAV[13]) besitzt seitdem nur noch die Rechts- und Finanzaufsicht über die ca. 456 Mitgliedsunternehmen im Gesamtverband der Deutschen Versicherungswirtschaft (GDV).[14] Dennoch übt der Staat einen starken Einfluss auf das Marktgeschehen aus. In Form von steuerlichen Begünstigungen von Beiträgen beispielsweise für die Lebensversicherung, gesetzliche Pflichten zum Abschluss von Versicherungen, wie z. B. die Sozialversicherung, und Gesetzen[15] verändert der Staat die wirtschaftlichen Rahmenbedingungen.[16]

---

10 Vgl. Koch, P. (1998), S. 48-50.

11 Vgl. Koch, P. (1998), S. 51-52 sowie GDV (2004a), S. 3.

12 Vgl. Johanntoberens, M. (2002), S. 3.

13 Seit 2002 BAFin.

14 Vgl. Bauchspieß, B. (o. J.).

15 Beispiele sind das Gesetz zur „Kontrolle und Transparenz im Unternehmensbereich“ (KonTraG) und die Solvency Regeln; vgl. Kapitel 3.1.2 und Kapitel 4.1.

16 Vgl. Koch, P. (1998), S. 81.

2.2 Definition und Wesensmerkmale der Unternehmungsversicherung

Versicherungen sind abstrakte Wirtschaftsgüter und gehören dem Sektor Dienstleistungen an.[17] Sicherheit und Unsicherheit konstituieren das Spannungsfeld, in dem sich die Versicherung bewegt. Der Grund für die Unsicherheit ist in den Gefahren oder Risiken zu sehen, die eine Bedrohung für den zu Versichernden bedeuten. Somit kann das Risiko als das Kernproblem der Versicherung verstanden werden.[18] Vorderrangig hat die Versicherung die Aufgabe, dem Versicherten bestimmte Risiken abzunehmen, die er selber verursacht aber nicht selber tragen kann oder will. Als Gegenleistung für die Abnahme der Risiken erhält der Versicherer von dem Versicherten eine Geldzahlung (Versicherungsprämie) in Höhe des möglichen Schadens. Hiermit findet ein Risikoausgleich bzw. ein Risikotransfer vom Versicherungsnehmer zum Versicherungsunternehmen gegen Entgelt statt.[19] Für Unternehmen stellt Versicherungsschutz somit ein Instrument des Risiko Managements zur sozialen und finanziellen Sicherung des Wirtschaftens dar.[20] Nach Müller-Manzke (1969) wird somit unter dem Begriff Unternehmensversicherungen „...die Gesamtheit aller Versicherungen, die mit den Großkunden der Industrie und des Gewerbes abgeschlossen werden“[21] verstanden. Der Kundenkreis von Unternehmensversicherungen sind demnach Unternehmen aus Industrie und Gewerbe, welcher in dieser Arbeit zusätzlich noch um die Landwirtschaft erweitert wird.[22]

Wie bereits erwähnt, gehört die Unternehmensversicherung dem Firmenkundensegment der „Schaden- und Unfallversicherung“ an. Die in der Unternehmensversicherung eingezahlten Prämien dienen im Gegensatz zu der Lebens- und Krankenversicherung grundsätzlich zur Deckung der im Geschäftsjahr anfallenden Schäden und Kosten, da mit Schwankungen im Schadenverlauf zu rechnen ist und die Kapitalanlagen dementsprechend ausgerichtet sein müssen.[23] Der Gegenstand von Unternehmensversiche-

---

17 Vgl. Gerling, R. (1986), S. 28.
18 Vgl. Gerling, R. (1896), S. 23.
19 Vgl. Albrecht, P. / Schradin, H. R. (2004), S. 2.
20 Vgl. Albrecht, P. / Schradin, H. R. (2004), S. 2.
21 Müller-Manzke, U. (1969), S. 66.
22 Vgl. GDV (2005), S. 9.
23 Vgl. Koch, P. (1998), S. 175-176.

rungen sind folglich Güter, wie z. B. Gebäude, Fuhrpark, Vermögen, etc (vgl. Abbildung 3).[24] Analog dazu gibt es die entsprechenden Versicherungssparten, wie z. B. „Feuer-, Kraftfahrt-, oder Haftpflicht- und Rechtsschutzversicherung". Unter dem Gegenstandsbereich „Sonstige" fallen z. B. die Sparten „Luft- und Raumfahrt-, Nuklear- und Insolvenzversicherungen".[25]

Abbildung 3: Gegenstandsbereiche der Unternehmensversicherung

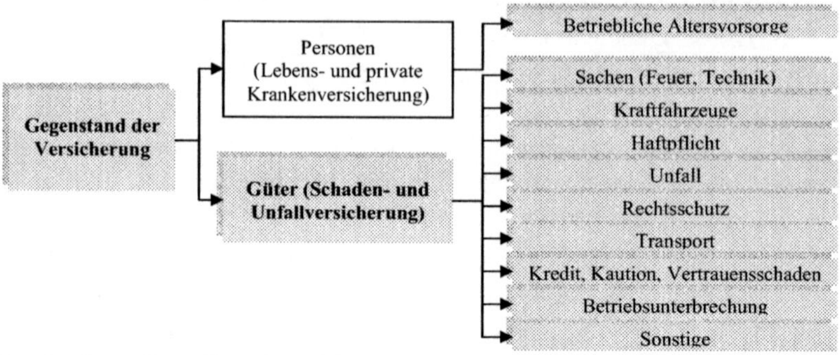

Quelle: eigene Darstellung in Anlehnung an Koch, P. (1998), S. 52, GDV (2004a), S. 3 und Hink, E. (1992).[26]

Versicherungen für einen Einzelkaufmann oder für kleinere bis mittelständische Unternehmen mit bis zu 500 Mitarbeitern werden unter dem Begriff der Gewerbeversicherungen zusammengefasst. Hingegen wird für Versicherungsleistungen an größere Unternehmen, wie AGs oder GmbHs mit mehr als 500 Mitarbeitern, der Begriff Industrieversicherungen verwendet.[27] Im Vergleich zum gewerblichen Geschäft ist das industrielle Risiko schwieriger zu kalkulieren. Demnach hat die Industrieversicherung den Charakter einer Spezialversicherung, da die Sicherheitsbedürfnisse eines Industrieunternehmens komplexer sind. Der Industrieversicherer muss somit spezielles Know-how und Erfahrung für die Branche sowie für die Risikoabschätzung mitbringen.[28] In dieser Arbeit wird der Begriff „Unter-

[24] Vgl. Koch, P. (1998), S. 51-52.
[25] Vgl. GDV (2004a), S. 3.
[26] Die hier eigendurchgeführte Einteilung der Bereiche ist nicht einheitlich in Literatur und Praxis vorzufinden. Die Inhalte sind dennoch übereinstimmend.
[27] Vgl. Gerling, R. (1986), S. 29.
[28] Vgl. Johanntoberens, M. (2002), S. 2 ff. sowie Gerling, R. (1986), S. 29-31.

nehmensversicherung“ als Oberbegriff für alle Versicherungsleistungen an Unternehmen jeglicher Größe und der Begriff „betriebliche Versicherungen“ als Synonym verwendet.

3. Darstellung des Versicherungsmarkts für betriebliche Versicherungen

3.1 Gegenwärtige Marktentwicklungen in Deutschland

Schaden- und Unfallversicherer

Der Gesamtverband der Deutschen Versicherungswirtschaft weist das Firmenkundengeschäft im Schaden- und Unfallsegment nicht gesondert auf. Der Prämienanteil des Firmenkundengeschäfts im Vergleich zum Privatkundengeschäft wird daher auf jährlich ca. 40 % zu 60 % geschätzt.[29] Im abgeschlossenen Geschäftsjahr 2004 konnten die Schaden- und Unfallversicherer bei einem moderaten Beitragsplus von 1,6 % (2003: 3,3 %) auf 55,3 Mrd. € sowie einem leichten Aufwandsrückgang von -1,5 % (2003: -9,9 %) auf 39,3 Mrd. € erneut einen versicherungstechnischen Gewinn von knapp 5 Mrd. € (2003: 3,8 Mrd. €) verbuchen. Dazu trug auch die verbesserte Schaden-Kostenquote[30] (Combined Ratio) von 91 % (2003: 93 %) bei.[31] Das gesamte Geschäftsvolumen der Versicherungswirtschaft betrug in 2004 ca. 152,3 Mrd. €. Am Gesamtgeschäft hatte die Schaden- und Unfallversicherung somit einen Marktanteil von 36,4 %.[32]

---

29 Vgl. GDV 1998, S. 22. In der Praxis wird innerhalb der Kategorie „Schaden und Unfallversicherung“ lediglich bei den Sachversicherungen zwischen Unternehmen und Privatperson unterschieden. Eine genaue Ausweisung der Daten für Unternehmensversicherung ist folglich nicht möglich. Die folgenden Zahlen und Fakten sollen somit als richtungweisend angesehen werden.

30 Bei der Schaden-Kostenquote bzw. Combined Ratio wurde die Schadenquote um die Kostenquote erhöht. Sie wird gemessen in Prozent der verdienten Bruttobeiträge vor Rückversicherung; vgl. GDV 2004b, S. 61.

31 Vgl. GDV (2005), S. 1.

32 In 2004 betrug das Prämienvolumen der Lebensversicherung 70 Mrd. € und der Privaten Krankenversicherung 26,5 Mrd. €; vgl. GDV (2004a), S. 2.

Abbildung 4: Entwicklung der Beiträge und Leistungen in der Schaden- und Unfallversicherung von 1992 - 2004

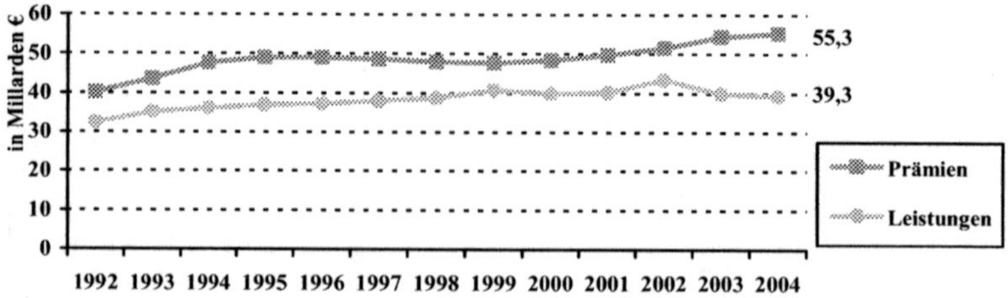

Quelle: eigene Darstellung in Anlehnung an GDV (2004a), S. 2 und S. 88 sowie GDV (2004b), S. 39.

In der Vergangenheit war ein sehr schwaches Beitragswachstum in der Zeit von 1994 bis 2002 zu beobachten, welches sogar zwischenzeitlich von 1997 bis 1999 um durchschnittlich 0,8 % zurückging. Auf der Schadenseite verbuchten die Versicherer nach einem stetigen Aufwandswachstum bis 1999 einen Rückgang in 2001 und 2002. In 2003 konnte sogar eine Rekordsenkung der Leistungen von -9,9 % verzeichnet werden (vgl. Abbildung 5).[33]

Die wichtigsten Versicherungssparten sind die Kraftfahrtversicherung mit 22,4 Mrd. € (2003: 22,33 Mrd. €) sowie die Sachversicherung mit 14,1 Mrd. € (2003: 13,84 Mrd. €) Prämienvolumen. So wurde ein versicherungstechnischer Gewinn in Höhe von 2,4 Mrd. € in der Kraftfahrtversicherung und 1,5 Mrd. € in der Sachversicherung verzeichnet.[34] Weitere Prämienzuwächse erfuhren die Kredit-, Kautions- und Vertrauensschadenversicherung (3 %), die Transportversicherung (1 %), die Rechtsschutzversicherung (3,5 %) und die Haftpflichtversicherung, welche als einzige Sparte im Berichtsjahr ihr Beitragswachstum von 2,6 % in 2003 auf 3,5 % steigern konnte. Die Transportversicherung konnte durch eine verbesserte Schadenquote (60 %) nach 2003 erneut die Gewinnzone erreichen. Die Kredit-, Kautions- und Vertrauensschadenversicherung verbuchte in 2004 mit -15 % die höchste Aufwandsreduktion von allen Sparten und erreichte damit sogar eine geringere Combined Ratio von 70 % als die Industriever-

33 Das Beitragsaufkommen sank 1977 um 0,8 %, 1998 um 1,4 % und 1999 um 0,3 %; vgl. GDV (2004b), S. 39 sowie GDV (2005), S. 6.

34 Vgl. GDV (2005), S. 2-3. und S. 5-7.

sicherung. Das Problemkind bleibt die Rechtsschutzversicherung. Der Aufwand fiel mit 5 % um drei Prozentpunkte höher aus als im Vorjahr. Nur knapp konnte ein Ergebnisausgleich erzielt werden. Die Gründe liegen vorderrangig beim Kostenmodernisierungsgesetz, welches zu Mehrbelastungen führt, die von den Rechtsschutzversicherern nur zeitverzögert an die Kunden weitergegeben werden können.[35] Im Folgenden wird die Entwicklung der wichtigsten Industriesachversicherungen vorgestellt, da das Industriesegment durch die Komplexität der Risiken große Herausforderungen an die industrielle Versicherungsbranche stellt und gleichzeitig den Trend für die anderen Märkte setzt.[36]

Industrielle Sachversicherer

In der Sachversicherung teilen sich der gewerbliche und der private Sektor das Beitragsvolumen. Unternehmen tragen mit 7,2 Mrd. € die Hälfte zu dem gesamten Aufkommen bei.[37] Dabei liegt die Industrie mit einem Beitragsaufkommen von 4,2 Mrd. € vor dem Gewerbe mit 2,5 Mrd. € sowie der Landwirtschaft mit 0,5 Mrd. € (Vgl. Abbildung 5).[38] Damit ist die Sparte der industriellen Sachversicherungen nach Prämienvolumen das größte Segment innerhalb der Unternehmenssachversicherung.

Die Marktsituation stellte sich nach der Deregulierung im Jahre 1994 jedoch zunächst anders dar.[39] Durch den entstandenen Preiswettbewerb erlebten die Industrieversicherer, insbesondere die Feuerversicherer, einen starken Prämienausfall, welcher kombiniert mit einer großen Anzahl an Schadensvorfällen in der zweiten Hälfte der 90er Jahre hohe Verluste teilweise im zweistelligen Bereich verursachte.[40] Die Verluste mussten durch Erträge aus dem Privatkundengeschäft und den Kapitalanlagen ausgeglichen werden.[41] Auf diese Verluste folgte zeitweilig ein Anbieterschwund durch Rückzug einiger Versicherer aus dem Markt, welcher durch den parallel laufenden Konsolidierungsprozess den Industrieversicherungsmarkt zu einem Verkäufermarkt umwandelte.[42]

---

[35] Vgl. GDV (2005), S. 3-5.
[36] Vgl. Fromme, H. (2005a), S. 22.
[37] Vgl. GDV (2005), S. 3-5.
[38] Vgl. GDV (2004a), S. 103 sowie GDV (2005), S. 5-7.
[39] Vgl. Bauchspieß, B. (o. J.).
[40] Vgl. Fromme, H. (2005a), S. 22 sowie Bauchspieß, B. (o. J.).
[41] Vgl. Fromme, H. (2005c), S. 21.
[42] Vgl. Knospe, J. (2003), S. 309-310.

Abbildung 5: Beiträge in der Sachversicherung nach Segmenten 2002 - 2004

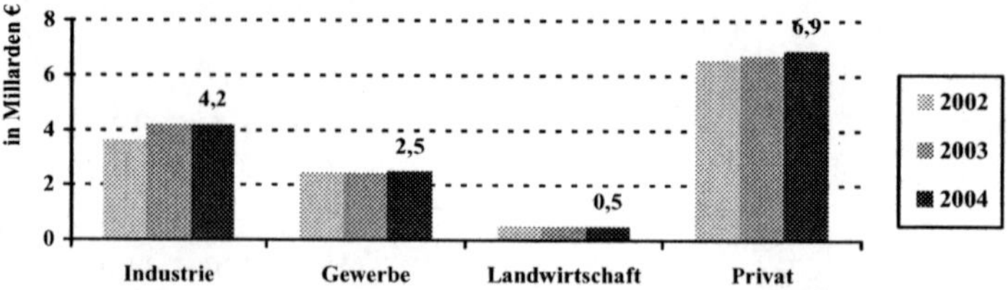

Quelle: eigene Darstellung in Anlehnung an GDV (2004a), S. 103, GDV (2004b), S. 42 sowie GDV (2005), S. 5-7.

Seit 2002 hat sich die Lage jedoch wieder stabilisiert. Die hohen Verluste steigerten den Preisdruck und die Prämien zogen infolgedessen kräftig an. In der Industrieversicherung wurde in 2002 ein Beitragszuwachs von 18 % auf 3,6 Mrd. € (2001: 3,1 Mrd. €) verzeichnet, der im Folgejahr mit einem Plus von 15 % auf 4,19 Mrd. € nur leicht niedriger ausfiel.[43] Dabei sank in 2003 in diesem Segment der Schadensaufwand dank eines sehr ruhigen Jahres um -33 % auf 2,5 Mrd. € (2002: 3,8 Mrd. €) und ergab mit 61 % die niedrigste Schadenquote seit 30 Jahren (vgl. Abbildung 6). Die Industrieversicherungsbranche konnte nach den verlustreichen Jahren wieder hohe versicherungstechnische Gewinne einholen.[44] Im Jahr 2004 kam das Prämienwachstum mit einem Plus von 0,2 % auf 4,2 Mrd. € zwar zum Stillstand, jedoch ist bei weiter nachlassenden Schadendruck sowie Leistungssenkungen um -5 % auf 2,4 Mrd. € der Markt für Industrieversicherungen weiterhin hochprofitabel (vgl. Abbildung 6).[45] In 2004 konnten die Industrieversicherer einen versicherungstechnischen Gewinn von über 1 Mrd. € bei einer verbesserten Combined Ratio von 71 % (2003: 74,3 %) verbuchen. Sie sind somit das ertragsstärkste Segment für die Unternehmensversicherer.[46]

---

[43] Vgl. GDV (2004b), S. 42-44 sowie GDV (2005), S. 5-6.

[44] Vgl. GDV (2004a), S. 89 und S. 103. sowie Fromme, H. (2005c), S. 21.

[45] Vgl. GDV (2005), S. 3-5 sowie Fromme, H. (2005a), S. 22.

[46] Vgl. GDV (2004a), S. 103 sowie GDV (2004b), S. 42 und S. 61.

Abbildung 6: Prämien und Leistungen in der Industrieversicherung 2001 - 2004

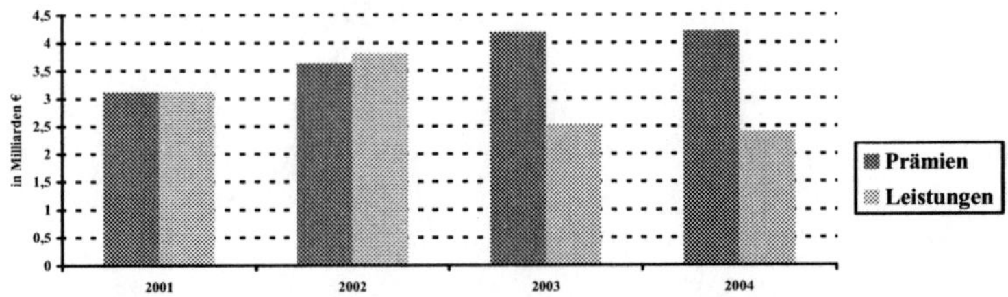

Quelle: eigene Darstellung in Anlehnung an GDV (2004b), S. 42-44 sowie GDV (2005), S. 9.

Gegenwärtig bewegt sich der Markt für Industrieversicherung aufgrund der aktuellen Marktentwicklungen auf einem sehr hohen Preisniveau.[47] Damit befindet sich der berüchtigte Versicherungszyklus[48], das Auf und Ab von Hoch- und Niedrigpreisphasen, auf seinem Höhepunkt. In letzter Zeit hat diese hohe Profitabilität im Industrieversicherungsmarkt bereits zu vermehrtem Druck auf die Preise geführt. Immer mehr Unternehmen wollen an dem lukrativen Geschäft teilhaben, andere ihre Marktposition ausbauen oder verteidigen. Mit großer Sicherheit wird zeitnah eine neue „weiche Preisphase" durch Preissenkungen folgen.[49] Ein Beispiel dafür ist die Anfang 2005 abgeschlossene Feuerversicherung zwischen der Lanxess AG und dem Industrieversicherer Zurich Financial Services. Dieser konnte die Konkurrenten Allianz Versicherung AG und Gerling Konzern Allgemeine Versicherung AG (GKA) um 30 % unterbieten und die Lanxess AG somit für sich gewinnen. Des Weiteren werden auch die bevorstehenden Erneuerungsrunden von Verträgen am 01. Oktober 2005 für baldige Preissenkungen sorgen. Die Preissenkungen werden Fromme (2005a) zufolge dabei im

47 Vgl. Fromme, H. (2005a), S. 22.

48 Das Auftreten der zyklischen Schwankungen beruht vor allem auf den heftigen Preiskämpfen in der Industrieassekuranz. Die derzeitige geringe Schaden-Kostenquote am Unternehmensversicherungsmarkt ist ein ausschlaggebender Grund dafür. Zwar sind die Preise trotz der kleinen Quote bislang auf dem hohen Niveau geblieben, dennoch werden sie dem Marktdruck voraussichtlich nicht lange standhalten können. Die Forderungen der Kunden nach günstigeren Preisen und Bedingungen sowie der Kampf um mehr Anteile im momentanen lukrativen Geschäft wird Preissenkungen hervorrufen und die Gewinne schrumpfen lassen. Mittelfristig sieht sich die Assekuranz wieder Verlusten entgegen. Dieses wird wiederum eine Hochpreisphase einleiten, da das Sinken der Preise Verluste verursacht, die durch Preiserhöhungen ausgeglichen werden müssen; vgl. Fromme, H. (2005b), S. 20 sowie Fromme, H. (2005d), S. 19.

49 Vgl. Fromme, H. (2005b), S. 20.

unteren zweistelligen Bereich liegen. In den USA und Großbritannien sind die Preise bereits um 20 % - 30 % gesunken.[50] Daneben werden Industrieversicherer auch durch eine Reduktion von Bedingungen versuchen, Kunden für sich zu gewinnen.[51]

Um diesem rapiden Wechsel von Hoch- und Niedrigpreisphasen entgegen zu treten, wurden vom Gesetzesgeber die Solvency-II-Regeln[52] verabschiedet. Dieses ist eine Erweiterung der Solvency I, die eine neue EU-weite Anforderung an das Eigenkapital der Versicherungsgesellschaften beinhaltet.[53] Die Ziele von Solvency II sind einerseits ein Solvabilitätssystem festzulegen, dass besser an die tatsächlichen Risiken der Versicherer angepasst ist, d. h. die Versicherer dazu veranlasst, eine verbesserte Bewertung und Kontrolle der von ihnen eingegangenen Risiken zu erreichen.[54] Es sind heute bereits Wirkungen von den voraussichtlich 2008 einzuführenden Regeln im Verhalten der Versicherer zu beobachten.[55] Die Allianz Versicherung AG benutzt bereits ein eigenes System für die Preisstabilisierung. Mit der individuellen Risikobewertung in der Industrieversicherung will die Allianz Versicherung AG Preisschwankungen verringern und die Preise ausschließlich am Risiko orientieren. Damit möchte sie sich offenbar dem Trend der markteinheitlichen Preisentwicklung entziehen.

In diesem Zusammenhang wird die zunehmende Bedeutung des Risikomanagements in der Industrieversicherung deutlich. Die schwer kalkulierbaren und komplexen Risiken sowie das Auftreten neuer Risiken haben den Druck auf die Industrieversicherer erhöht. Diese müssen sich risikobewusster verhalten und das Kerngeschäft der Risikoübernahme um die Risikovermeidung erweitern.[56] Das Generieren von risikorelevanten und spezi-

---

50 Vgl. Bräuchle, G. (2004), S. 3 sowie Funk, L. (2004), S. 1.

51 Vgl. Fromme, H. (2005a), S. 22.

52 Der Begriff „Solvency" richtet sich auf das Zusatzkapital (Solvabilitätsspanne), über welches Versicherer als Reserve für unvorhergesehene Schadensvorfälle, höhere Schadenssummen als erwartet sowie ungünstige Anlageergebnisse verfügen müssen. Demnach müssen Versicherer ihre Risiken mit entsprechender Kapitalausstattung bedecken und negative Auswirkungen durch starke Schwankungen im Ergebnis mit Kapital absichern; vgl. Gassner, M. (2005), S. 6.

53 Vgl. Fromme, H. (2005d), S. 19.

54 Vgl. Gassner, M. (2005), S. 6.

55 Vgl. Fromme, H. (2005d), S. 19.

56 Vgl. Herold, B. (1999), S. 519 sowie vertiefend Gabriel, A. / Rockel, W. (2001), S. 101-103.

fischen Informationen sowie die Ausbildung und Akquirierung hoch qualifizierten Personals mit viel technischem Know-how gelten dabei als die Schlüssel für ein effektives Risikomanagement.[57] Beispiele hierzu sind das Allianz Zentrum für Technik sowie die Gerling Akademie für Risikoforschung.[58] Auf Seiten der Versicherungsnehmer wurde durch die Einführung des Gesetzes zur „Kontrolle und Transparenz im Unternehmensbereich" (KonTraG) ebenfalls eine Steigerung der Schadenpräventionsmaßnahmen erreicht, die sich wiederum positiv auf die Versicherer auswirkt.[59]

Auf der Nachfrageseite hat in den letzten Jahren eine Veränderung der Kundenbedürfnisse stattgefunden. Die traditionellen Produkte entsprechen nicht mehr den aktuellen Anforderungen der Unternehmen. Vielmehr geht es den Unternehmen darum, innovative und integrierte Lösungen zu finden, die neue und komplexere Risiken, wie Terroranschläge (11. September) oder Naturkatastrophen (Tsunami), abdecken können.[60] Alternative Risk Transfer (ART) Konzepte, höhere Selbstbehalte der Versicherungsnehmer, Captives oder Anti-Terror-Versicherungen sind Beispiele für Reaktionen auf diese Entwicklungen, die in den nachfolgenden Kaptiteln näher erläutert werden. Gemessen an den Prämienvolumen und der Produktvielseitigkeit ist Deutschland aktuell der bedeutendste Markt für Industrieversicherungen in Europa und im Vergleich zum amerikanischen Markt als relativ risikofreudiger einzuschätzen.[61] Ferner ist der amerikanische Versicherungsmarkt prinzipiell stärker durch staatliche Eingriffe zum Schutz der Versicherungsnehmer eingeschränkt. Die Kontrolle des Staates richtet sich auf die Eigenmittel der Versicherer sowie der Einrichtung eines Garantiefonds.[62] In der industriellen Haftpflichtversicherung blieb Deutschland im Gegensatz zu den USA noch weitgehend verschont. Die im internationalen

57 Vgl. Funk, L. (2000), S. 823.
58 Vgl. Johanntoberens, M. (2002), S. 85-87 sowie o. V. (2003), S. 14.
59 Das seit 1998 bestehende KonTraG verpflichtet Aktiengesellschaften zur Durchführung eines angemessenen Risikomanagements. Bei finanzwirtschaftlichen Risiken stehen im risikobehafteten Bereich des Forderungsmanagements die Kundenstruktur, die Bonität der Kunden, mithin das Forderungsausfallrisiko und die Liquidität im Blickpunkt. Wichtig ist vor allem, Risiken zu erkennen und Strategien zur Risikobegrenzung zu entwickeln; vgl. Johanntoberens, M. (2002), S. 54 sowie Schuppener, J. / Tillmann, W. (1999), S. 20-22.
60 Vgl. Herold, B. / Paetzmann, K. (1999), S. 21-23 sowie Knospe, J. (2002), S. 608-609.
61 Vgl. Johanntoberens, M. (2002), S. 1.
62 Vgl. Finsinger, J. (1983), S. 11.

Vergleich niedrige Schadenersatzgrenze in Deutschland reduziert das Risiko der in USA verbreiteten Sammelklagen (Class-actions).[63]

3.2 Angebot und Nachfrage nach betrieblicher Versicherung

Angebot
In 2004 gehörten dem Gesamtverband der Deutschen Versicherungswirtschaft 456 Mitgliedsunternehmen an. Davon waren im Jahr 2002 256 Schaden- und Unfallversicherungsunternehmen gezählt worden, wobei Aktiengesellschaften hier mit 176 Unternehmen die absolute Mehrheit bildeten. Dementsprechend fallen auch mit 81,7 % der größte Anteil des Prämienvolumens auf die Schaden- und Unfallversicherungsaktiengesellschaften. Dahinter bilden Versicherungsvereine auf Gegenseitigkeit (VVaG) mit 12,7 % und regional tätige öffentlich-rechtliche Versicherer mit 4,1 % die Positionen zwei und drei. Lediglich acht ausländische Schaden- und Unfallversicherer waren 2002 vertreten und erreichten ein Prämienaufkommen von 1,5 %.[64]

Der Markt für Unternehmensversicherungen ist durch die Konsolidierungsphase nach der Liberalisierung oligopolistisch strukturiert. Während dieser Phase entstanden Unternehmen wie die Axa / Colonia, Signal/Iduna oder die Ergo Versicherungsgruppe AG. HDI/HUK Coburg sind hier ein Negativbeispiel, da die geplante Fusion beider Unternehmen scheiterte.[65] Aktuell dominieren einige große Firmen den Schaden- und Unfallversicherungsmarkt. Die Top 10 der Schaden- und Unfallversicherer ergeben bereits zusammen ein Prämienvolumen von 40,14 Mrd. € (vgl. Abbildung 7). Das sind rund 72,6 % des gesamten Marktvolumens in 2004. Im Jahr 2004 war die Allianz Versicherung AG mit ihrer Allianz Sachgruppe bei einem Beitragsaufkommen von 10,16 Mrd. € sowie einem Gewinn von 1,5 Mrd. € der unumstrittene Marktführer im deutschen Schaden- und Unfallversicherungsgeschäft. Zwar konnte das Unternehmen sein Prämienvolumen nur minimal steigern, dennoch hat die Sachgruppe auch weiterhin in 2004

---

63 Vgl. Bräuchle, G. (2004), S. 2.
64 Vgl. GDV (2004b), S. 40-41.
65 Vgl. Bauchspieß, B. (o. J.).

seinen hohen Marktanteil von 18,37 % erhalten können.[66] Dahinter rangierten auf Platz zwei die öffentlichen Versicherer[67], die ihren Marktanteil in der Schaden- und Unfallversicherung durch eine Steigerung des Beitragsvolumens um 3 % auf 7,21 Mrd. € auf 13,04 % heben konnten. In der Sachversicherung sind die öffentlichen Versicherer mit einem Marktanteil von 24,6 % noch stärker vertreten.[68] Die hervorragende Marktposition der öffentlichen Versicherer ist auf günstige Strukturen ihrer versicherten Risiken und ein insgesamt gutes Kostenniveau zurückzuführen.[69] Ferner gehören die öffentlichen Versicherer der Sparkassen-Finanzgruppe an und profitieren so von Vertriebsynergien. In dem Industrieversicherungsgeschäft hat sich die Gruppe mit der Zeichnungsgemeinschaft öffentlicher Versicherer (ZG) in Nord- und Westdeutschland sowie mit der Versicherergemeinschaft Großkunden (VGG) in Süddeutschland eine deutliche Positionierung geschaffen. Durch diese Gemeinschaften bündelt die Gruppe ihre Zeichnungskapazitäten bei Großrisiken und greift dabei auf gegenseitige vorhandene Kapazitäten und Kenntnisse, vor allem im Risk Management, zurück.[70]

---

[66] Vgl. Allianz Versicherung AG 2004, S. 45.

[67] Die Gruppe der öffentlichen Versicherer besteht aus 15 regionalen öffentlichen Versicherern. Die größten und bedeutendsten öffentlichen Versicherer sind dabei die Versicherungskammer Bayern, Provinzial, VGH und die SV Sparkassen Versicherungen; vgl. Die öffentlichen Versicherer (2004), S. 41 sowie vertiefend Anhang 1.

[68] Vgl. Die öffentlichen Versicherer (2004), S. 8. Die Angaben richten sich auf das Jahr 2003, da die Zahlen für das Geschäftsjahr 2004 noch nicht publiziert worden sind. Dennoch dürfte das Beitragsaufkommen nicht geringer ausgefallen sein. Daher sind die öffentlichen Versicherer mit dem Prämienvolumen von 7 Mrd. € auch weiterhin die Nummer zwei am Markt für Schaden- und Unfallversicherungen.

[69] Vgl. Kosmider, H. P. (2004), S. 21.

[70] Vgl. Prokop, H. (2004), S. 95.

Abbildung 7: Übersicht der Top-10 Schaden- und Unfallversicherer in Deutschland nach Beitragseinkommen in 2004 und 2003

Position	Versicherer	2004 (in Mrd. €)	2003 (in Mrd. €)	Veränderung (in %)
1.	Allianz Sachgruppe	10,16	10,12	+ 0,5
2.	Öffentliche Versicherer	7,21	7,0	+ 3,0
3.	Ergo Versicherungsgruppe	3,45	3,3	+ 4,3
4.	HDI Versicherung AG	3,3	3,05	+ 8,1
5.	R+V Versicherung AG	3,25	3,05	+ 6,6
6.	AMB Generali	3,0	3,2	- 6,2
7.	HUK-Coburg	2,94	2,82	+ 3,0
8.	AXA Versicherung AG	2,51	2,56	- 1,8
9.	Gerling Konzern Allgemeine	2,19	2,26	- 3,1
10.	Zurich Financial Services	2,13	1,98	+ 7,6

Quelle: eigene Darstellung in Anlehnung an Allianz Versicherung AG (2004), S. 45, Die öffentlichen Versicherer (2004), S. 7 ff., Die Ergo Versicherungsgruppe AG (2004), S. 35, HDI Versicherung AG (2005a), R+V Versicherung AG (2004), S. 24, AMB Generali (2004), HUK-Coburg (2004), S. 6, AXA Versicherung AG (2004), S. 9, Gerling Konzern Allgemeine Versicherung AG (2004) sowie Zurich Financial Services (2004), S. 52.

Das Industrieversicherungsgeschäft wird ebenfalls von der Allianz Versicherung AG dominiert. Dahinter liegen auf Rang zwei und drei die Gerling Konzern Allgemeine Versicherung AG und die HDI Industrie Versicherung AG, die in 2004 ihre Prämien deutlich um 17 % auf 1,5 Mrd. € steigern konnte.[71] Am Markt nehmen des Weiteren nicht nur die reinen Erstversicherer teil. Das Unternehmensversicherungsgeschäft baut auf Versicherungsmaklern auf. Da Verträge nicht durch ein Direktgeschäft zwischen Industrieunternehmen und Versicherern zustande kommen, stellen Makler eine zentrale Rolle dar. Der Maklermarkt ist sehr konzentriert und wird von einigen international tätigen Maklerketten mit lokalen Tochtergesellschaften, dominiert.[72] Auch die Rückversicherer haben eine wichtige Rolle im Unternehmensversicherungsgeschäft. Besonders die Industrieversicherer sind auf die Rückversicherer angewiesen, da deren Schadensaufwen-

71 Vgl. Fromme, H. (2005a), S. 22 sowie Fromme, H. (2004), S. 20.

72 Vgl. Johanntoberens, M. (2002), S. 43-44, Herold, B. (1999), S. 515-516 sowie Pimentel, M. R. (1999), S. 513-514.

dungen enorm ausfallen können. Ferner üben Rückversicherer einen indirekten Einfluss auf das Marktgeschehen aus. Während der Verlustjahre erhöhten sie die Versicherungsprämien, so dass die Erstversicherer, um die Prämien begleichen zu können, mit eigenen Prämiensteigerungen nachzogen. Aktuell werden Rückversicherer auch am Erstversicherungsmarkt aktiv in Form von Partizipationen an Captives und Finanzmarktprodukten wie die ART Lösungen.[73] Ferner beteiligen sich Rückversicherer auch an den Pools und der Extremus AG. Pools sind Branchenversicherer und versichern folglich das Risiko einer ganzen Branche. Diese bilden sich aus einem Zusammenschluss von Erst- und Rückversicherer, die sich nach einem festgelegten Schlüssel an Risiken von besonders gefährdeten Branchen beteiligen. Derzeit existieren in Deutschland drei große Versicherungspools. Der Luftpool wird von der Luftfahrtversicherung betrieben, beim Nuklearpool übernimmt die Deutsche Kernreaktor-Versicherungsgemeinschaft sämtliche Risiken, die mit der Errichtung und dem Betrieb von Kernreaktoren verbunden sind. Der Pharmapool bietet Haftpflichtversicherungen für pharmazeutische Betriebe nach dem Arzneimittelgesetz.[74] Die Anti-Terrorismus-Versicherung - Extremus Versicherung AG - für Großunternehmen wurde im Jahre 2001 vom Staat zusammen mit der Versicherungsbranche gegründet. Der Auslöser war, dass nach dem 11. September kein Versicherer mehr bereit war, für Schäden über einer Versicherungssumme von 25 Mio. € aufzukommen. Hiervon waren die Industrieversicherer besonders betroffen. Seit 2002 versichert diese Gesellschaft in Deutschland vorgefallene Sach- und Betriebsunterbrechungsschäden durch Terroranschläge. Die Höchstleistung pro Einzelrisiko liegt bei 1,5 Mrd. €.

Nachfrage

In den letzten Jahren haben sich die Kundenanforderungen stark verändert und das Bedürfnis nach Bilanzschutz immer größer werden lassen.[75] Aufgrund der Zunahme an Katastrophenrisiken sowie neuartigen Risiken fordern die Unternehmen nach höheren Kapazitäten sowie neuen Produkten, die von der Spartentrennung absehen und eine integrierte Abdeckung meh-

[73] Vgl. Koch, P. (1998), S. 56-57 sowie Herold, B. (1999), S. 519.

[74] Vgl. Koch, P. (1998), S. 106-108.

[75] Vgl. Herold, B. / Paetzmann, K. (1999), S. 21.

rerer Risikoklassen ermöglichen.[76] Ferner wird die Unternehmensassekuranz aufgefordert, für bisher nichtversicherbare Risiken Deckungskonzepte zu entwickeln. Es sollen neue Lösungen gefunden werden, die u. a. Policen mit zusätzlichen Serviceleistungen sowie variable und mehrjährige Vertragslaufzeiten beinhalten. Die Allianz und die R+V Versicherung haben sich dem bereits angepasst und bieten Unternehmenspolicen mit einer Deckung gegen elf Gefahren an.[77] Folglich stellen Innovation und Know-how getriebene Deckungskonzepte mit hohem Komplexitätsgrad heutzutage einen entscheidenden Wettbewerbsfaktor in der Unternehmensversicherung dar.[78]

Eine Folge der veränderten Bedürfnisse sind Self-Insurance Lösungen, die zunehmend nach größeren risikoadäquaten Selbstbehalten fragen. Insbesondere diejenigen Unternehmen, die einen hohen Sicherheitsstandard, eine effiziente Schadenprophylaxe und einen historisch guten Schadenverlauf haben, möchten von einer umfassenden Risikoabwälzung absehen und den unteren Teil der eventuell eintretenden Schäden in Form eines Selbstbehaltes tragen. Weitere Gründe für die steigende Nachfrage nach Selbstbehalten liegen zum einen im steigenden Kostendruck auf Seiten der Unternehmen. Sind die Prämien zu hoch oder höher als die Kosten für eine eigene Versicherung, so ist es kostengünstiger einen gewissen Teil selbst zu tragen. Zum anderen sind die Versicherungssteuern in den letzten 20 Jahren in Deutschland beachtlich gestiegen. Durch die Einräumung eines Selbstbehaltes gegen einen Rabatt hat das Unternehmen den Vorteil, für seinen selbst getragenen Teil keine Versicherungssteuer entrichten zu müssen. Neben dem Rabatt gibt es die Option den Selbstbehalt durch Gründung einer Captive oder Rückversicherungs-Captive selbst zu tragen. In beiden Fällen übernehmen die im Eigentum des Versicherungsnehmers stehenden Captives deren kleine Risiken in Höhe des Selbstbehaltes. Dieses geschieht in Anbindung an den Rückversicherungsmarkt. Größere Risiken mit geringerer Frequenz verbleiben weiterhin beim Versicherer. Ein Vorteil von Selbstbehalten ist die deutliche Verbesserung des subjektiven Risikos, da die Partizipation am eigenen Risiko die Unternehmen dazu motiviert ein effektives Risikomanagement zu betreiben, welches die Scha-

---

76 Vgl. Schmid, P. (2000), S. 742.
77 Vgl. Bauchspieß, B. (o. J.).
78 Vgl. Herold, B. / Paetzmann, K. (1999), S. 20-21.

denhöhe und -häufigkeit möglichst gering hält. Das Konzept existiert seit 100 Jahren und war besonders in den 60er und 80er Jahren populär. Bis Ende 2001 wurden ca. 4600 Captives weltweit registriert. In Deutschland sind diese Gesellschaften bislang nur wenig vertreten, da viele Unternehmen die Vorzüge einer Captive noch nicht erkannt haben. Der meiste Anteil der heutigen Captives geht dabei auf Aktiengesellschaften zurück.[79]

4. Ausblick

Der Markt für Unternehmensversicherung wird auch weiterhin starke Veränderungen durchlaufen. Globalisierung, Konzentrationsprozesse und Marktverschmelzungen sind hier wichtige Stichwörter. Demnach werden sich die Wettbewerbsbedingungen durch steigende Dynamik und Komplexität im Unternehmensumfeld weiter verschärfen. Die Präsenz ausländischer Anbieter wird im deutschen Markt zunehmen, wodurch die Zahl der Wettbewerber steigen und die nationalen Marktgrenzen sich auflösen werden. Dabei wird der Markt durch Fusionen und Übernahmen weiterhin oligopolisiert. Es werden einige große Versicherer mit einem breiten Angebot bleiben und parallel dazu werden sich viele kleine Spezialversicherer entwickeln.[80] Auch die Rückversicherer oder branchenfremde Anbieter wie Investmentbanken werden zunehmend aktiver und treten in den Erstversicherungsmarkt mit neuen Modellen der Risikofinanzierung ein.[81] Die Produktpolitik wird dabei dem Trend vom isolierten traditionellen Einzelgeschäft hin zum umfassenden Finanzdienstleistungsgeschäft von Allfinanzprodukten folgen.[82] Im Industrieversicherungsmarkt werden dabei steigende Selbstbehalte sowie alternative Kapitalmarktprodukte traditionelle Lösungen teilweise ersetzten. Letztlich wird die Suche nach weiteren Selbstbehaltlösungen sowie Alternativen für Risikotransfer und -finanzierung durch Kapitalmarktprodukte den Industriemarkt mit dem Finanzmarkt langsam verschmelzen lassen.[83] Auf der anderen Seite stellt sich der deutschen Unternehmensassekuranz ebenfalls die Aufgabe, sich international

---

79 Vgl. Langsch, M. (2005), S. 21-23, Koch, P. (1998), S. 82-83 und Herold, B. / Paetzmann, K. (1999), S. 15-17.

80 Vgl. Friedenberger, T. (o. J.).

81 Vgl. Herold, B. (1999), S. 519.

82 Vgl. Friendberger, T. (o. J.).

83 Vgl. Herold, B. (1999), S. 519 sowie Herold. B. / Paetzmann, K. (1999), S. 18-19.

auszurichten und neue Märkte zu erschließen. Dabei wird die Bildung strategischer und internationaler Allianzen ein wesentlicher strategischer Erfolgsfaktor sein. Durch die Internationalisierung werden die eigenen Produkte entsprechend internationaler und für globaltätige Unternehmen attraktiver, welches der aktuellen Kritik über die mangelnde Internationalität der Unternehmenspolicen entgegen treten wird.[84]

[84] Vgl. Friedenberger, T. (o. J.).

Literaturverzeichnis

Albrecht, P. / Schradin, H. R. (2004):
Struktur der Versicherungswirtschaft, Seminarpapier zu ABWL, Risikomanagement und Versicherungslehre, Universität zu Köln, URL: http://www.uni-koeln.de/wiso-fak/versich/ studium/lehrveranstaltungen/vwa/vwa_struktur_ss04.pdf [Stand: 2004].

Allianz Versicherung AG (Hrsg.) (2004):
Geschäftsbericht Allianz Gruppe 2004, München, URL: http://www.llianzgroup.com/z_Cnt/az/_any/cma/contents/741000/saObj_741295_Gesch_ftsbericht_Allianz_Group_2004_hyperlinks_deutsch.pdf [Stand: ohne Angabe].

Bauchspieß, B. (o. J.):
Deregulierung - Wettbewerb - Zusammenschlüsse. Quo Vadis, deutscher Versicherungsmarkt?, URL: http://www.vdvf.de/seiten/artikel 24.htm [Stand: ohne Angabe].

Bräuchle, G. (2004):
Industrie- und Gewerbeversicherung: Marktberuhigung setzt sich fort, URL: http://www. dvm.de/sites/pdf/Industrie-und%20Gewerbeversicherung-Dr.%20Bräuchle.pdf [Stand: 22.09. 04].

Die öffentlichen Versicherer (Hrsg.) (2004):
Jahrbuch 2004, Düsseldorf, URL: http://www.gdv.de/presseservice-/index.html [01.06.2004].

Finsinger, J. (1983):
Versicherungsmärkte, in: Schriften des Wissenschaftszentrums Berlin - Internationales Institut für Management und Verwaltung/Strukturpolitik, Frankfurt am Main.

Friedenberger, T. (o. J.):
Karrierechancen in der Versicherungswirtschaft, URL: http://www.vvbkoeln.de/Deutsch/News/Aktuell/News63/news63.htm [Stand: ohne Angabe].

Fromme, H. (2005a):
Front der Industrieversicherer zeigt Risse, in: Financial Times Deutschland, 25. Mai 2005, S. 22.

Fromme, H. (2005b):
Versicherungsgeschäft wächst stark, in: Financial Times Deutschland, 17. Mai.2005, S. 20.

Fromme, H. (2005c):
Neues System soll Allianz vom negativen Preistrend abkoppeln, in: Financial Times Deutschland, 29. April 2005, S. 21.

Fromme, H. (2005d):
Weniger Preiskriege bei Versicherungen, in: Financial Times Deutschland, 29. März 2005, S. 19.

Fromme, H. (2004):
Talanx nennt Option für Börsengang, in: Financial Times Deutschland, 09. Dezember 2004, S. 20.

Funk, L. (2004):
Situation des Versicherungsmarktes - unsere Sicht, URL: http://www.bdvm.de/sites/pdf/Situation %20des %20Versicherungsmarktes-Dr. %20Funk.pdf [Stand: 22.09.2004].

Funk, L. (2000):
Der Strukturwandel - Rückzug der Versicherer aus der Industrieversicherung?, in: Zeitschrift für Versicherungswesen, Band 51, 22/2000, S. 822-823.

Gabriel, A. / Rockel, W. (2001):
Risikomanagement in Schaden-/Unfall-Versicherungsunternehmen, in: Zeitschrift für die gesamte Versicherungswissenschaft, Band 90, 2001, S. 101-137.

Gassner, M. (2005):
Harmonisierung der Aufsichtsregeln, in: Wirtschaft regional, 26. März 2005, S. 6.

Gerling, R. (1986):
Ein Marketing-Konzept für Industrieversicherer, in: Rühli, E. / Krulis-Randa, J. S. (Hrsg.), Schriftenreihe des Instituts für Betriebswirtschaftliche Forschung an der Universität Zürich, Band 56, Bern.

Gesamtverband der Deutschen Versicherungswirtschaft (GDV) (Hrsg.) (2005):
Pressedienst der Versicherungswirtschaft: Versicherungswirtschaft 2004 mit 2,9 % Wachstum, URL: http://www.gdv.de/presseservice/index.html [Stand 06.04.2004].

Gesamtverband der Deutschen Versicherungswirtschaft (GDV) (Hrsg.) (2004a):
Jahrbuch 2004, Die deutsche Versicherungswirtschaft, Berlin, URL: http://www.gdv.de/presseservice/index.html [Stand: 19.10.2004].

Gesamtverband der Deutschen Versicherungswirtschaft (GDV) (Hrsg.) (2004b):
Statistisches Taschenbuch der Versicherungswirtschaft 2004, Berlin, URL: http://www.gdv. de/presseservice/index.html [Stand: ohne Angabe].

Gesamtverband der Deutschen Versicherungswirtschaft (GDV) (Hrsg.) (1998):
Langfristtrends und Perspektiven der Versicherungswirtschaft, Karlsruhe.

Herold, B. (1999):
Die Zukunft der Industrieversicherung, in: Zeitschrift für Versicherungswesen, Band 50, 18/1999, S. 515-521.

Herold, B. / Paetzmann, K. (1999):
Alternativer Risiko Transfer, München.

Hink, E. (1992):
Betriebliche Versicherungen: Was versichern? Wie versichern?, in: Bartz, W. J. (Hrsg.), Kontakt&Studium, Band 368, Ehningen bei Böblingen.

Johanntoberens, M. (2002):
Industrie-Haftpflichtversicherung und Risiko-Management: Entscheidungsfindungen in Fragen der Versicherbarkeit, in: Krohn, W. / Weingart, P. (Hrsg.), Studien zur Wissenschafts- und Technikforschung, Wiesbaden.

Knospe, J. (2003):
Industrieversicherer auf dem Rückzug, in: Zeitschrift für Versicherungswesen, Band 54, 11/2003, S. 309-310.

Knospe, J. (2002):
Vom heilenden Charakter des 11. September 2001, in: Zeitschrift für Versicherungswesen, Band 53, 19/2002, S. 608-609.

Koch, P. (1998):
Versicherungswirtschaft: ein einführender Überblick, 5. überarbeitete und aktualisierte Auflage, Karlsruhe.

Kosmider, H. P. (2004):
Kostenmanagement durch (Dienst-)Leistungssteuerung und durch Kooperationen, in: Eichhorn, P. / Püttner, G. (Hrsg.), Zeitschrift für öffentliche und gemeinwirtschaftliche Unternehmen, Beiheft 31/2004, S. 21-31.

Langsch, M. (2005):
ART - ein hilfreiches Instrument zur Risikofinanzierung oder ein akademischer Beitrag zum Risikomanagement? Alternativ: Bleibt der Nutzen von Captives in Deutschland weiterhin begrenzt?, URL: http://www.finance.uni-frankfurt.de/laux/downpub/1547.pdf [Stand: 02.02. 2005].

Müller-Manzke, U. (1969):
Grundlagen der Preisbildung in der Industrieversicherung, in: Frankfurter wirtschafts- und sozialwissenschaftliche Studien, Heft 20, Berlin.

Pimentel, M. R. (1999):
Zusammenarbeit im elektronischen Marktplatz, in: Versicherungswirtschaft, Band 54 I, 8/1999, S. 513-516.

Prokop, H. (2004):
Konzern- und Kooperationsstrukturen bei öffentlichen Versicherungsunternehmen, in: Eichhorn, P. / Püttner, G. (Hrsg.), Zeitschrift für öffentliche und gemeinwirtschaftliche Unternehmen, Beiheft 31/2004, S. 86-97.

Schmid, P. (2000):
Industrieversicherung und Nicht-Leben Rückversicherung - Neubeginn statt Sanierung?, in: Zeitschrift für Versicherungswesen, Band 51, 21/2000, S. 742-744.

Schuppener, J. / Tillmann, W. (1999):
KonTraG: Auswirkungen auf Kreditgeschäft und Bonitätsprüfung, in: Kreditpraxis, Heft 2/1999, Seite 20-23.

Die Abgrenzung von Privatkunden und Gewerbe-/ Industriekunden in der Versicherungswirtschaft

Andrzej Kraszka

Inhalt

1. Einleitung

Versicherungen werden von vielen verschiedenen Kunden nachgefragt. Versicherungsunternehmen, die Unterschiede zwischen ihren Kunden ausmachen und sie nach diversen Merkmalen kategorisieren, können ihren Umsatz durch abgepasste Produkte und effektivere Absatzverfahren steigern. Das Ziel der vorliegenden Hausarbeit ist es, einen Überblick über die Kundengruppen der Privat- und Firmenkunden zu geben, diese zu charakterisieren und Unterschiede festzumachen. Darüber hinaus werden die Privat- und Firmenkunden hinsichtlich ihrer Transaktionskosten und ihrer Risikoeinstellung voneinander abgegrenzt. Anschließend werden einige Gründe erläutert, weshalb es sich für Unternehmen lohnen könnte, Versicherungen nachfragen, auch wenn dies zunächst als nicht notwendig erscheint.

2. Kundengruppen in der Versicherungswirtschaft

2.1 Bildung von Kundengruppen

Versicherungsunternehmen fassen ihre Kunden zu so genannten Kundengruppen[1] zusammen, die sich dann nach verschiedenen Kundentypen untergliedern. Die Bildung von Kundengruppen ist von Vorteil, weil sie den Versicherern erlaubt, bessere, auf die Kunden abgestimmte Absatz- und Marketingentscheidungen zu treffen. Ausgehend von der Annahme, dass Kunden einer Kundengruppe eine ähnliche Risikolage und dadurch einen ähnlichen Versicherungsbedarf haben, können die Versicherungsunternehmen ihre Produkte entsprechend gestalten. Ein ähnliches Beschaffungs- bzw. Nachfrageverhalten innerhalb einer Kundengruppe erlaubt es abgestimmte Absatzverfahren zu entwickeln, um so die potenziellen Kunden noch besser erreichen zu können. Die Versicherungskunden lassen sich grob in vier Gruppen einordnen:[2]

- gewerbliche Kunden,
- Freiberufler,
- Privatkunden und
- öffentliche Haushalte.

Die öffentlichen Haushalte sind nur insofern Kunden, wie sie Versicherungen am Markt nachfragen. I. d. R. nutzen öffentliche Haushalte die Selbstversicherung. Da sie aber zu keiner der anderen Gruppen zugeordnet werden können, werden sie hier explizit genannt. Es ist Auslegungssache, ob man die freien Berufe (Steuerberater, Ärzte) als einen Typ der gewerblichen Kunden ansieht oder ob man für sie eine eigene Kundengruppe bildet. Zwar weisen diese Berufszweige ein gewisses Unternehmertum auf, ihre berufliche und private Risikolage sind aber oft miteinander verwoben (z. B. Arzt mit Praxis im eigenen Haus). Fraglich ist auch, wo kleingewerbliche Ein-Personen-Unternehmen oder Kleinbauern einzuordnen sind. Diese Kundentypen nehmen ebenfalls eine Mittelstellung zwischen den Privat- und den Gewerbekunden ein und können nicht problemlos zugeordnet werden, weil sie Merkmale beider Kundengruppen enthalten. Als Kriteri-

[1] Vgl. Farny, D. (2000), S. 389.
[2] Vgl. Farny, D. (2000), S. 391.

um könnte man hier anführen, dass diese Personengruppen in die Kategorie eingeordnet werden, dessen Merkmale überwiegen. Viel wahrscheinlicher ist jedoch, dass diese Personen Versicherungen mehrerer Kundengruppen nachfragen. Insofern ist es für ein Versicherungsunternehmen schwieriger Kunden aus diesen Personengruppen marketingtechnisch anzusprechen.

2.2 Firmenkunden

Die Kundengruppe der gewerblichen Kunden (auch Firmenkunden genannt) umfasst eine sehr große Gruppe von Kunden. Zwar haben alle das gemeinsame Merkmal, dass es alles gewerbliche Kunden sind (Inhaber eines Gewerbescheins oder am Amtsgericht eingetragene Unternehmen), jedoch unterscheiden sie sich untereinander noch zu sehr, als dass man sie alle mit den gleichen Versicherungsleistungen ansprechen könnte.

Die Gruppe der gewerblichen Kunden kann in Untergruppen wie z. B. Industrie- und Großgewerbekunden, zu denen Konzerne und große Industriebetriebe gehören, unterteilt werden. Des Weiteren werden noch die Untergruppen der gewerblichen mittelständischen Kunden und der Landwirte unterschieden. Wie fein die Aufgliederung vorgenommen wird bleibt letztendlich dem Versicherungsunternehmen selbst überlassen. Die Gewerbekunden zeichnen sich vor allem durch die Möglichkeit von Großschäden und den damit verbundenen hohen Schadenssummen aus. Bei Betrieben, die eine bestimmte Größenordnung überschreiten oder eine Zusammenballung erheblicher Werte aufweisen, ist ein Trend zu Großschäden[3] zu beobachten, wodurch diese mit einem besonderen Großschadenrisiko behaftet sind. Die Gewerbekunden fragen eigens für sie entwickelte oder an ihren Bedarf angepasste Versicherungsprodukte nach. Dazu gehören z. B.:

- Sachversicherung,
- Betriebsunterbrechungs-Versicherung,
- Betriebliche Haftpflichtversicherung,
- (Industrie-)Feuerversicherung,

---

3 Vgl. Koch, P. (1994).

- Transportversicherung,
- Firmengruppenversicherung und
- Firmenschutzbrief.

Je nach Versicherung müssen die Versicherungsnehmer bestimmte Auflagen oder bestimmte Voraussetzungen erfüllen (z. B. mindestens 10 Fahrzeuge beim Firmenschutzbrief versichern). Die Analyse des Bedarfs und des Angebots auf dem Markt wird i. d. R. von Sachverständigen innerhalb der Unternehmen übernommen, so dass der Beratungsbedarf bei Firmenkunden eher gering ist. Da die gewerblichen Kunden aber ganz individuelle Versicherungsbedarfe haben, ist der Individualisierungsgrad der für sie angebotenen Produkte meist sehr hoch. Firmenkunden können über Rücklagenbildung auch eine Form von Selbstversicherung realisieren.

2.3 Privatkunden

Auch die privaten Haushalte können nach diversen Kriterien weiter aufgegliedert werden. Üblich sind Gliederungen nach Haushaltsgröße (Anzahl der Familienmitglieder) oder Lebenszyklusphase des Haushaltes (z. B. Aufbauphase ohne Kinder oder Konsolidierungsphase mit älteren Kindern). Die Privatkunden zeichnen sich durch im Durchschnitt geringere Schadenssummen aus. Auch das Risiko von Großschäden ist in diesem Bereich nicht zu finden. Zu den typischen von Privatkunden nachgefragten Versicherungsprodukten gehören z. B.:

- Hausratversicherung,
- Kfz-Haftpflichtversicherung,
- Unfallversicherung,
- Lebensversicherung sowie die
- Rechtschutzversicherung.

Da die privaten Haushalte i. d. R. ihren Versicherungsbedarf nicht einschätzen können und ihnen der Überblick über das Marktangebot fehlt, benötigen sie eine umfassende und sorgfältige Beratung und Betreuung. Die Versicherungsunternehmen müssen für diese Kundengruppe daher ausreichend viele Außendienstmitarbeiter bereitstellen und mit freien Vermittlern zusammenarbeiten. Die Produkte, die Privatkunden angeboten werden, sind zumeist normierte Standardprodukte die auf eine durchschnittliche Risikolage mit einem durchschnittlichen Versicherungsbedarf abgestimmt sind. Dadurch lassen sich die Schutzbedürfnisse der Privatkunden zwar nicht voll abdecken, aber die Normierung senkt die Kosten der Leistungserstellung und des Absatzes.

Für die privaten Haushalte ist es oft bequemer, möglichst viele Risiken mit einer einzigen kombinierten Versicherungspolice abzudecken, statt viele Einzellösungen nachzufragen. Solche kombinierten Lösungen werden auch All-Risk[4]- oder Multi-Risk-Lösungen genannt. Zwar treffen diese Produkte den wahren Versicherungsbedarf der Kunden nicht ganz, dennoch setzten sich diese Produkte zunehmend durch. Der Individualisierungsgrad der Produkte ist folglich klein. Sollte eine individuelle Anpassung notwendig sein, werden i. d. R. mehrere genormte Standardprodukte zu einem „Versicherungs-Paket" geschnürt. Oft werden im Bereich des Privatkundengeschäfts kombinierte Produkte angeboten, die aus einer Versicherung und einem Kredit bestehen. Ein Absatzmarkt wären z. B. Kunden, die vorhaben ein Haus zu bauen oder eine Immobilie zu kaufen. Dabei fragen sie zum einen einen Kredit zur Finanzierung der Immobilie nach, und zum anderen wollen sie die Letztere auch versichern. Solche, Allfinanz-Produkte genannten, Dienstleistungskombinationen werden hauptsächlich von Privatkunden in Anspruch genommen, jedoch kommen solche Lösungen auch bei Freiberuflern und kleinen Unternehmen zur Anwendung.

3. Transaktionskosten bei der Versicherungsnachfrage

3.1 Begriff der Transaktionskosten

In diesem Kapitel sollen die Unterschiede zwischen Privat- und Firmenkunden im Hinblick auf die bei der Nachfrage von Versicherungsdienstleistungen entstehenden Transaktionskosten herausgearbeitet werden. Hierzu ist es zunächst notwendig, den Begriff der Transaktionskosten zu klären. Der Terminus „Transaktionskosten" entspringt der Transaktions-

---

4 Vgl. Farny, D. (2000), S. 373.

kostentheorie nach Coase. Der Nobelpreisträger begründete 1937 in seiner Transaktionskostentheorie die Existenz von Unternehmen mit der These, dass die Benutzung des Marktes (Transaktions-) Kosten verursacht und diese durch Einrichtung einer Unternehmung gesenkt oder vermieden werden können.[5] Obwohl der Begriff der Transaktionskosten sehr häufig in der Literatur angewendet wird, ist eine klare Definitionen des Begriffs nicht zu finden. Die Transaktion wird ganz allgemein als Güter- oder Leistungstransfer bzw. als Aktivität im Zusammenhang mit einem Güter- oder Leistungstransfer betrachtet,[6] deren Kosten Transaktionskosten genannt werden. Transaktionskosten einer Transaktion könnten demnach sein:

- Anbahnungskosten (z. B. Anreise- oder Beratungskosten),
- Vereinbarungskosten (z. B. Verhandlungskosten, Kosten für Abstimmung von Produktion und Vertrieb),
- Abwicklungskosten (z. B. Managementkosten der Führung und Kommunikation),
- Anpassungskosten (z. B. Zusatzkosten aufgrund nachträglicher Änderungen) sowie
- Kontrollkosten (z. B. für Qualitäts- und Terminüberwachung).

Für die vorliegende Arbeit soll der Begriff der Transaktionskosten jedoch noch ein wenig ausgedehnt werden. Eine Legitimation dafür ergibt sich aus der Tatsache, dass Coase eine sehr weite Auslegung des Transaktionskostenbegriffs erlaubt und in ihm die Begriffe „costs“ und „disadvantages“ vereinigt.[7] Die Transaktionskosten sollten also nicht wie so oft auf ihre monetäre Seite reduziert werden, sondern auch nicht-monetäre Kosten bzw. Nachteile (z. B. Verlust von Vertrauen, Verschlechterung des eigenen Images, Zeitaufwand, etc.) beinhalten. In diesem Sinne können weitere Kosten wie z. B. Such-, Informations-, Entscheidungs- und Wechselkosten bei Abschluss einer Versicherungspolice in den Oberbegriff der Transaktionskosten einfließen.

---

5 Vgl. Coase, R. (1937).
6 Vgl. Neugebauer, H. (1995), S. 44.
7 Vgl. Neugebauer, H. (1995), S. 50.

3.2 Transaktionskosten der Privatkunden

Empirische Untersuchungen haben ergeben, dass Privatkunden im Bezug auf die von ihnen nachgefragten Versicherungen zwar unterschiedlich, jedoch oft schlecht informiert sind. Als Beispiel kann hierzu eine Untersuchung des Instituts für Versicherungsbetriebslehre an der Universität Hannover dienen,[8] wonach ein Viertel der Befragten sich nicht über die Tatsache im Klaren war, dass Versicherungsunternehmen für die Kfz-Haftpflichtversicherung verschiedene Preise verlangen. Die restlichen 75 %, die sich über die Preisunterschiede bewusst waren, sollten eine subjektive Einschätzung über die Höhe des von ihnen gezahlten Beitrags abgeben. Dabei konnten gerade mal 38,7 % der Befragten richtig einschätzen, ob ihre Kfz-Haftpflichtversicherung zu den teureren oder den günstigeren gehörte oder ob sie im Mittelfeld lag.

Ca. 35 % der Befragten hatte ihre Versicherung günstiger eingeschätzt, als sie tatsächlich war. Dies lässt sich dadurch erklären, dass zum einen die Haushalte nicht über alle möglichen Informationen verfügten und zum anderen die Beschaffung der Informationen gewisse Kosten verursachte,[9] die die Haushalte nicht bereit waren aufzuwenden und ihre Entscheidung somit in einer suboptimalen Nachfrage einer Kfz-Versicherung mündete. Die Auswahl einer geeigneten Versicherung ist also mit Informations- und Suchkosten verbunden, die der Nachfrager aufwenden muss. Private Haushalte sind i. d. R. nicht gewillt, eine umfassende Recherche des Versicherungsmarktes vorzunehmen oder tun dies nur in einem unzureichenden Maße.

Ein weiteres interessantes Ergebnis war, dass ca. 26 % der Befragten ihre Kfz-Haftpflichtversicherung als teurer eingeschätzt haben. Dies bedeutet, dass diese Befragten bei ihrem teureren Versicherer verblieben sind, obwohl sie sich der Existenz günstigerer Alternativen bewusst waren. Dieses Phänomen lässt sich u. a. durch die so genannten Anbieterwechsel- und Anpassungskosten erklären. Die Wechselkosten können je nach Versicherungsart vom Versicherungsunternehmen stark beeinflusst werden. So ist die Erstattung der Beiträge bei vorzeitiger Kündigung (Rückkaufswert) ei-

---

[8] Vgl. Schulenburg, J.-M. Graf von der (2005), S. 548 ff.
[9] Vgl. Schulenburg, J.-M. Graf von der (2005), S. 327 ff.

ner Lebensversicherung sehr niedrig. Damit versucht der Versicherer den Kunden an sich zu binden und ein Abwandern zu anderen Versicherungsanbietern zu unterbinden. Aber auch ohne die Notwendigkeit der Kündigung eines Vertrages (z. B. bei Abschluss neuer Versicherungsverträge) verharren viele Privatkunden bei ihrem Versicherer, obwohl sie wissen, dass es günstigere Anbieter gibt.[10] Eine Erklärung hier für könnte z. B. die Bequemlichkeit oder Trägheit der Kunden sein und der damit verbundene Unwille nach einem neuen Anbieter zu suchen. Jedoch sind auch andere nicht-monetäre Transaktionskosten denkbar, z. B. das Vertrauen zu einem seit vielen Jahren bekannten Versicherungsvertreter, der die finanzielle, familiäre und berufliche Situation seines Kunden kennt und ihm auf ihn zugeschnittene Versicherungslösungen anbieten kann. Bei einem Wechsel zu einem anderen Versicherer, müsste das Vertrauen neu aufgebaut werden und der Kunde hätte dem neuen Vertreter alle relevanten Informationen zu liefern.

Bei dem oben beschriebenen Verhalten der Haushalte, ist es nicht weiter verwunderlich, dass es neben der Auswahl eines zu teuren Anbieters auch zu einer falschen Einschätzung des eigenen Versicherungsbedarfs kommen kann. Mangelnder Sachverstand, falsche Annahmen und die fehlende Bereitschaft Informationskosten zu tragen, können zur Nachfrage einer nicht benötigten Versicherung oder dem Verzicht auf eine eventuell sinnvolle Versicherung führen.

Zusammenfassend lässt sich sagen, dass Privatkunden sich bei der Nachfrage von Versicherungsleistungen erheblichen Transaktionskosten gegenübersehen, die für die Beschaffung von Informationen, Entscheidungskosten bei der Wahl der benötigten Versicherung und das Suchen günstiger Anbieter aufgewendet werden müssen. Werden diese Transaktionskosten umgangen, kann dies andere Transaktionskosten nach sich ziehen, die mit dem Wechsel des Anbieters oder der Anpassung des eigenen Versicherungs-Portfolios verbunden sind.

---

10 Vgl. Schulenburg, J.-M. Graf von der (1989), S. 11.

3.3 Transaktionskosten von Firmenkunden

Nachdem die Transaktionskosten der Privatkunden betrachtet wurden, sollen nun die Transaktionskosten der Unternehmen näher beleuchtet werden. Generell kann man davon ausgehen, dass die Unternehmen sich in einer ähnlichen Situation befinden wie Privathaushalte. Auch Unternehmen müssen ihren Bedarf an Versicherungen einschätzen und abdecken. Auch hier fallen die bereits erwähnten Such- und Informationskosten an. Diese können sogar aufgrund der höheren Komplexität der Bedarfsbestimmung und der größeren Anzahl benötigter Versicherungen weit höher liegen, als es bei den Privathaushalten der Fall ist. Da jedoch im Firmenkundenbereich die Versicherungsbeiträge deutlich höher sind und eine fehlende Versicherung (z. B. Industrie-Feuerversicherung) verheerende Folgen für ein Unternehmen haben kann, haben Firmen ein berechtigtes Interesse die anfallenden Transaktionskosten zu tragen und nach Möglichkeit alle Risiken durch Auswahl geeigneter Versicherungen bei günstigen Anbietern abzudecken. Hierbei haben die Unternehmen, die ihre Transaktionskosten niedrig halten und ihr Portfolio an Versicherungsverträgen auf ihre individuelle Risikosituation zuschneiden, einen Kostenvorteil gegenüber Unternehmen, die dies nicht tun. Folglich stellt sich für Unternehmen die Frage, wie sie eine optimale und kosteneffiziente Risikoabdeckung erreichen können. Es gibt verschiedene Einflussfaktoren, die die Transaktionskosten bei der Beschaffung von Versicherungen beeinflussen können.[11] Diese können grob in drei Kategorien eingeordnet werden:

- menschliche Faktoren (z. B. beschränkte Rationalität, Opportunismus),
- sachliche Faktoren (z. B. Komplexität der eigenen Risikosituation und die damit verbundenen Probleme bei der Einschätzung des Versicherungsbedarfes. Unsicherheit über die sich ändernden Umweltzustände etc.) und
- infrastrukturelle Faktoren (z. B. technische Ausstattung, die z. B. zur Informationsgewinnung genutzt werden kann).

[11] Vgl. Neugebauer, H. (1995), S. 85.

Wie weiter oben gezeigt wurde, fällt es privaten Haushalten schwer, ihre Transaktionskosten zu reduzieren, weil sie die genannten Faktoren nicht immer hinreichend beeinflussen können oder wollen. Das wichtigste Mittel, um die Einflussfaktoren der Transaktionskosten negativ zu beeinflussen (also diese zu verringern) ist der Sachverstand von Fachkräften, die in der Lage sind die Schutzbedürftigkeit des Unternehmens zu beurteilen, den Versicherungsmarkt zu analysieren und die geeigneten Versicherungen abzuschließen. Unterstützt von der notwendigen technischen Ausstattung können die Fachleute die individuelle Risikoabdeckung zu geringeren Transaktionskosten herbeiführen. Aus diesem Grunde findet man in Unternehmen zumindest einen Sonderbeauftragten für Versicherungsfragen. In den meisten Unternehmen sind ganze Versicherungs-Abteilungen und Stäbe zu finden, die das Management in Versicherungsfragen beraten und für das Risk-Management zuständig sind, d. h. für die Planung, Durchführung und Kontrolle von Sicherungsmaßnahmen zur Risikominimierung. Große Konzerne übertragen diese Aufgaben an rechtlich selbständige Versicherungs(tochter)gesellschaften (Captive Company), die die Risiken des Konzerns (ausschließlich oder überwiegend) versichern und Schadensfälle regulieren.

Die Versicherungsabteilungen reduzieren ihre Transaktionskosten u. a. auch dadurch, dass sie durch die große Häufigkeit der von ihnen durchgeführten Tätigkeiten über die Zeit Spezialisierungsvorteile generieren. Eine Captive Company[12] kann zudem durch Vereinheitlichung und Koordination des gesamten Versicherungsschutzes innerhalb des ganzen Konzerns die Transaktionskosten weiter reduzieren und durch Vermittlung betrieblicher Versicherungen und Vermittlung von Versicherungen an Betriebsangehörige ihre laufenden Kosten senken.

3.4 Zusammenfassung

Es ist festzustellen, dass Unternehmen je nach Bedarf einen hohen Aufwand betreiben, um eine optimale Risikoabsicherung zu gewährleisten. Durch Sachverständige, technische Unterstützung, Spezialisierungsvorteile

[12] Vgl. Koch, P. (1994).

und die Vereinheitlichung / Koordination des Versicherungsschutzes ganzer Konzerne von einer Stelle aus, können die anfallenden Transaktionskosten auf ein Minimum reduziert werden. Private Haushalte haben solche Möglichkeiten nicht. Da sie nur ab und zu Versicherungsverträge abschließen, können sie keine Spezialisierungsvorteile generieren. Der Abstand zwischen den Abschlüssen ist relativ groß, bei jedem Mal muss der Versicherungsmarkt nach aktuellen Angeboten und Anbietern durchsucht werden. Natürlich können sich die Privatkunden auch vertrauensvoll in die Hände eines ausgewählten Versicherungsvertreters begeben, jedoch treffen sie damit auch eine Vorauswahl des Versicherungsunternehmens und sind dann bei ihrer Nachfrage auf das Angebot eben dieses Versicherers beschränkt. Sie akzeptieren damit auch die vom Versicherer diktierten Preise.

4. Risikoeinstellung der Versicherungsnehmer

Bei der Risikoeinstellung (auch Risikopräferenz genannt) handelt es sich um die Einstellung des Wirtschaftssubjektes zum Risiko. Es werden drei verschiedene Arten unterschieden:

- Risikoaversion (mögliche Vermeidung jeglicher Risiken / Gefahren),
- Risikoneutralität und
- Risikofreude (bewusstes Inkaufnehmen von Risiken).

Am einfachsten lässt sich der Zusammenhang mit Hilfe eines Beispiels verdeutlichen. Nehmen wir an, ein Wirtschaftssubjekt hat die Möglichkeit an einem von zwei Spielen teilzunehmen. Beim ersten Spiel hat es eine 100 %-ige Chance eine (sichere) Auszahlung von 50€ zu bekommen. Beim anderen Spiel hat es eine 50 %-ige Chance 100€ zu gewinnen oder mit einer Wahrscheinlichkeit von 50 % nichts zu gewinnen. In beiden Fällen ist der Erwartungswert der Auszahlungen $E(x) = 50€$. Für welches Spiel sich das Wirtschaftsubjekt entscheidet hängt von seiner Risikoeinstellung ab.

Privaten Haushalten wird Risikoaversion unterstellt.[13] Die Haushalte lehnen Risiken und Gefahren ab. Ihre Nutzenfunktion hat einen konkaven Verlauf: ($U'(x) > 0$ und $U''(x) < 0$).

[13] Vgl. Prechtl, C. (2004), S. 2.

Abbildung 1: Nutzenfunktion bei Risikoaversion

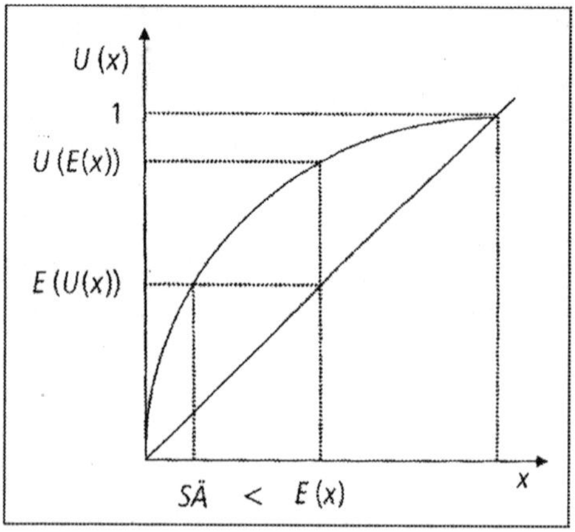

Quelle: Schulenburg, J.-M. Graf von der (2005), S. 233.

Das bedeutet, dass große Verluste überproportional, große Gewinne dagegen unterproportional hoch bewertet werden.[14] Die Haushalte bewerten den Erwartungsnutzen einer unsicheren Auszahlung niedriger, als den Nutzen der sicheren Auszahlung: E[U(x)] < U[E(x)]. Folglich wird sich der private Haushalt für das erste Spiel, also die sichere Auszahlung von 50€ entscheiden. Das Sicherheitsäquivalent, also eine sichere Auszahlung, die zum gleichen Nutzen führt wie die Lotterie, ist bei risikoaversen Wirtschaftssubjekten kleiner als der Erwartungswert der Auszahlung: SÄ < E(x). Ein risikoscheuer privater Haushalt hat also ein Interesse daran, sich durch die Nachfrage von Versicherungsdienstleistungen gegen drohende Risiken abzusichern und so von E(x) auf sein SÄ zu kommen, weil er dadurch eine Nutzensteigerung erfährt. Dies gilt auch dann, wenn die Prämie höher ist als der Schadenerwartungswert.

Handelt es sich bei dem Wirtschaftssubjekt um ein Unternehmen, wird es zwischen beiden Spielen indifferent sein. Unternehmen wird hierbei Risikoneutralität unterstellt.[15] Die Nutzenfunktion hat also einen linearen Verlauf: (U(x) = a*x).

14 Vgl. Schulenburg, J.-M. Graf von der (2005), S. 232.
15 Vgl. Nickel, A. (1998), S. 434-435.

Abbildung 2: Nutzenfunktion bei Risikoneutralität

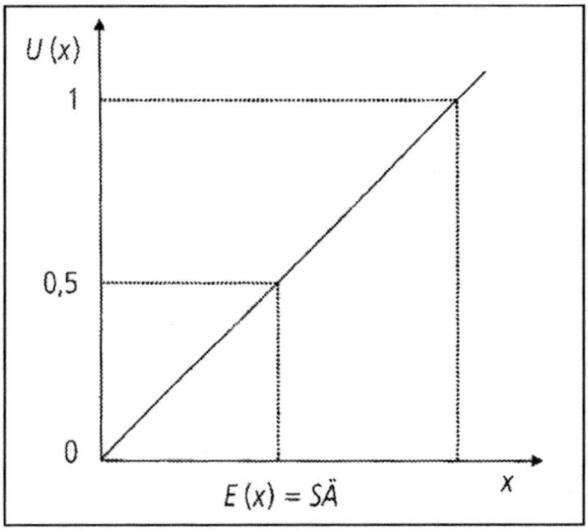

Quelle: Schulenburg, J.-M. Graf von der (2005), S. 231.

Der Erwartungsnutzen der unsicheren Größe wird gleich hoch eingeschätzt wie der Nutzen des sicheren Erwartungswertes: E[U(x)] = U[E(x)] und E(x) = SÄ. Es wird im Allgemeinen angenommen, dass für das Unternehmen lediglich der Erwartungswert der Auszahlungen von Interesse ist. Da der Erwartungswert in beiden Fällen E(x) = 50€ ist, wäre es für ein Unternehmen egal an welchem der beiden Spiele es teilnimmt. Unternehmen sind also nur an der Maximierung ihrer erwarteten Gewinne interessiert. Sie fragen Versicherungsdienstleistungen nur dann nach, wenn die zu zahlende Prämie mit dem Schadenserwartungswert übereinstimmt.

Liegt Risikofreude vor, nimmt die Nutzenfunktion einen konvexen Verlauf an: (U'(x) > 0 und U''(x) > 0).

Abbildung 3: Nutzenfunktion bei Risikofreude

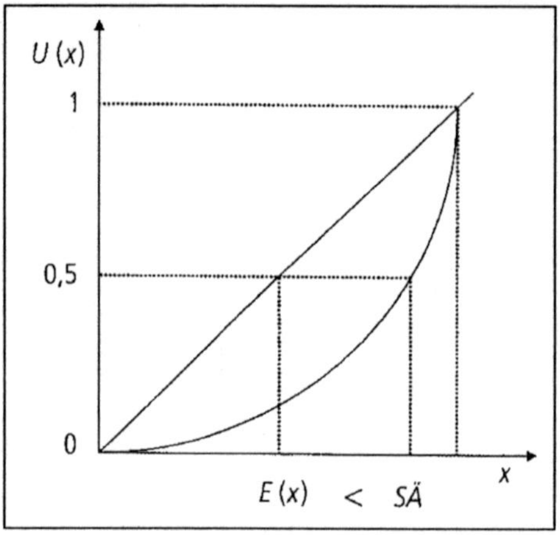

Quelle: Schulenburg, J.-M. Graf von der (2005), S. 232.

Bei Risikofreude ist der Erwartungsnutzen der unsicheren Auszahlung größer als der Nutzen des Erwartungswertes. Das Sicherheitsäquivalent ist also größer als der Erwartungswert: E[U(x)] > U[E(x)] und E(x) < SÄ. Das Wirtschaftssubjekt erfährt in diesem Fall nur dann eine Nutzensteigerung aus dem Abschluss einer Versicherung, wenn die Prämie unter dem Schadenerwartungswert liegt. Ein solches Verhalten mag auf den ersten Blick „irrational" erscheinen, ist in der Realität jedoch durchaus zu beobachten, z. B. bei Prämiensparern oder Glückspielern. Gleiches gilt auch für Angestellte, die sich selbständig machen oder auf Provisionsbasis arbeiten (z. B. Staubsaugervertreter).

Zusammenfassend kann festgestellt werden, dass im Hinblick auf die Risikoeinstellung zwischen Privat- und Firmenkunden deutliche Unterschiede vorliegen. Während die privaten Haushalte eine Nutzensteigerung durch die Nachfrage von Versicherungen erfahren, können sich risikoneutrale Unternehmen durch den Abschluss einer zusätzlichen Versicherung nicht besser stellen.

5. Weitere Anreize für Unternehmen Versicherungen nachzufragen

In dem vorliegenden Kapitel soll eine kleine Auswahl von zusätzlichen Anreizen vorgestellt werden, die ein Unternehmen dazu bewegen könnten, Versicherungen abzuschließen.

5.1 Kontrolle des Managements

Ein Anreiz könnte es sein, das Management mittels einer Versicherung zu kontrollieren[16] bzw. das Management davon abzuhalten, seine eigenen Interessen zu verfolgen und nicht im Sinne der Anteilseigner zu handeln. Dieser Zusammenhang lässt sich am besten an Hand eines Beispiels verdeutlichen. So wird bei Gesellschaften die sich im Streubesitz befinden, also viele Anteilseigner haben, i. d. R. ein Vorstand oder ein Geschäftsführer bestellt, um das Unternehmen zu leiten. Da Manager heute oft zu einem bestimmten Anteil erfolgsabhängig bezahlt werden, haben sie auch ein berechtigtes Interesse diesen Erfolg herbeizuführen. Gleiches gilt auch für Manager des mittleren Managements, die außer der erfolgsabhängigen Entlohnung auch auf eine Beförderung hoffen, wenn sie in ihrer derzeitigen Position erfolgreich arbeiten. Der Erfolg ihrer Tätigkeit wird oft an dem von ihnen erwirtschafteten Gewinn gemessen. Ein karriereorientierter Manager könnte versuchen, den Gewinn der von ihm geleiteten Abteilung zu maximieren, in dem er bestimmte Investitionen unterlässt. Eine solche Investition könnte z. B. der Einbau einer Sprinkler-Anlage sein, oder eine Generalüberholung von Maschinen. Kurzfristig kann er dadurch die Kosten der Abteilung senken und den Gewinn steigern. Langfristig kann sich das jedoch negativ auswirken, z. B. im Falle eines Feuers oder eines Maschinenschadens und des damit zusammenhängenden Produktionsausfalls. Da der Manager aber davon ausgeht, dass dies nicht während seiner Einsatzzeit passiert, konzentriert er sich darauf, die Kosten kurzfristig gering zu halten und die nötigen Investitionen seinem Nachfolger zu überlassen. Da die Anteilseigner aber an der langfristigen Sicherheit ihrer Investition interessiert sind, handelt der Manager nicht in ihrem Sinne. Um dem

16 Vgl. Mayers, D. / Smith C. W. Jr. (1982), S. 195.

vorzubeugen, könnte ein Unternehmen eine Versicherung abschließen (z. B. Industrie-Feuerversicherung). Viele Versicherungsverträge schreiben dem Versicherungsnehmer ein bestimmtes Verhalten vor. So kann der Versicherer bei Abschluss einer Feuerversicherung z. B. verlangen, dass eine Sprinkler-Anlage eingebaut und regelmäßig gewartet wird und behält sich vor, die Schadenssumme nicht auszuzahlen, wenn der Versicherungsnehmer die Erfüllung der Bedingungen versäumt. In einem solchen Fall liegt der Einbau der Sprinkler-Anlage oder deren Wartung nicht mehr allein im Entscheidungsspielraum des Managers. Er ist praktisch gezwungen die Bedingungen der Versicherung zu erfüllen und die nötigen Investitionen zu tätigen, da sonst die Schuld für das Nichtausbezahlen der Schadenssumme auf ihn zurückfällt. Der Abschluss der Versicherung schränkt den Manager also in seinen Entscheidungen etwas ein und verhindert, dass er in seinem eigenen Interesse handelt, statt im Interesse der Anteilseigner.

5.2 Wahrung der Stakeholder-Interessen

Ein weiterer Anreiz könnte die Sicherstellung der Interessen diverser Stakeholder mittels Abschluss einer Art Insolvenz-Versicherung sein.[17] Zu den Anspruchsgruppen, die von einer solchen Versicherung profitieren würden, gehören allen voran die Kapitalgeber. Eine Bank, die einem Unternehmen ein Kredit gewährt, muss immer befürchten, dass das Unternehmen insolvent wird und den Kredit nicht zurückzahlen kann. Insbesondere dann, wenn das Unternehmen vor der Kreditaufnahme ankündigte in sichere Projekte zu investieren, hinterher aber doch verstärkt in unsichere Projekte mit höheren erwarteten Gewinnen investiert. Der Kapitalgeber antizipiert ein solches Verhalten und stellt sein Kapital nur zu erhöhten Zinsen zur Verfügung. Die Interessen des Kapitalgebers könnten durch eine Insolvenz-Versicherung gewahrt bleiben, was sich auch in niedrigeren Zinsen bemerkbar machen würde. Eine andere Gruppe von Stakeholdern könnten z. B. Lieferanten sein, die nicht mehr befürchten müssen, dass ihre Lieferungen nicht bezahlt werden und gewähren sogar ein längerfristiges Zahlungsziel. Auch die Mitarbeiter des Unternehmens profitieren von der Versicherung, weil durch die Versicherung die Wahrscheinlichkeit einer

17 Vgl. Mayers, D. / Smith C. W. Jr. (1982), S. 196.

Kündigung herabgesenkt wird. Sie sind dann eventuell sogar bereit für weniger Lohn zu arbeiten, weil sie einen Nutzen dadurch erfahren, dass ihr Arbeitsplatz sicher ist.

5.3 Transaktionskosten der Selbstversicherung und des Konkurses

Jedes Unternehmen kann durch die Bildung von Rücklagen eine Selbstversicherung realisieren und auf eine externe Versicherung bei einem Versicherer verzichten. Jedoch ist dabei zu beachten, dass bei der Regulierung eines eventuellen Schadens (für den die Rücklagen bestimmt waren) Transaktionskosten anfallen. Insbesondere dann, wenn es bei der Abwicklung zu einem Gerichtsverfahren kommt, welches sich länger hinzieht, muss sich das Unternehmen mehr in die Abwicklung engagieren als ursprünglich angenommen. Versicherungsunternehmen realisieren Vorteile durch ihre Spezialisierung auf dem Gebiet der Versicherungsleistungen und Skaleneffekte aufgrund der großen Häufigkeit der Fälle. Dadurch ist es ihnen möglich die anfallenden Versicherungsfälle zu niedrigeren Transaktionskosten zu regulieren,[18] als ein Unternehmen es könnte, welches nicht darauf spezialisiert ist. Dadurch kann es für ein Unternehmen lohnenswert sein, auf eine Selbstversicherung zu verzichten und stattdessen eine Versicherung abzuschließen. Auch der Insolvenz-Fall birgt hohe Transaktionskosten in sich. Vor allem die Manager haben hierbei viel zu verlieren. Sie müssen u. a. hohe nicht-monetäre Transaktionskosten tragen. Dazu gehören z. B. Imageverlust und negative Presse, weil sie das Unternehmen in den Ruin gewirtschaftet haben oder die Angst keinen neuen Job zu finden. Um dem vorzubeugen, können Manager ein Interesse haben verschiedene Versicherungsprodukte nachzufragen, um sich gegen alle Risiken, die direkt oder indirekt zum Konkurs führen könnten, abzusichern. Ferner ist zu beachten, dass im Falle eines Konkurses auf das Unternehmen und seine Leitung hohe Transaktionskosten zukommen.

---

[18] Vgl. Mayers, D. / Smith C. W. Jr. (1982), S. 192 ff.

5.4 Senkung der Steuerschuld durch Versicherungen

Wenn in einem Unternehmen eine Maschine oder ein sonstiges Objekt beschädigt oder zerstört wird und das Unternehmen dadurch einen Schaden erleidet, kann es einen Verlustvortrag machen. Diese wirken sich dann auch mildernd auf die Steuerschuld aus. Jedoch ist es vorteilhafter in solchen Fällen einen Verlustrücktrag in Form einer Versicherung zu machen, da diese steuerlich günstiger bewertet werden und auf diese Weise die Steuerschuld effektiver abmildern als es bei einem Verlustvortrag der Fall wäre.[19]

6. Fazit und Ausblick

Wie in der vorliegenden Arbeit gezeigt wurde, gibt es zwischen Privat- und Firmenkunden erhebliche Unterschiede. Die risikoaversen Privatkunden sind i. d. R. uninformiert und benötigen viel Beratung. Ihre Transaktionskosten sind relativ hoch und die Haushalte zeigen wenig Willen diese zu tragen. Die Schadensummen und der Individualisierungsgrad der Versicherungsleistungen sind gering. Die risikoneutralen Firmenkunden kommen mit Hilfe ihrer Versicherungsabteilungen zu guten Lösungen bei relativ geringeren Transaktionskosten, ohne viel Beratung zu benötigen. Jedoch fragen die gewerblichen Kunden hauptsächlich stark individualisierte Versicherungsleistungen nach und sind durch die Möglichkeit eines Großschadens gekennzeichnet. Unternehmen haben auch die Möglichkeit sich selbst zu versichern, die bei Privatkunden normalerweise nicht gegeben ist. Bei der Erstellung des vorliegenden Beitrags wurden einige Fragestellungen der Versicherungswirtschaft näher betrachtet und viele andere Themen und Teilgebiete angeschnitten oder erwähnt. Interessent für eine weitergehende Betrachtung erscheint hierbei das Spannungsverhältnis zwischen der Standardisierung und Individualisierung von Versicherungsdienstleistungen. Die Standardisierung ist aus kostentechnischer Sicht vorteilhaft, trifft jedoch meist nur den durchschnittlichen geschätzten Versicherungsbedarf. (Ein Junggeselle bekommt die gleiche Haftpflichtversicherung angeboten, die auch einer Familie mit drei Kindern und Hund angeboten wird.) Eine

[19] Vgl. Zweifel, P. / Eisen, R. (2003), S. 159.

Individualisierung der Produkte ist jedoch aus absatztechnischen Gesichtspunkten von Vorteil, weil man jedem Kunden das verkaufen könnte, was er wirklich braucht, was ein gutes Verkaufsargument wäre. Welche Vor- und Nachteile überwiegen, welche Produktstrategie sich durchsetzt und wie diese Problematik aus transaktionskostentheoretischer Sicht zu bewerten ist, muss noch erörtert werden.

Literaturverzeichnis

Coase, R. (1937):
The nature of the firm, in: Cambridge University Press: The Economic nature of the firm. A Reader. London, New York.

Farny, D. (2000):
Versicherungsbetriebslehre, 3. Auflage Karlsruhe.

Koch, P. (Hrsg.) (1994):
Gablers-Versicherungslexikon, Wiesbaden.

Mayers, D. / Smith C. W. Jr. (1982):
On the Corporate Demand for Insurance, in: Journal of Business, vol. 55, no. 2, Chicago.

Neugebauer, H. (1995):
Kostentheorie und Kostenrechnung für Versicherungsunternehmen - ein institutionenökonomischer Ansatz, Karlsruhe.

Nickel, A. (1998):
Versicherungsnachfrage der Unternehmen, in: ZVersWiss, Band 87, 1998, S. 429-449.

Prechtl, C. (2004):
Bildung neu denken! Das Finanzkonzept - Zusammenfassung, o. O.

Schulenburg, J.-M. Graf von der (1989):
Die Versicherungsnachfrage als Gegenstand der ökonomischen Forschung, in: Vorträge im Fachbereich Wirtschafswissenschaften, Bd. 5, Hannover.

Schulenburg, J.-M. Graf von der (2005):
Versicherungsökonomik, Karlsruhe.

Zweifel, P. / Eisen, R. (2003):
Versicherungsökonomie, 2. Auflage, Berlin, Heidelberg, New York.

Der Unternehmenswert als Einflussgröße auf die Versicherungsnachfrage von Unternehmen

Björn Teßmann

Inhalt

1. Einleitung

Durch neue rechtliche Vorschriften und Ansätze in den Wirtschaftswissenschaften wird die Betrachtung des Unternehmenswertes immer interessanter. Dafür sprechen beispielsweise die neuen europäischen Eigenkapitalvorschriften Basel II und der Shareholder Value-Ansatz. In der Literatur der Versicherungsökonomie wurde die Versicherungsnachfrage privater Haushalte umfangreich erforscht. Die Nachfrage nach Versicherungsleistungen durch Unternehmen ist bisher nur am Rande betrachtet worden. Sie stellt dennoch einen beachtenswerten Teil der Versicherungswirtschaft dar. Der hier verwendete Ansatz untersucht, ob eine Änderung des Unternehmenswertes Einfluss nehmen kann auf die Versicherungsnachfrage der Unternehmen. Außerdem wird versucht zu zeigen, in welcher Form und in welchem Umfang dieser Einfluss nachweisbar ist. Zu Beginn ist der Unternehmenswert Gegenstand der Betrachtung. Darauf folgend wird das Risikomanagement einen Zusammenhang zwischen Unternehmenswert und Versicherungsnachfrage herstellen. Abschließend erfolgt die Analyse der Wechselwirkungen zwischen Unternehmenswert und Versicherungsnachfrage an Hand eines Zwei-Zustände-Modells.

2. Unternehmenswert

2.1 Begriff Unternehmenswert

Annähernd jedes Wirtschaftssubjekt hat eine Vorstellung was unter einem Unternehmenswert zu verstehen ist, z. B. der Betrag, den Wirtschaftssubjekte auf einem Markt bereit sind zu zahlen, um ein Unternehmen zu erwerben. Diese Begriffsbestimmung reicht aber im Rahmen dieser Arbeit nicht aus. Auf Grund zunehmender Globalisierung, schrumpfenden Wettbewerbsvorteilen, Deregulierung und kürzer werdenden Produktlebenszyklen „... zahlt sich ein gründliches Verständnis des Unternehmenswertes und die Fähigkeit ihn beeinflussen zu können ... aus.“[1]

Der ökonomische Wert eines Unternehmens ist die Summe aus Eigenkapital und Fremdkapital und wird als Unternehmenswert bezeichnet.[2] Fremdkapital sind Finanzmittel, die nicht vom Unternehmen oder den Eigentümern bereitgestellt werden, wie z. B. Bankdarlehen. Eigenkapital bezeichnet dagegen die Finanzmittel, die von den Eigentümern, beispielsweise durch den Kauf von Aktien, eingebracht werden.[3] Zum Eigenkapital sind weitere Erläuterungen nötig, da auch auf den so genannten „Shareholder Value“ eingegangen werden muss. Aus dem Englischen übersetzt bedeutet „Shareholder“ Aktionär, „Value“ kann mit „Wert“ übersetzt werden.[4] Allgemein gesprochen stellt der Shareholder Value den Unternehmenswert aus Sicht der Aktionäre dar und repräsentiert den Anteil des Eigenkapitals am Unternehmen.[5]

---

1 Copeland, T. / Koller, T. / Murrin, J. (1993) , S. 32-33.
2 Vgl. Rappaport, A. (1995), S. 53.
3 Vgl. Perridon, L. / Steiner, M. (1995), S. 4-5.
4 Vgl. O. V. (2005).
5 Vgl. Rappaport, A. (1995), S. 54.

Abbildung 1: Komponenten des Unternehmenswertes

Unternehmenswert	=	Eigenkapital (= Shareholder Value)	+	Fremdkapital

Quelle: eigene Darstellung.

Der Begriff bezeichnet aber auch einen Ansatz für die Unternehmensführung und Unternehmenspolitik, der die Maximierung des Eigenkapitalwertes als primäres Unternehmensziel sieht, wie im anschließenden Abschnitt erläutert wird.[6]

2.2 Shareholder Value-Ansatz

Der Shareholder Value-Ansatz rückt die langfristigen Interessen der Eigenkapitalgeber ins Zentrum der Unternehmenssteuerung. Die Ursache dafür ist in der Tatsache zu finden, dass die Verzinsung des Kapitals der Eigentümer, anders als bei allen übrigen Anspruchsgruppen, nicht vertraglich festgelegt ist, sondern unmittelbar vom Unternehmenserfolg abhängt.[7] Wöhe fasst den Shareholder Value-Ansatz durch drei Prämissen zusammen:

„Das Unternehmensziel besteht allein in der Steigerung des Marktwertes der Beteiligung der Eigenkapitalgeber.
Zur Erreichung dieses Ziels beanspruchen die Eigenkapitalgeber die uneingeschränkte Kompetenz zur Unternehmensführung.
Wird die Unternehmensführung nicht von den Eigenkapitalgebern selbst wahrgenommen, sondern Managern (Vorstand, Geschäftsführer) übertragen, sollen diese bei ihren Entscheidungen ausschließlich die Interessen der Eigenkapitalgeber vertreten."[8]

Im allgemeinen Sprachgebrauch wird oft synonym von wertorientierter Unternehmenssteuerung gesprochen.[9] „Im Mittelpunkt der wertorientierten

6 Vgl. Wöhe, G. (2000), S. 94.
7 Vgl. Schulenburg, J.-M. Graf von der (2005), S. 535.
8 Wöhe, G. (2000), S. 97.
9 Vgl. Schulenburg, J.-M. Graf von der (2005), S. 535.

Unternehmenssteuerung steht der Marktwert des Unternehmens, welcher mit Hilfe geeigneter Modelle und Verfahren gemessen und gesteuert werden muss."[10] Auf die Messung des Unternehmenswertes wird im Anschluss eingegangen. Wie der Wert zu steuern ist, wird im Abschnitt über das Risikomanagement gezeigt.

2.3 Verfahren zur Unternehmensbewertung

Zur Unternehmensbewertung wurden etliche Verfahren entwickelt, die von verschiedenen Einflussgrößen des Marktwertes ausgehen[11] bzw. verschiedene Ansätze aufgreifen. In Abbildung 2 kann man eine entsprechende Systematik ablesen.

Abbildung 2: Unternehmensbewertungsverfahren

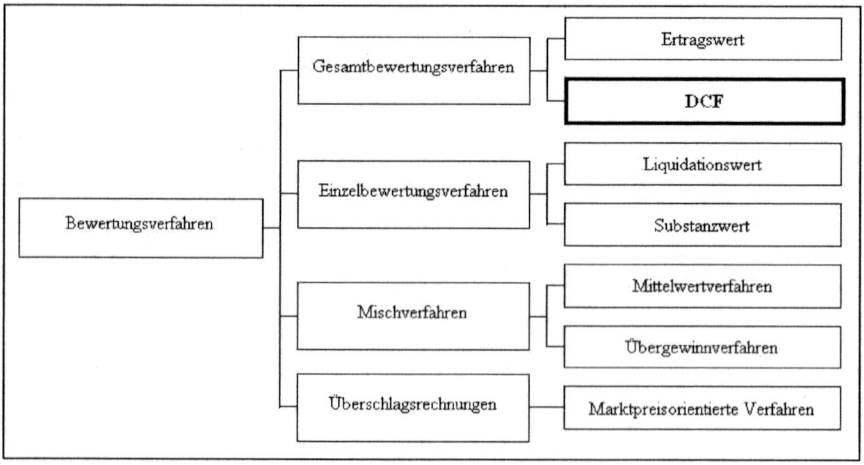

Quelle: in Anlehnung an Ballwieser, W. (2004), S. 8.

Basiert die Bewertung auf Marktdaten, spricht man von Überschlagsrechung. Die Bewertung kann z. B. an Hand von bereits getätigten Transaktionen mit Aktien des zu bewertenden Unternehmens erfolgen oder auch

10 Schierenbeck, L. / Lister, M. (2002), S. 185.
11 Vgl. Schierenbeck, L. / Lister, M. (2002), S. 185.

durch Vergleiche mit ähnlichen Unternehmen. Einzelbewertungsverfahren haben den handelsrechtlichen Jahresabschluss oder das Inventar als Grundlage, die einzelnen Vermögensgegenstände werden zum Firmenwert summiert. Wird gleichzeitig mit Ertrags- und Substanzwert gearbeitet, kann von Mischverfahren gesprochen werden. Beim Gesamtbewertungsverfahren ist der Kapitalwert relevant. Es wird angenommen, dass Unternehmen Investitionsobjekte sind, die dem Eigentümer Ertrag bringen sollen. Die zukünftigen Erträge werden zum Bewertungsstichtag mit einem entsprechenden Verfahren bewertet. Auf den Grundgedanken und die Vorgehensweise des Gesamtbewertungsverfahrens wird an dieser Stelle aber noch im Rahmen des Discounted Cashflow-Verfahrens (DCF-Verfahren) detailliert eingegangen.[12]

Zur Ermittlung des Shareholder Value wird empfohlen das DCF-Verfahren anzuwenden.[13] Rappaport benutzt den DCF-Ansatz und nennt beispielsweise als Werttreiber und Bewertungsparameter die Wachstumsrate der Umsätze, betriebliche Gewinnmargen, den Gewinnsteuersatz, Investitionen ins Umlaufvermögen, Investitionen ins Anlagevermögen, Kapitalkosten und die Länge der Prognoseperiode.[14] Das DCF-Verfahren hat verschiedene Varianten. Für den weiteren Verlauf spielen diese aber keine relevante Rolle und es wird daher nicht näher auf sie eingegangen.

Um den Wert des Shareholder Value mit dem DCF-Verfahren zu bestimmen, ist ein zweistufiges Vorgehen nötig. Als erstes wird der Wert des gesamten Bewertungsobjektes berechnet, der Unternehmenswert, danach wird durch Abzug des Fremdkapitals der Shareholder Value ermittelt.[15] „Der Unternehmenswert wiederum setzt sich aus folgenden zwei Grundkomponenten zusammen:

- aus dem Gegenwartswert des betrieblichen Cash-flow während der Prognoseperiode und

---

[12] Vgl. Ballwieser, W. (2004), S. 8-10. Da bis auf das DCF-Verfahren die anderen Verfahren in dieser Arbeit nur eine untergeordnete Rolle spielen, werden sie hier auch nicht näher erläutert. Eine detaillierte Betrachtung kann in Ballwieser, W. (2004), Kap. 4-9 nachgeschlagen werden.

[13] Vgl. Schulenburg, J.-M. Graf von der (2005), S. 535.

[14] Vgl. Rappaport, A. (1995), S. 53.

[15] Vgl. Rappaport, A. (1995), S. 54 und Schulenburg, J.-M. Graf von der (2005), S. 536.

- aus dem „Residualwert“, der den Gegenwartswert eines Geschäftes für den Zeitraum nach der Prognoseperiode repräsentiert.“[16]

Eine dritte Komponente findet ebenfalls Erwähnung: Der Gegenwartswert börsenfähiger Wertpapiere, welche sich am Markt liquidieren lassen. Der Gegenwartswert wird aber im Cash-flow nicht berücksichtigt und ist für den Betrieb eines Unternehmens nicht notwendig.[17]

Für das Verständnis des DCF-Verfahrens ist es nötig, die Grundkomponenten näher zu erläutern. Die Grundkomponente Residualwert, auch Restwert genannt, fällt erst nach der Prognoseperiode an. Es gibt keine allgemeingültige Formel zur Berechnung, die Berechnung der ewigen Rente stellt aber eine Möglichkeit dar.[18] Für die erste Komponente muss weiter ausgeholt werden, um sie schlüssig erklären zu können. „Der betriebliche Cash-flow ist die Differenz zwischen den betrieblichen Einzahlungen und Auszahlungen. Diese Cash-flows sind für die Schätzung des Unternehmenswertes deshalb relevant, weil sie die verfügbaren Zahlungsmittel repräsentieren, um die Ansprüche von Fremdkapitalgebern und Eigentümern abzugelten. Nach der Schätzung des betrieblichen Cash-flows für jedes einzelne Jahr der Prognoseperiode werden diese Cash-flows auf den Gegenwartswert abgezinst. Die Abzinsung dieser Cash-flows erfolgt über den Kapitalkostensatz.“[19]

Abbildung 3: Diskontierung von Cash-flows

Jahr	**Cash-flow in $**	**14 % Diskontsatz[a]**	**Gegenwartswert des Cash-flow in $**	**Kumulierter Gegenwartswert der Cash-flows in $**
1	100	0,8772	87,72	87,72
2	150	0,7695	115,43	203,15
3	200	0,6750	135,00	338,15

[a] Diskontierungsfaktor $= \frac{1}{(1+0{,}14)^n}$

Quelle: Rappaport. A. (1995), S. 55.

[16] Rappaport, A. (1995), S. 54.

[17] Vgl. Rappaport, A. (1995), S. 54.

[18] Für weitere Erläuterungen zum Residualwert vgl. Rappaport, A. (1995), S. 63-67.

[19] Rappaport, A. (1995), S.54-55.

Der Kapitalkostensatz wird aus dem gewichteten Mittel gebildet, welches sich aus den Fremdkapital- und Eigenkapitalkosten ergibt.[20] Folgendes Beispiel soll die Bestimmung der Kapitalkosten illustrieren.

Abbildung 4: Gewichtung von Kapitalkosten

	Gewichtung	**Kosten in %**	**Gewichtete Kosten in %**
Fremdkapital	0,2	6	1,2
Eigenkapital	0,8	16	12,8
Kapitalkosten			14,0

Quelle: in Anlehnung an Rappaport, A. (1995), S. 58.

Die Schätzung der Kapitalkosten ist ausschlaggebend bei der Festlegung der akzeptablen Rendite, die von einem Investitionsvorhaben gefordert werden muss. Durch Investitionen, die eine Rendite abwerfen, welche höher sind als die Kapitalkosten, wird Shareholder Value geschaffen. Liegt die Rendite jedoch unter den Kapitalkosten, wird Shareholder Value vernichtet.[21] Die Bestimmung der Fremdkapitalkosten gestaltet sich einfach. Als Kapitalkosten werden die langfristigen Zinsen am Kapitalmarkt genutzt, z. B. die Umlaufrendite.[22]

Für die Schätzung der Eigenkapitalkosten sind verschiedene Modelle entwickelt worden. Copeland, Koller und Murrin empfehlen das Capital Asset Pricing Modell (CAPM) oder Arbitrage Pricing Modell (APM).[23] „Mit Hilfe des Capital Pricing Models wird der Preis eines Wertpapiers oder Optionsscheins (dazu können auch Versicherungsverträge gezählt werden) in Komponenten zerlegt, die dem risikolosen Teil, dem unsystematischem Risiko (Zufallsrisiko) und dem systematischen Risiko (Änderungsrisiko)

[20] Vgl. Rappaport, A. (1995), S. 58.

[21] Vgl. Rappaport, A. (1995), S. 58-59.

[22] Weiterhin muss berücksichtigt werden, dass Fremdkapitalzinsen steuerlich absetzbar sind und die zu erzielende Rendite den Kapitalkosten nach Steuern entsprechen muss.

[23] Die Schätzung der Eigenkapitalkosten an sich, sind ein zu komplexes Thema um sie hier umfassend darstellen zu können, es sei deshalb an dieser Stelle an die entsprechende Literatur verwiesen. Vgl. Zweifel, P. / Eisen, R. (2003), S. 136-145 und Copeland, T. / Koller, T. / Murrin, J. (1993), S. 208-222.

entsprechen."[24] Durch die Aussage, dass sich die Preise für Versicherungsverträge, wie die Preise für Aktien bestimmen und zerlegen lassen, sind hier durchaus Anhaltspunkte für Wechselwirkungen zwischen Unternehmenswert und Versicherungsnachfrage erkennbar. Denn wenn die Versicherungspreise beim CAPM variieren, ändern sich auch die Kapitalkosten und somit ebenso der Unternehmenswert. Die Feststellung, dass die Versicherungsnachfrage eine Finanzierungsentscheidung ist, soll an späterer Stelle noch einmal aufgegriffen werden.

Der risikolose Teil wird geschätzt mit den nahezu sicheren Renditen von Staatsanleihen.[25] Das unsystematische Risiko „spiegelt unternehmensspezifische (also nicht allgemein marktbedingte) Kursänderungen der betreffenden Wertpapiere wider."[26] Das systematische Risiko (oft als β- oder Beta-Wert bezeichnet) ist der Anteil, der sich aus den Veränderungen am Gesamtmarkt ergibt.[27]

Durch das Eingehen von Risiken treten Unsicherheiten über das Erreichen von geplanten Soll-Größen für Werttreiber auf. Dies allein könnte bereits ausreichen, die Kapitalkosten zu erhöhen.[28] Das Steigen der Kapitalkosten würde aber einen negativen Einfluss auf den Unternehmenswert haben. Es wird deutlich, dass ein systematischer Umgang mit Risiken nötig ist, um negative Effekte auf den Unternehmenswert abzuwehren und den Wert im Sinne des Shareholder Value-Ansatzes zu steigern. "Risiko und Rentabilität sind … als die entscheidenden Stellschrauben des Wertmanagements zu betrachten."[29] In der Wirtschaftswissenschaft wurde in diesem Zusammenhang der Begriff Risikomanagement bzw. englisch „Risk Management" geprägt.

---

24 Schulenburg, J.-M. Graf von der (2005), S. 29. Die Annahme das Versicherungsnachfrage eine Finanzierungsentscheidung ist und gleichgesetzt werden kann mit Aktienemission bzw. Kreditaufnahme treffen übereinstimmend auch Mayers und Smith. Vgl. Mayers, D. / Smith, W. S. (1982), S. 191.

25 Vgl. Rappaport, A. (1995), S. 60-61. Bonität des ausgebenden Staates muss mit „A" bewertet sein.

26 Schulenburg, J.-M. Graf von der (2005), S. 62.

27 Vgl. Schulenburg, J.-M. Graf von der (2005), S. 62.

28 Vgl. Schierenbeck, L. / Lister, M. (2002), S. 185.

29 Schierenbeck, L. / Lister, M. (2002), S. 187.

3. Auswirkungen des Risikomanagements auf den Unternehmenswert

3.1 Charakterisierung des Risikomanagements

Wie im vorhergehenden Punkt gezeigt, bekommt das Risikomanagement eine gewisse Bedeutung bei der Beeinflussung und Bestimmung des Unternehmenswertes, vor allem im Rahmen der wertorientierten Unternehmenssteuerung. An dieser Stelle soll das Risikomanagement umrissen werden, um darüber das Blickfeld für die Versicherungen zu öffnen. Denn Versicherungen sind eine mögliche Handlungsalternative, die sich aus dem Risikomanagements ergibt.[30] Risiko wird in der Literatur weit reichend und umfassend definiert. Schierenbeck und Lister z. B. formulieren: "Risiko kann definiert werden als die Gefahr einer negativen Abweichung des tatsächlichen Ergebniswertes vom geplanten bzw. erwarteten Ergebniswert."[31] Es gibt eine ganze Reihe von Maßnahmen, Methoden oder Institutionen mit denen Wirtschaftssubjekte versuchen, die sie betreffenden Unsicherheiten bzw. Risiken zu beeinflussen, zu transferieren oder auch zu tragen. Diese Handlungen werden unter dem Begriff Risikomanagement oder Risikopolitik zusammengefasst.[32]

3.2 Prozess des Risikomanagements und Versicherungen

„Für ein einheitliches Risikomanagement sind alle mit dem Risikomanagement verbundenen Prozesse in ein einheitliches und standardisiertes System zu integrieren."[33] Es werden drei
Prozessstufen abgegrenzt: Risikoanalyse, Risikosteuerung und Risikokontrolle.[34]

---

30 Zweifel, P. / Eisen, R. (2003) S. 2.

31 Schierenbeck, H. / Lister, M. (2002), S. 183. Weitere Definitionen siehe Zweifel, P. / Eisen, R. (2003), S. 33.

32 Vgl. Zweifel, P. / Eisen, R. (2003) S. 2.

33 Schierenbeck, H. / Lister, M. (2002), S. 187.

34 Vgl. Schierenbeck, H. / Lister, M. (2002), S. 187-188.

Abbildung 5: Prozessstufen des Risikomanagements

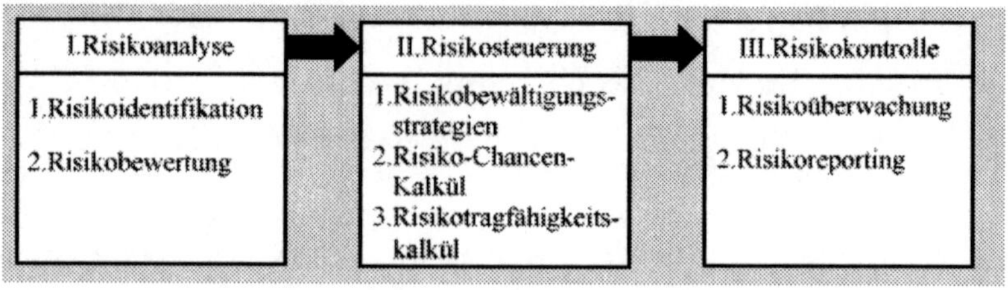

Quelle: in Anlehnung an Schierenbeck, H. / Lister, M. (2002), S. 188.

Die Risikosteuerung und insbesondere die Risikobewältigungsstrategien sind im Rahmen dieser Arbeit von Bedeutung. Die in der ersten Phase festgestellten und auf ihren Einfluss auf den Unternehmenswert bewerteten Risiken sollen mit Hilfe der aktiven Risikobewältigung zugunsten des Unternehmens beeinflusst werden. Bei der aktiven Risikobewältigung geht es um die Risikovermeidung, Risikominderung und Risikodiversifikation, die Risikostruktur wird demnach gesteuert. Mit der passiven Risikobewältigung bleibt die Struktur erhalten. Man versucht die Auswirkungen mittels Risikotransfer und Risikovorsorge aufzufangen. Es werden Deckungsmaßnahmen ergriffen oder Risiken auf Dritte abgewälzt.[35] Das Abwälzen des Risikos erfolgt u. a. auch durch Versicherungen.

4. Versicherungsnachfrage kleiner Unternehmen

4.1 Betrachtung des Risikoverhaltens

Um den Einfluss des Unternehmenswertes auf die Versicherungsfrage zu untersuchen ist es zunächst erforderlich, zwischen kleinen und großen Unternehmen zu unterscheiden, um den Umgang der Unternehmen mit Risiken zu erklären. „Klein“ und „groß“ sind relative Begriffe, dennoch lassen sich kleine und große Unternehmen, wie sie hier verstanden werden, separieren. Dabei wird vor allem die Kapitalstruktur des Eigenkapitals der Unternehmung betrachtet. Zweifel und Eisen sowie Nickel gehen davon aus, dass kleine Unternehmen zumeist Familienunternehmen sind, deren Eigen-

---

35 Vgl. Schierenbeck, H. / Lister, M. (2002), S. 187-188.

kapital sich in den Händen weniger Anteilseigner befindet. Meist liegen die Unternehmensziele nicht wie bei der wertorientierten Unternehmensführung primär bei der Wertmaximierung, sondern der Fokus fällt zumeist auf die Erhaltung der Leitungskompetenz und die Sicherung des Unternehmensfortbestandes. Begründen lässt sich diese Zielsetzung damit, dass die Anteilseigner zumeist ihr gesamtes Vermögen in ihre Unternehmen investieren und dort auch beschäftigt sind. Die Kapital- und Vermögensstruktur ist nicht diversifiziert, so dass die Eigner ein sehr hohes individuelles Risiko eingehen. Der Fortbestand des Unternehmens ist somit offensichtlich das wichtigste Ziel der Eigentümer, da der Familienbetrieb deren Existenzgrundlage darstellt. Hieraus lässt sich ableiten, dass sich die kleinen Unternehmen ebenso avers gegenüber Risiken verhalten wie private Haushalte.[36] Risikoaversion ist „die Abneigung gegenüber dem Risiko“[37], also Risikoscheu.

Große Unternehmen, vornehmlich Kapitalgesellschaften und internationale Konzerne, haben dagegen die Möglichkeit, ihre Kapital- und Vermögensstruktur auf den entsprechenden Märkten zu diversifizieren. Das Eigenkapital ist dort durch die Ausgabe von Aktien breit gestreut. Die Anleger können durch Bildung diversifizierter Portfolios außerdem das versicherbare Risiko auf verschiedene Aktientitel verteilen. Somit kann hier die Annahme der Risikoaversion nicht aufrechterhalten werden. Es muss vielmehr von risikoneutralem Verhalten ausgegangen werden.[38]

Im Weiteren wird daher untersucht werden, was die Nachfrage von Versicherungen begründet, wenn sich die Wirtschaftssubjekte risikoscheu und risikoneutral verhalten. Eine Begründung soll mit Hilfe der Kapitalmarkttheorie und einem Zwei-Zustände-Modell gefunden werden.

---

36 Vgl. Zweifel, P. / Eisen, R. (2003), S. 157 und vgl. Nickel, P. (1998), S. 430.

37 Zweifel, P. / Eisen, R. (2003), S. 42.

38 Vgl. Mayers, D. / Smith, C. W. (1982), S. 190-191 und vgl. Nickel, P. (1998), S. 430.

4.2 Begründung der Versicherungsnachfrage durch risikoaverses Verhalten

Diese Arbeit soll die Wechselwirkungen zwischen Unternehmenswert und Versicherungsnachfrage untersuchen. Im allgemeinen Modell der Versicherungsnachfrage, die auf Risikoaversion beruht, ist der Unternehmenswert nicht von Belang. Daher ist dieses Modell unbrauchbar, um eine Analyse im Sinne dieser Arbeit durchzuführen. Dennoch sollen die wesentlichen Aussagen an dieser Stelle zusammengetragen werden, um die Versicherungsnachfrage von privaten Haushalten und Familienunternehmen zu begründen.[39]

Die Versicherungsnachfrage von Unternehmen wird in einem Zwei-Zustände-Modell untersucht. Dabei werden folgende Annahmen getroffen:

- Das Gut Versicherungsschutz ist homogen.
- Die Versicherungsnachfrager sind Nutzenmaximierer, deren Nutzenniveaus durch Indifferenzkurven (Iso-Erwartungsnutzenkurven) beschrieben werden.
- Teilschäden sind ausgeschlossen, es gibt nur einen Schadenfall oder Nichtschadenfall.
- Die Wahrscheinlichkeiten für Schadenfall (p) und Nichtschadenfall (1-p) sind bekannt.
- Es ist ein Ausgangsprospekt (P_0) mit einer bestimmten Anfangsaustattung gegeben.

Das Einkommen beim Nichtschadenfall (E_1) und Schadenfall (E_2) wird nun in einem Diagramm betrachtet, in dem jeder Versicherungsvertrag einen Punkt darstellt. Vom Einkommen in beiden Zuständen hängt das Nutzenniveau der Versicherungsnachfrager ab. Indifferenzkurven bilden die Nutzenniveaus ab.

In dieses Diagramm werden nun einige markante Kurven eingetragen. Die Sicherheitslinie, entlang des 45° Winkels, beschreibt alle Prospekte, die sowohl im Schadenfall als auch im Nichtschadenfall das gleiche Einkom-

[39] Das Modell wird u. a. bei Zweifel, R. / Eisen, P. (2003), S. 82-120 umfassend dargestellt.

men verkörpern. „Die transaktionskostenfreien Transformationsmöglichkeiten des Ausgangsprospekts in andere Prospekte sind entlang der Iso-Erwartungswertlinie dargestellt.“[40] Bewegt sich ein Nachfrager auf dieser Transformationsgeraden nach links oben, so steigt sein Einkommen im Schadenfall und sinkt im Nichtschadenfall. Der Tausch entlang der Transformationsgerade wird zu Preisen vollzogen, die dem mathematischen Erwartungswert entsprechen. Die Transformation kann zwischen dem versicherungsfreien Ausgangsprojekt (P_0) und dem Vollversicherungsprospekt (P_V) erfolgen, alle Punkte auf der Geraden zwischen den beiden Punkten stellen Unterversicherung (P_U) dar. Die Iso-Erwartungswertlinie wird mit L^* bezeichnet und Versicherungsgerade genannt. Der Vollversicherungspunkt ergibt sich durch den Schnittpunkt aus Sicherheitslinie und Iso-Erwartungswertlinie.[41] Diese Vorraussetzungen werden im weiteren Verlauf noch benötigt.

Können Wirtschaftsubjekte Versicherungen zum Erwartungswertbetrag beziehen, so spricht man von fairer Prämie. Der Erwartungswertbetrag ist die erwartete Zahlung im Schadenfall. Können die risikoscheuen Wirtschaftsubjekte Versicherungsschutz zu fairen Prämien beziehen, werden sie immer Vollversicherungsschutz nachfragen. Versicherungsdeckung und Schadenhöhe sind gleich groß. Im Erwartungswert sind sie besser gestellt als ohne Versicherungsschutz, obwohl der Erwartungswert durch die Prämienzahlung gesunken ist.[42] Liegt die Versicherungsprämie über den Erwartungswertbetrag, wird partieller Versicherungsschutz gekauft. Die Risikoaversion an sich begründet in diesem Modell hinreichend die Versicherungsnachfrage[43]

[40] Nickel, A. (1998), S. 208.
[41] Vgl. Nickel, A. (1998), S. 208-209.
[42] Vgl. Zweifel, R. / Eisen, P. (2003), S. 87.
[43] Nickel, A. (1998), S. 433.

5. Versicherungsnachfrage von großen Unternehmen

5.1 Modigliani-Miller-Theorem und Versicherungsnachfrage

Erneut muss an dieser Stelle erst auf die Kapitalmarkttheorie eingegangen werden, wie es bereits bei der Unternehmensbewertung getan wurde, um die Grundlagen für eine Betrachtung der Versicherungsnachfrage und des Unternehmenswertes zu schaffen. Es wird dargestellt, ob eine optimale Kapitalstruktur existiert, welche die Kapitalkosten möglichst gering hält, um den Marktwert zu maximieren. Dazu gibt es zwei Thesen: Die traditionelle These der optimalen Kapitalstruktur besagt, dass es einen optimalen Verschuldungsgrad gibt, also ein optimales Verhältnis zwischen Eigenkapital und Fremdkapital. Teures Eigenkapital und billiges Fremdkapital können substituiert werden, deshalb ist das Unternehmen in der Lage, bei gegebenem Gesamtkapital die durchschnittlichen Kapitalkosten und damit den Marktwert zu beeinflussen.[44] Auf der anderen Seite behaupten Modigliani und Miller, das es keinen optimalen Verschuldungsgrad gibt und deshalb auch kein optimales Verhältnis zwischen Eigenkapital und Fremdkapital. Die Kapitalstruktur hat demnach keinerlei Einfluss auf Kapitalkosten und Unternehmenswert.[45] Diese Aussagen sind unter weit reichenden Restriktionen getroffen worden, was in der Literatur häufig kritisiert wird. Es wird unter einigen Annahmen im Folgenden untersucht, ob das Investitionsprojekt den Marktwert erhöhen kann. Wie bereits festgestellt, verhalten sich die Wirtschaftssubjekte risikoneutral.[46] Weiterhin wird die Betrachtung auf vollkommene und vollständige Märke beschränkt. Diese Annahmen schränken zu sehr ein um praktische Relevanz zu haben, so die Kritiker. Und doch fand dieses, nach Modigliani und Miller benannte Theorem, in der Theorie große Beachtung, da es möglich wurde unterschiedliche Risiken marktabhängig zu bewerten und eine Grundlage für die moderne Finanzierungstheorie zu schaffen.[47] Diese Bewertung unter Berücksichtigung des Risikos findet u. a. auch im CAPM[48] Anwendung.

---

44 Vgl. Perridon, L. / Steiner, M. (1995), S. 452-453.

45 Vgl. Modiglioni, F. / Miller, M. H. (1958), S. 268-269.

46 Vgl. Nickel, A. (1998), S. 434.

47 Vgl. Wöhe, G. (2000), S. 786.

48 Vgl. S. 185 in diesem Band.

Oben wurde bereits gezeigt, dass die Nachfrage nach Versicherungen durch Unternehmen eine Kapitalstrukturentscheidung auf dem Kapitalmarkt ist, ähnlich der Eigen- und Fremdkapitalbeschaffung. Deshalb lassen sich die Aussagen des Modigliani-Miller-Theorems auf die Versicherungsnachfrage übertragen, die Einschränkungen müssen aber entsprechend modifiziert werden.

Der Einschränkung vollkommener Kapitalmärkte wird auf dem Versicherungsmarkt genüge getan, in dem „Versicherungsschutz frei von Transaktionskosten zu aktuarisch fairen Preisen erworben werden kann.“[49] Transaktionskosten können Verwaltungskosten, Steuern und Informationskosten sein und werden auf den Erwartungswertbeitrag aufgeschlagen. Auf vollständigen Märkten können sich die Wirtschaftssubjekte gegen alle möglichen Risiken lückenlos versichern.[50] Vollkommene und vollständige Märkte werden hier durch konstante marginale Transformationskosten erfasst. In einem Zwei-Zustände-Modell wird jetzt ein Unternehmen betrachtet, das seinen Marktwert (M) über die Zustände Schadenfall (2) und Nichtschadenfall (1) maximieren will. [51]

Der Teil der Schäden, der nicht durch Versicherung abgedeckt wird, und somit vom Unternehmen selbst getragen wird, heißt Schadenkosten. Nach Nickel wird von folgenden Modellannahmen ausgegangen:

- Die Schadenkosten (K_s) sind abhängig vom Umfang der Versicherungsdeckung (I), daher gilt: $K_s(I)$.
- Steigt der Deckungsgrad werden die Schadenkosten sinken, außerdem werden bei Erhöhung der Versicherungsdeckung die Grenzschadenkosten negativ ($K_S' < 0$).
- Bei steigendem Deckungsumfang werden die erwarteten Deckungskosten linear sinken. Für jede weitere Einheit Deckung sind die Grenzschadenkosten konstant ($K_S'' = 0$).
- Sowohl erwartete Schadenkosten als auch Versicherungsdeckung können Werte zwischen Null und Eins annehmen.

[49] Nickel, A. (1998), S. 436.
[50] Vgl. Nickel, A. (1995), S. 207 und S. 215-216.
[51] Vgl. Nickel, A. (1998), S. 435-436.

Somit sind die Eckpunkte des Zusammenhanges für die Unternehmen festgelegt.

Abbildung 6: Eckpunkte von Schadenskosten und Versicherungsdeckung

	K_s	**I**
Vollversicherung	0	1
Keine Versicherung	1	0

Quelle: in Anlehnung an Nickel, A. (1998), S. 436.

Sind alle Grenzwerte konstant, lässt sich von allen Unterversicherungszuständen eine Linie von „Vollversicherung“ bis „Kein Versicherungsschutz“ ziehen.[52]

An diesem Punkt müssen weitere Annahmen des Modigliani-Miller-Theorems auf das Modell übertragen werden. Das Wirtschaftssubjekt kann auf Grund von vollständigen Märkten Vollversicherungsschutz nachfragen und durch vollkommene Märkte Versicherungsschutz zum Erwartungswertbetrag kaufen. Aus dem bereits genannten Zusammenhang zwischen Schadenkosten und Versicherungsumfang gehen konstante marginale Transformationskosten hervor, die sich als eine Isoerwartungswertgerade (L_{CMC}) darstellen lassen. Die Unternehmen können Versicherungsschutz zu Erwartungswertbeiträgen kaufen und die Beiträge lassen sich linear darstellen, weshalb alle Nicht-, Voll- und Unterversicherungsprospekte auf einer Isoerwartungswertgerade liegen. Weiterhin sollen noch die bereits als Eckpunkte eingeführten Prospekte Vollversicherungsschutz (P_V) und keine Versicherungsdeckung (P_0) ins Diagramm aufgenommen werden. Somit ergibt sich Abbildung 7.

52 Vgl. Nickel, A. (1998), S. 435-436.

Abbildung 7: Konstante Marginale Transformationskosten und Sicherheitslinie

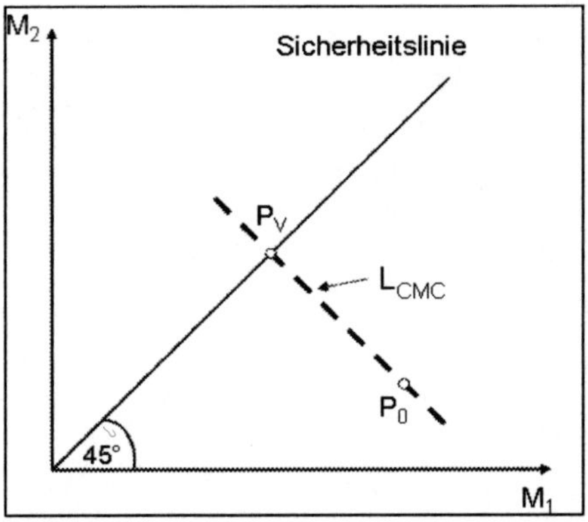

Quelle: in Anlehnung an Nickel, A. (1998), S. 437.

Im Schaden und Nichtschadenfall ist der Grenznutzen positiv und konstant. Durch die Annahme von Risikoneutralität lässt sich die Nutzenmöglichkeitsgerade als durchgezogene Linie U_0 zeichnen, die parallel zur Isoerwartungswertgeraden verläuft. Somit lässt sich eine Nutzenmöglichkeitsgerade auf die Isoerwartungswertgerade legen und es können daraus einige Erkenntnisse gezogen werden.

Abbildung 8: Konstante Marginale Transformationskosten und risikoneutrale Versicherungsnachfrager

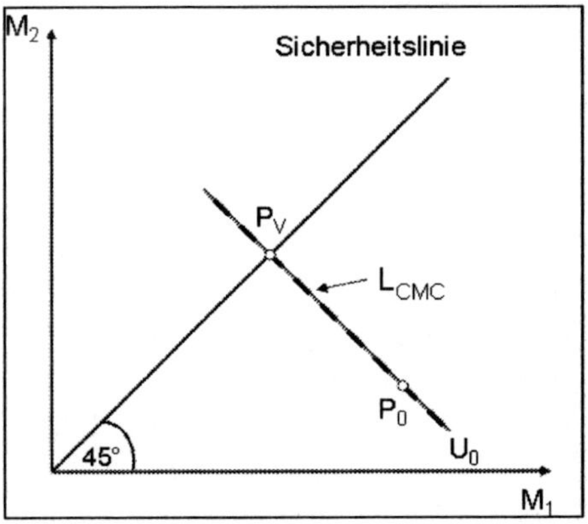

Quelle: in Anlehnung an Nickel, A. (1998), S. 437.

Die Unternehmen sind indifferent zwischen Vollversicherung, allen möglichen Prospekten an Unterversicherungsschutz und gar keinem Schutz, da alle Prospekte auf der gleichen Indifferenzkurve U_0 liegen. Das heißt, dass alle Prospekte, so lang sie sich auf der Geraden befinden, denselben Nutzen für das Unternehmen stiften. Über beide Zustände der Natur kann kein Einfluss der Versicherungsnachfrage auf den Marktwert nachgewiesen werden, denn wenn das Unternehmen Versicherungsschutz kauft, den Marktwert durch Prämienzahlungen senkt, wird dieser durch die erwartete Versicherungsleistung wieder genau auf das Ausgangsniveau erhöht.[53]

Es kann gezeigt werden, dass unter den Annahmen des Modigliani-Miller-Theorems die Nachfrage von Versicherungsschutz keinerlei Einfluss auf den Marktwert hat. In diesem Modell wird keine Begründung für die Versicherungsnachfrage von risikoneutralen Unternehmen gefunden. Für die Untersuchung, ob der Unternehmenswert Einfluss auf die Versicherungsnachfrage hat, lassen sich hier keine Schlüsse ziehen. Hier wird von Mutmaßungen abgesehen, welche nicht stichhaltig bewiesen werden können, da es diesem Kontext auch an Literatur mangelt, die sich mit dieser Thematik beschäftigt. Um dennoch später eine Aussage treffen zu können, soll mit Hilfe eines veränderten Ansatzes versucht werden, ein Ergebnis zu finden. Es werden jetzt einige Beschränkungen von Modigliani und Miller betrachtet und die Ergebnisse erneut in einem Zwei-Zustände-Modell untersucht.

5.2 Versicherungsnachfrage bei unvollkommenen und unvollständigen Kapitalmärkten

Wie Modigliani und Miller selbst feststellen, werden Kapitalstrukturentscheidungen relevant, wenn von unvollständigen und unvollkommenen Kapitalmärkten ausgegangen wird. Sie benutzen für ihre Untersuchung Steuern als Untersuchungsgegenstand für Markt-unvollkommenheiten.[54] Es gibt verschiedene Möglichkeiten unvollkommene und unvollständige Märkte auf Versicherungsmärkte zu übertragen, z. B. in Form von Trans-

53 Vgl. Nickel, A. (1998), S. 436-437.
54 Vgl. Modiglioni, F. / Miller, M. H. (1958), S. 272-273.

aktionskosten oder Informationsasymmetrien. Um die Wirkung von Steuern zu untersuchen wird eine Kosten-/ Ergiebigkeitsbetrachtung angestellt. Im Abschnitt zum Modigliani-Miller-Theorem wurde die Idee des Modells exemplarisch dargestellt, deshalb sollen hier einzig die Erkenntnisse zusammengetragen werden. Nickel kommt dabei zu folgenden Schlüssen: Die Unternehmen können durch Versicherungsnachfrage das Risiko senken und dadurch zusätzlich die Steuerlast. Für die Senkung der Steuerlast muss der Versicherer nicht zusätzlich bezahlt werden und der Marktwert steigt. Versicherungsschutz führt außerdem zur Vergleichmäßigung des Einkommens, die Steuerbelastung sinkt und der Marktwert steigt. Dieser Effekt wird aber mit steigendem Marktwert immer kleiner. Die Unternehmen können die Kosten, die durch unvollständige Märkte entstehen, durch Versicherungen senken, und somit den Marktwert erhöhen.[55] Somit ist also eine Begründung für Versicherungsnachfrage gefunden worden, das Unternehmen kann durch Nachfrage von partieller Schadensdeckung (P_U) seinen Marktwert maximieren.

Abbildung 9: Steigende marginale Transformationskosten

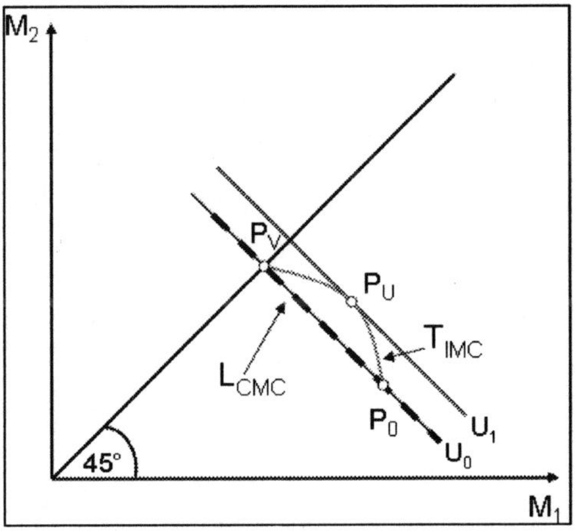

Quelle: in Anlehnung an Nickel, A. (1998), S. 443.

Es konnten Interdependenzen zwischen Unternehmenswert und Versicherungswert nachgewiesen werden, jedoch lassen sich erneut keine Aussagen

[55] Vgl. Nickel, A. (1998), S. 438-445.

treffen, dass der Unternehmenswert Einfluss auf die Versicherungsnachfrage hat.

6. Schlussbetrachtung

Für kleine Familienbetriebe lässt sich die Versicherungsnachfrage mit ihrem risikoaversen Verhalten begründen. Unter der Vorrausetzung von vollkommenen Märkten fragen sie, unabhängig vom Marktwert, Vollversicherungsschutz nach. Für Aussagen über Wechselwirkungen zwischen Marktwert und Versicherungsnachfrage ließen sich mit diesem Modell keine Rückschlüsse ziehen. Auf vollkommenen und vollständigen Märkten kann für große risikoneutrale Unternehmen ein Einfluss der Versicherungsnachfrage auf den Unternehmenswert ausgeschlossen werden. Über den Unternehmenswert als Einflussgröße auf die Versicherungsnachfrage lassen sich ebenfalls keine Aussagen treffen. Sind die Märkte unvollkommen und unvollständig, lassen sich Interdependenzen zwischen Unternehmenswert und Versicherungsnachfrage feststellen. Die risikoneutralen Unternehmen fragen partielle Schadendeckung nach, da sie somit über beide Zustände der Natur betrachtet den Marktwert maximieren können. Durch die Nachfrage nach Versicherung gelingt es den Unternehmen die auftretenden Marktunvollkommenheiten und -unvollständigkeiten zu mildern. Aussagen über Einflüsse des Unternehmenswertes auf die Versicherungsnachfrage lässt auch dieses Modell nicht zu. Mit den bekannten Modellen aus der Literatur lassen sich keine eindeutigen Aussagen treffen, in welcher Form und welchem Umfang der Unternehmenswert eine Einflussgröße auf die Versicherungsnachfrage ist. Hinweise auf gegenseitige Beeinflussung sind vorhanden. Eine Wirkung der Nachfrage auf den Unternehmenswert kann, unter bestimmten Modellvorrausetzungen, nachgewiesen werden.

Literaturverzeichnis

Ballwieser, W. (2004):
Unternehmensbewertung - Prozeß, Methoden und Probleme, Stuttgart.

Copeland, T. / Koller, T. / Murrin, J. (1993):
Unternehmenswert: Methoden und Strategien für eine wertorientierte Unternehmensführung, Frankfurt/Main, New York.

Hölscher, R. / Elfgen, R. (Hrsg.) (2002):
Herausforderung Risikomanagement: Identifikation, Bewertung und Steuerung industrieller Risiken, Wiesbaden.

Mayers, D. / Smith, C. (1982):
On the Corporate Demande for Insurance, in: Journal of Risk and Insurance, S. 281-296.

Modigliani, D. / Miller, M. H. (1958):
The Cost of Capital, Corporation Finance, and the Theory of Investment, in: Journal of Business, S. 261-297.

Nickel, A. (1995):
Unvollkommenheit und Unvollständigkeit der Versicherungsmärkte, in: Zeitschrift für die gesamte Versicherungswissenschaft, Band 84, Heft 1/2, S. 205-228.

Nickel, A. (1998):
Versicherungsnachfrage der Unternehmen, in: Zeitschrift für die gesamte Versicherungswissenschaft, Band 87, Heft 3, S. 429-447.

O. V. (2005):
LEO Dictionary, http://dict.leo.org [Stand: 20.04.2005].

Perridon, L. / Steiner, M. (1995):
Finanzwirtschaft der Unternehmung, 8. Auflage, München.

Rappaport, A. (1995):
Shareholder value: Wertsteigerung als Maßstab für die Unternehmensführung, Stuttgart.

Schierenbeck, H. / Lister, M. (2002):
Risikomanagement im Rahmen der wertorientierten Unternehmenssteuerung, in: Hölscher, R. / Elfgen, R. (Hrsg.), Herausforderung Risikomanagement: Identifikation, Bewertung und Steuerung industrieller Risiken, Wiesbaden, S. 181-202.

Schulenburg, J.-M. Graf von der (2005):
Versicherungsökonomik : Ein Leitfaden für Studium und Praxis, Karlsruhe.

Wöhe, G. (2000):
Einführung in die Allgemeine Betriebswirtschaftslehre, 20., neubearbeitete Auflage, München.

Zweifel, P. / Eisen, R. (2003):
Versicherungsökonomie, 2., verbesserte Auflage, Berlin, Heidelberg, New York et al.

Empirische Untersuchungen zum Risikomanagement und zur Versicherungsnachfrage von Unternehmen: Überblick und Schlussfolgerungen

Derya Isik

Inhalt

1. Einleitung

Im Vordergrund des unternehmerischen Handelns steht die richtige Handhabung mit den verschiedenen Risikoarten eines Unternehmens. Somit wird der richtige Umgang mit Risiken zu einer zentralen Einflussgröße des Unternehmenserfolgs. Dabei impliziert das angemessene Umgehen mit Risiken nicht das Eliminieren, sondern das Mininieren und die Koordinierung dieser. Folglich werden Risiken in der Weise gemanagt, dass sie als Störpotenziale identifiziert und im Rahmen der Risikofinanzierung durch Versicherungen und andere Finanzierungsprogramme abgewehrt werden.

Die Thematik dieser Ausarbeitung beinhaltet die Reflexion empirischer Untersuchungsergebnisse bezüglich des Risikomanagements und der Versicherungsnachfrage von Unternehmen. Es soll mithilfe von vier empirischen Studien ein Überblick über die empirische Risikobewältigung von deutschen und ausländischen Unternehmen geliefert werden. Um ein breites Überblicksspektrum gewährleisten zu können, sind Studien herangezogen worden, die verschiedene Untersuchungsschwerpunkte aufweisen. So behandeln die ersten beiden Industriestudien das Risikomanagement von deutschen Aktiengesellschaften. Der Schwerpunkt der ersten Studie liegt dabei auf der Untersuchung des strategischen Risikomanagements und bei der zweiten Studie auf der Untersuchung des finanzwirtschaftlichen Risikomanagements. Den Bereich der unternehmerischen Versicherungsnachfrage decken ausländische Studien ab. Mithilfe von zwei weiteren Untersuchungen soll eine Darstellung der Praxis über die deutschen Grenzen hinaus geboten werden. Die dritte Studie beschäftigt sich mit der Versicherungsnachfrage japanischer Unternehmen. Die letzte Studie hingegen thematisiert die amerikanische Versicherungsnachfrage nach Überschwemmungsschutz. Damit die gewonnenen Erkenntnisse zusammengetragen werden und aus ihnen Handlungsempfehlungen abgeleitet werden können, folgt im Anschluss jeder Studie ein Abschnitt mit Schlussfolgerungen. Zu konstatieren ist hierbei, dass auf diese Art und Weise derartige Schlussfolgerungen nicht wieder zu finden sind. Aufgrund der differierenden Schwerpunkte und dem unterschiedlichen Umfang ist das Vergleichen der Studien lediglich eingeschränkt möglich. Nichts desto trotz stellt die Schlussbetrachtung diesen kurzen Vergleich dar.

2. Theoretische Grundlagen

2.1 Risikomanagement der Unternehmen

Unternehmerisches Handeln ist stets mit der Übernahme von Risiken verbunden. Folglich setzt dies voraus, dass wenn Träger von unternehmerischen Entscheidungskompetenzen ein optimales Verhältnis zwischen Risiken und erwarteten Renditen realisieren wollen, sie in der Lage sein müssen, Risiken einschätzen zu können. Damit dies wiederum gewährleistet ist, werden entsprechende Instrumente seitens der Unternehmensführung benötigt. Der Gesetzgeber fordert mithilfe von rechtlichen Auflagen ein Überwachungssystem. So ist beispielsweise 1998 das Gesetz zur Kontrolle und Transparenz im Unternehmensbereich (KonTraG) in Kraft getreten.[1] Darin wird der Vorstand eines Unternehmens dazu verpflichtet, ein Kon-

1 Vgl. Glaum, M. (2000), S. 9.

trollsystem zur Sicherung des Unternehmensfortbestands zu implementieren, indem frühzeitig Risikopotenziale identifiziert werden.

Ein derartiges Überwachungssystem drückt sich in Form des Risikomanagements aus. Dabei wird unter einem Risikomanagement ein unternehmensweites, bereichsübergreifendes System verstanden, welches alle Aktivitäten des Umganges mit Risiken in sich vereint.[2] Das oberste Ziel dieses Systems ist die Sicherung des Unternehmensbestands und des zukünftigen unternehmerischen Erfolgs.[3] Die Reduktion der Geschäftrisiken ist der wesentliche Nutzen eines integrierten Risikomanagements.[4] Dadurch werden Schäden und Folgekosten vermieden und gleichzeitig die Wettbewerbsfähigkeit des Unternehmens gesteigert, da bei der Analyse von Risiken auch Chancen erkannt werden. Ferner wird das Risikomanagement als ein in die Unternehmensführung integrierter Prozess des strategischen Controllings verstanden, der sich aus den Phasen der Identifikation, der Analyse, der Kommunikation und des Controllings der unternehmerischen Risiken zusammensetzt.[5]

2.2 Unternehmerische Versicherungsnachfrage

In der Literatur finden sich verschiedene Gründe für die unternehmerische Nachfrage nach Versicherungsschutz wieder. Die zentrale Begründung der Versicherungsnachfrage ist auf die unternehmerische Risikoreduktion zurückzuführen.[6] Dementsprechend kann der Abschluss einer Versicherung als eine Strategie des Risikomanagements bezeichnet werden.[7] Ferner wird davon ausgegangen, dass der Nachfrager einer Versicherung nur dann einen Vertrag abschließt, wenn er die aus der Prämienzahlung resultierenden Kosten geringer bewertet als den Nutzen durch die Risikoübertragung.[8] Weiterhin ist das Risikoverhalten des Akteurs zu betrachten. Während Individuen und Kleinbetriebe als risikoavers bezeichnet werden, trifft man

2 Vgl. O. V. (2000), S. 7.
3 Vgl. Vahs, D. (2003), S. 30.
4 Vgl. Greitemeyer, J. (2004), S. 1.
5 Vgl. Sauerwein, E. (1994), S. 49.
6 Vgl. Schulenburg, J.-M. Graf von der (1984), S. 299.
7 Vgl. Schulenburg, J.-M. Graf von der (1984), S. 315.
8 Vgl. Volken, T. (2000), S. 9.

die Annahme, dass das unternehmerische Risikoverhalten risikoneutral ist.[9] Im Sinne der Investitionstheorie von Modigliani und Miller ist dies auf die Risikodiversifikation zurückzuführen.[10] Nach Nickel reflektiert der Diversifikationsgrad des Akteurs seine Risikoeinstellung.[11] Je breiter die Vermögens- und Kapitalstruktur des Akteurs gestreut ist, desto neutraler verhält er sich gegenüber riskanten Investitionen.

Aufgrund von Marktunvollkommenheiten und Marktunvollständigkeiten fragen risikoneutrale Akteure Versicherungen nach.[12] Dabei beinhalten Marktunvollkommenheiten Informationsasymmetrien und Transaktionskosten. Informationsasymmetrien wiederum spiegeln Interessenskonflikte bei ungleich verteilter Information wider. Dementsprechend kann der Interessenskonflikt zwischen Eigentümer und Gläubiger als ein weiterer Grund der Versicherungsnachfrage genannt werden.[13] Die Eigentümer können durch eine riskante Wahl von Investitionsprojekten den Wert des Unternehmens steigern. Dieser zusätzliche Gewinn ist jedoch lediglich auf die Eigentümer beschränkt. Somit tragen die Gläubiger ein größeres Risiko, beim Eintritt des Konkurses ihre Ansprüche zu verlieren. Der Kauf einer entsprechenden Versicherung kann dieses Risiko kompensieren. Folglich impliziert ein höherer Fremdkapitalanteil auch eine verstärkte Versicherungsnachfrage.[14] Somit wird deutlich, dass die Entscheidungen bezüglich der Kapitalstruktur und der Versicherungsnachfrage in einem interdependenten Verhältnis zueinander stehen.

Ein anderes Beispiel, das auf Interessenkonflikte verweist, ist das Principal-Agent-Problem bzw. die daraus resultierenden Sachverwalterkosten. Das Principal-Agent-Problem beruht auf rationalen Interessendivergenzen zwischen Manager und Eigentümer. Der Eigentümer verhält sich annahmegemäß gewinnmaximierend, der Manager dagegen will seinen eigenen Nutzen maximieren.[15] Der Manager erhält einen diskretionären Spielraum,

[9] Vgl. Nickel, A. (1998), S. 430.
[10] Vgl. Yamori, N. (1999), S. 239.
[11] Vgl. Nickel, A. (1998), S. 435.
[12] Vgl. Nickel, A. (1998), S. 439.
[13] Vgl. Mayers, D. / Smith, C. W. (1987), S. 51.
[14] Vgl. MacMinn, R. D. (1987), S. 673-674.
[15] Vgl. Mayers, D. / Smith, C. W. (1982), S. 195.

den die Eigentümer durch Monitoring einschränken wollen. Dies führt wiederum zu zusätzlichen Kosten.

Resultierend aus den Marktunvollkommenheiten zählen die Transaktionskosten ebenfalls zu den wichtigen Motiven der unternehmerischen Versicherungsnachfrage.[16] Bei der Betrachtung der Steuern lässt sich festhalten, dass die Unternehmen durch einen Versicherungsabschluss steuerliche Vorteile erzielen, indem ihre Steuerschuld gemindert wird.[17] Der Schutz der Anleihebesitzer vor dem opportunistischen Verhalten der Kapitaleigner kann als eine weitere Begründung für die Versicherungsnachfrage bezeichnet werden.[18] Des Weiteren ist das Spektrum an Dienstleistungen beim Kauf einer Versicherung zu nennen.[19] Im Hinblick auf das Risikomanagement stellt die versicherungsspezifische Dienstleistung einen erheblichen Wissens- und Kostenvorteil dar.[20] Letztlich ist auf die Existenz von Pflichtversicherungen zu verweisen, wobei diese jedoch zu einer Einschränkung der Konsumentensouveränität führen.[21]

3. Empirische Fallstudien zum Risikomanagement

3.1 Entwicklungstrends des Risikomanagements von AG in Deutschland

Resümierende Darstellung der Studie

Das Institut der Niedersächsischen Wirtschaft e.V.[22] startet mithilfe der PwC Deutsche Revision AG[23] die bundesweite Industriestudie „Entwicklungstrends des Risikomanagements von AG in Deutschland“.[24] Die Intention des Instituts besteht darin, einen umfangreichen Überblick über den

16 Skogh, G. (1989), S. 731.
17 Vgl. Yamori, N. (2000), S. 245.
18 Vgl. Zweifel, P. / Eisen, R. (2000), S. 158.
19 Vgl. Zweifel, P. / Eisen, R. (2000), S. 163.
20 Vgl. Nickel, A. (1998), S. 441.
21 Vgl. Schulenburg, J.-M. Graf von der (1984), S. 307.
22 Das Institut der Niedersächsischen Wirtschaft e.V. ist ein Wirtschaftsverband. Die Aktivitäten des Instituts konzentrieren sich u. a. auf die Gesellschaftspolitik und das Gesellschaftsrecht.
23 Die PwC Deutsche Revision ist eine Prüfungs- und Beratungsorganisation in Deutschland.
24 Die Industriestudie wurde von Oktober 1999 bis April 2000 durchgeführt.

gegenwärtigen Stand des Risikomanagements deutscher AG zu geben.[25] Im Hintergrund des KonTraG geht die Studie der Frage nach, inwieweit dieses Gesetz in die Praxis umgesetzt ist und welche Entwicklungen sich bei der konkreten Ausgestaltung von Risikomanagementsystemen abzeichnen. Insgesamt beteiligten sich an der Fragebogenuntersuchung 85 Unternehmen.[26] Im Folgenden werden in komprimierter Weise die zentralen Aspekte wiedergegeben.

Organisation des Risikomanagements

An dieser Stelle wird der Aufbau, die Verantwortlichkeit und die Überwachung der Risikomanagementsysteme fokussiert. Bei der Betrachtung des Aufbaus von Risikomanagementsystemen stellt sich heraus, dass bei 61 % der Unternehmen das Risikomanagement als ein integraler Bestandteil der Unternehmensorganisation aufgefasst wird. Anhand der Risikoverantwortlichkeit kristallisiert sich heraus, welchen Stellenwert dem Risikomanagement innerhalb der Unternehmung zugeordnet wird. Bei 53 % der Unternehmen wird diese Zuständigkeit dem Gesamtvorstand zugewiesen. 27 % übergeben diese Zuständigkeit einem zentralen Risk Manager. Für die Identifikation der Risiken ist bei 64 % der Unternehmen der Prozessverantwortliche zuständig. Die verbleibenden 36 % setzen sich u. a. aus der Geschäftsführung und dem Controlling zusammen. Bei der Mehrheit der Unternehmen ist eine Kontrolleinheit zur Überwachung des Risikomanagementsystems wieder zu finden. Bei 55 % erfolgt dies durch interne Einheiten, wobei ein Großteil dieser Unternehmen lediglich eine sporadische Kontrolle vollzieht. Mithilfe des KonTraG will der Gesetzgeber Kontrolle und Transparenz innerhalb der Unternehmung erzielen. Dies erfordert den Einbezug des Aufsichtsrates über die internen Vorgänge. 72 % der Unternehmen geben an, dass der Aufsichtsrat über die Implementierung des Risikomanagementsystems informiert ist. Bei der Frage, ob der Aufsichtsrat über wesentliche Risiken informiert wird, bejahen diese 71 % der Unternehmen.

---

[25] Vgl. nachfolgende Ausführungen o. V. (2000).

[26] Die Branchenverteilung setzt sich zu 59 % aus Industrie und Handel, 26 % aus Dienstleistung, 11 % aus Energiewirtschaft und 5 % aus Telekommunikation und Medien zusammen.

Weiterführende Aspekte des Risikomanagements
Es stellt sich heraus, dass 42 % der AG 1999 noch nicht mit dem Aufbau bzw. ihrem Ausbau des Risikomanagements abgeschlossen haben. Bei 77 % der AG sind sämtliche betriebliche Prozesse bzw. Bereiche in das Risikomanagement integriert. Die Unternehmen welche die ganzheitliche Einbindung an dieses Management verneinen, beziehen ihre Betrachtungen meist auf die Bereiche Kundenbetreuung, Marketing, Forschung und Datenverarbeitung. Insbesondere diese Bereiche liefern wichtige Informationen über Risiken und könnten somit einen wertvollen Beitrag für Frühwarnsysteme liefern. Bei den Angaben über die Durchführungen von Risikoinventuren lässt sich festhalten, dass die Mehrheit der AG zwar eine derartige Inventur durchführt, aber die letzte bei den meisten bis 24 Monate zurück liegt. Bei der Befragung nach der Inventurvorgehensweise wird deutlich, dass die notwendigen Informationen aus verschiedenen Quellen gewonnen werden, diese jedoch selten durch die Befragung von Risikoverantwortlichen erfolgt. Bei einem Großteil der AG besteht die Risikobewertung aus den Dimensionen Eintrittwahrscheinlichkeit und Schadenhöhe. 66 % der AG erfassen auch unmittelbar nicht quantifizierbare Risiken, da sie die Meinung vertreten, dass diese Risiken zunehmend wichtiger für die Unternehmung werden. Die Frage, ob Schwellenwerte für die Meldung von Risiken an den Vorstand festgelegt sind, bejahen diese 51 % der Gesellschaften. Das Nichtvorhandensein von Schwellenwerten innerhalb des Risikomanagements bei diesen Unternehmen kann zu einer Existenzbedrohung führen. Lediglich 46 % leiten die Informationen von Frühwarnindikatoren und Kennzahlen auch an den Vorstand weiter. Die Nachvollziehbarkeit sowie die Gewichtung der Risiken werden somit reduziert und können dementsprechend ihrer Bedeutung nach nicht abgewehrt werden. Die letzte Frage bezieht sich auf die Unterstützung durch externe Berater bei dem Auf- und Ausbau von Risikomanagementsystemen. Lediglich eine geringe Prozentzahl der AG beansprucht eine externe Beratung. 29 % der Unternehmen ziehen für den Bereich der Identifikation und Analyse externes Personal vor.

Schlussfolgerungen aus den gewonnenen Ergebnissen
Mit Hilfe dieser Studie wird gezeigt, dass das Risikomanagement in deutschen AG immer mehr an Bedeutung gewinnt. Diese Entwicklung ist nicht nur auf die veränderten Rahmenbedingungen im gesetzlichen Bereich zu-

rück zu führen. Das KonTraG verpflichtet die Unternehmen ein Risikomanagement auf- bzw. auszubauen, jedoch definiert dieses Gesetz keine operationalisierbaren Anforderungen. Bei der Auswertung der Daten kristallisiert sich heraus, dass die Mehrheit der Unternehmen lediglich die Einhaltung der gesetzlichen Bestimmungen ansteuert. Dies lässt den Schluss zu, dass die AG die Vorteile, die ein gut ausgebautes Risikomanagement erzielen kann, nicht nach seinen Nutzen bewerten. Ein Großteil der Unternehmen fokussiert lediglich die Risken und vernachlässigt die gewinnerzielenden Chancen. Im Idealfall sollen aber Chancen und Risiken gemeinsam betrachtet und bewertet werden. Erst durch die Gegenüberstellungen der beiden Betrachtungsschwerpunkte kann ein effizienter Beitrag des Risikomanagements zur Ergebnisverbesserung des Unternehmens erzielt werden. Defizite sind ebenfalls im Bereich der Frühwarnsysteme zu finden. Die Bedeutung der Frühwarnindikatoren wird von den meisten Unternehmen unterschätzt und lediglich beschränkt in Einsatz genommen. Dass Risiken kaum den entsprechenden Indikatoren zugeordnet werden, kann damit zusammenhängen, dass die meisten Unternehmen eine vergangenheitsbezogene Vorgehensweise vorziehen. Ähnliche Schlussfolgerungen lassen sich im Bereich der Risikoinventuren ziehen. Das Instrument der Risikoinventur ermöglicht die Orientierung des Risikomanagements auf die notwendigen Risikofelder. Ein derartiges Instrument kann erst dann Effektivität zeigen, wenn Informationen auf dem aktuellsten bzw. aktuellen Stand sind, denn ein zeitlicher Rückstand kann zu veränderten Rahmenbedingungen führen.

Ein weiteres Verbesserungspotenzial ist im Bereich der Kommunikation von Informationen sichtbar. Bei der Mehrheit der Aktiengesellschaften ist keine eindeutig geregelte Festlegung über die Risikokommunikation zu finden. Selbst wenn wesentliche Informationen auf der operativen Ebene gewonnen werden, erreichen diese den Vorstand bzw. die verantwortliche Stelle zu spät bzw. gar nicht. Folglich können die Verantwortlichen keine entsprechenden Maßnahmen einleiten. Dabei wird ein effizientes Risikomanagement durch einen regen und intakt funktionierenden Kommunikationsfluss charakterisiert. Ein weiteres Kennzeichen eines effizienten Risikomanagements besteht in der unternehmensweiten Integration aller betrieblichen Prozesse und Bereiche. Dieser Aspekt ist ebenfalls bei dem Großteil der Unternehmen nicht anzutreffen. Die Unternehmen setzten sich der Gefahr aus, wichtige Informationen aus wesentlichen Bereichen nicht erfassen zu können und schränken sich somit von vornherein in ihrem potenziellen Aktionsspektrum ein. Zusammenfassend kann festgehalten werden, dass sich das Risikomanagement deutscher AG ausbaudürftig ist. Die Einbindung eines Risikomanagements in eine Unternehmung muss als ein kontinuierlicher Prozess verstanden werden. Des Weiteren kann herausgestellt werden, dass das Risikomanagement in Hinblick auf die unternehmens- und branchenspezifischen Veränderungen sensibilisiert werden muss.

3.2 Finanzwirtschaftliches Risikomanagement deutscher Industrie- und Handelsunternehmen

Resümierende Darstellung der Studie

Die Industriestudie „Finanzwirtschaftliches Risikomanagement deutscher Industrie- und Handelsunternehmen" ist eine empirische Untersuchung, die aus der Zusammenarbeit der PwC Deutsche Revision AG und der Justus-Liebig-Universität Giessen resultiert.[27] Diese Industriestudie stellt das finanzwirtschaftliche Risikomanagement von großen Industrie- und Handelsunternehmen[28] dar. An der Untersuchung in Form von Selbsteinschätzungen nahmen 74 deutsche Unternehmen teil.[29] Im Folgenden werden zentrale Aspekte der Studie dargestellt.

Bedeutung unterschiedlicher Risikokategorien sowie Organisation des Risikomanagements

Unternehmen stehen unterschiedlichen Risikoarten gegenüber. Dabei zählen die Branchen- und die Unternehmensrisiken zu den bedeutsamsten Risikoarten. Trotz der Bedeutsamkeit der Branchenrisiken zeichnet sich ab, dass obwohl 28 % der Unternehmen eine regelmäßige und systematische Erfassung und Quantifizierung durchführen, lediglich 24 % der Unternehmen eine zielorientierte Steuerung dieser Risiken anstreben. Auf die Frage,

---

[27] Vgl. nachfolgende Ausführungen Glaum, M. (2000).

[28] Die Branchenverteilung setzt sich u. a. aus 14,9 % in Chemie- und Pharmaindustrie, 10, 8 % Handel und Dienstleistung, 6 % Elektroindustrie, 5 % Nahrungsmittelindustrie, 4 % Textilindustrie zusammen.

[29] Die Studie wurde von 1999 bis 2000 durchgeführt.

ob die Unternehmen nach den Anforderungen des KonTraG ein ausgebautes Risikomanagement verfügen, bejahen dies lediglich 14 %. Bei dem Aspekt der Verantwortlichkeit des Risikomanagements geben 37 % der Unternehmen an, dass diese auf mehrere Abteilungen verteilt ist. In 23 % der Fälle ist das Risikomanagement der Stabsabteilung zugewiesen. Der Vorstand bzw. die Stabsabteilung legt die Ziele des Risikomanagements fest. Demnach geben 80 % der Unternehmen die Unternehmenssicherung als das wichtigste Ziel des Risikomanagements an.

Organisation des Finanzmanagements
Unternehmen nehmen im Bezug auf die verschiedenen Risikoarten eine leicht risikoaverse bis risikoneutrale Haltung ein. Risikoneutral verhalten sie sich gegenüber dem Aktienkursrisiko, wohingegen sie sich risikoavers gegenüber den Wechselkurs- und Adressenausfallrisiken verhalten. Nach den Angaben der Unternehmen sind 86 % von ihnen entweder als Service Center[30] oder Cost Center[31] organisiert. Bei der Verteilung von Aufgaben und Kompetenzen zwischen der Konzernzentrale und den Finanzabteilungen der Tochtergesellschaften wird deutlich, dass sowohl das Einleiten von Risikobewältigungsmaßnahmen überwiegend zentralisiert organisiert wird.

Einsatz derivativer Finanzinstrumente
Der Einsatz von derivativer Finanzinstrumenten ist bei 90 % der Unternehmen zu verzeichnen. Ferner lässt sich festhalten, dass unter diesen 90 % die Divisentermingeschäfte sehr häufig genutzt werden. Der Großteil der Befragten setzt Derivate zur Reduktion von Risiken ein, jedoch kaum um Gewinne zu erzielen. Dies kann auf den unsicheren Umgang derivativer Finanzinstrumente zurückgeführt werden. So zählen zu den Problemen die Einschätzung der Devisenrisiken deutsche Rechnungslegungsvorschriften sowie auch ungenaue Kenntnis der Risikopositionen der Unternehmen.

Management von Wechselkurs- und Zinsrisiken
Im Bereich der Wechselkursrisiken wird deutlich, dass die Mehrheit der Unternehmen keine vollständige Absicherung ihrer Exposure anstrebt,

---

30 Ein Service Center ist dadurch gekennzeichnet, dass das Finanzmanagement weder einen Gewinnbeitrag zu leisten noch seine einigen Kosten zu decken hat.

31 Das Cost Center muss innerhalb einer gewissen Budgetvorgabe seine Aktivitäten durchführen.

sondern die Strategie der „selektiven Kurssicherung"[32] verfolgt. Auf offene Währungspositionen verzichten grundsätzlich 11 % der AG. Bei der Frage nach der systematischen Erfassung und Quantifizierung der Zinsrisiken kristallisiert sich heraus, dass lediglich 20 % der Befragten diese auch durchführen, wohingegen 36 % angeben, ihre Zinsrisiken zielorientiert zu steuern. Die größte Bedeutung bei einer unerwarteten Zinsveränderung wird den langfristigen Auswirkungen auf den operativen Cash Flow des Unternehmens zugeordnet. Als ein anderer Risikobereich werden die Auswirkungen der Zinserhöhungen auf Kapitalbeschaffungen genannt. Dabei wird die Strategie des selektiven Hedging[33] von 61 % der Unternehmen verfolgt. Bei dem Vergleich der Wechselkursrisiken und der Zinsrisiken lässt sich festhalten, dass sich die Unternehmen gegenüber Zinsrisiken risikofreudig verhalten, indem sie, mit der Intention Gewinne erzielen zu können, gezielt offene Positionen eingehen.

Schlussfolgerungen aus den gewonnenen Ergebnissen

Äquivalent zur ersten Studie kristallisiert sich heraus, dass das Risikomanagement immer mehr an Bedeutung gewinnt. Neben den branchen- und unternehmensbezogenen stellen die finanzwirtschaftlichen Risiken die wichtigste Risikoart dar. Trotz dieser Relevanz erfolgt jedoch bei den meisten Unternehmen weder eine regelmäßige, systematische Erfassung und Quantifizierung noch eine zielorientierte Steuerung der Risiken. Diese Defizite können auf verschiedene Gründe zurückgeführt werden. Zum einen liegt es nahe, dass die Unternehmen aufgrund der Nichtexistenz standardisierter Modelle zur Messung des Risikos nicht genug Initiative erzeugen, um erforderliche Konzepte individuell zu entwickeln. Zum anderen könnte spekuliert werden, dass die Erfassung bzw. Quantifizierung der Risiken deswegen so spärlich ausfällt, weil es keine Sicherungsmechanismen wie beispielsweise Versicherungen für branchen- und unternehmensbezogene Risiken gibt. Im Vergleich zu den zwei erstgenannten Risikoarten nimmt das finanzwirtschaftliche Risiko eine besondere Position ein, denn obwohl ebenfalls keine systematische Quantifizierung erzielt wird, erfolgt bei knapp der Hälfte der Unternehmen eine zielorientierte Steuerung. Wird

---

32 Bei der Strategie der selektiven Kurssicherung werden Positionen, von denen ein Währungsgewinn erwartet wird, nicht abgesichert, sondern lediglich diejenigen Positionen werden abgesichert, von denen auch ein Währungsverlust erwartet wird.

33 Lediglich diejenigen Positionen werden abgesichert, bei denen unter Betrachtung prognostizierter Zinsveränderungen ein Verlust erwartet wird.

berücksichtigt, dass mithilfe von derivativen Finanzinstrumenten nicht nur Risiken abgewehrt werden, sondern auch darüber hinaus durch den gezielten Aufbau offener Positionen Gewinne erzielt werden können, wird die selektive Gewichtung der verschiedenen Risiken nachvollziehbar.

Nichts desto trotz ist die Zahl der Unternehmen, die derivative Instrumente zur Gewinnerzielung verwendet, vergleichsweise niedrig. Folglich werden Derivate fast ausschließlich für die Absicherung von Risiken eingesetzt. Eine mögliche Erklärung für diese Art der Risikostrategie könnte aus Sicht vieler Unternehmen der problematische Umgang mit derivativen Finanzinstrumenten sein. Äquivalent zur ersten Studie kristallisiert sich der unsichere Umgang mit gesetzlichen Vorgaben und Vorschriften heraus. Wird dies auf das KonTraG bezogen zeigt sich, dass die Mehrheit der Unternehmen lediglich die Erfüllung der gesetzlichen Auflagen ansteuert. Die Effizienz eines ausgereiften Risikomanagementsystems kann somit nicht ausgenutzt werden, so dass sich die Unternehmen höheren Risiken aussetzen. Elementar für die Effektivität eines Risikomanagements ist die klare Zuordnung von Aufgaben, Kompetenzen sowie den zugehörigen Verantwortungen innerhalb der Unternehmung. Analog zur ersten Studie lässt sich festhalten, dass sich in der Praxis keine einheitliche Ausgestaltungsform herausgebildet hat. Unter diesem Aspekt gelangt man im Bezug zur ersten Studie zu modifizierten Ergebnissen, denn bei der zweiten Studie geben eindrittel der Unternehmen an, dass eine gesonderte Stabsstelle das Management der Risiken übernimmt. Dies führt zu der Schlussfolgerung, dass dem Risikomanagement eine übergeordnete Bedeutung zugeordnet wird und sie dementsprechend zu den Aufgaben der Unternehmensleitung gehört. Wird jedoch berücksichtigt, dass ein zentral organisiertes Managementsystem Nachteile wie beispielsweise ein erhöhtes Maß an Unflexibilität und zeitliche Verzögerungen mit sich bringt, bedeutet das im Bezug auf die Tochtergesellschaften eine eingeschränkte Reaktionsfähigkeit gegenüber Risiken. Dies könnte langfristig zu einer Existenzbedrohung des Unternehmens führen.

Beim gesamtunternehmensbezogenen Risikomanagement steht die Sicherung des Unternehmensfortbestandes an erster Stelle. Dies bestätigt die bereits angeführten Ausführungen über dem Einsatz derivativer Instrumente bezüglich der Absicherung von Risiken. Im Gegensatz zu amerikanischen

Unternehmen, welche die Existenzberechtigung des Unternehmens aus seiner Rentabilität ableiten, dominiert in Deutschland der Stakeholder-Ansatz. Dies führt dazu, dass das Risikomanagement einem breiteren Interessensspektrum verpflichtet ist und dementsprechend ausgerichtet sein muss. Unternehmen nehmen gegenüber Risiken die von theoretischen Modellen postulierte risikoneutrale Haltung ein. Innerhalb einzelner Risikoarten variiert jedoch diese Einstellung von leicht risikoavers bis risikoneutral. So kristallisiert sich heraus, dass sich die Unternehmen im Bereich der Zinsrisiken sich risikoneutraler verhalten als bei den anderen derivativen Bereichen. Dies ist darauf zurückzuführen, dass das Risikomanagement hierbei weit ausgebaut ist, und dass mithilfe von Prognosen die Strategie der selektiven Kurssicherung durchgeführt wird. Werden die Beurteilungen sämtlicher Unternehmen über die Implementierung und die Weiterentwicklung der Risikomanagementsysteme wiedergegeben, so würden diese keine größeren Probleme darstellen. Unter Berücksichtigung der tatsächlichen Situation führt diese Aussage zu der Schlussfolgerung, dass die auftauchenden Probleme von den Verantwortlichen falsch bewertet werden müssen bzw. die schwerwiegenden Probleme noch nicht bewusst wahrgenommen werden. Eine Fehlinterpretation, eine Abschwächung der vorliegenden Ausgangssituation oder auch mangelnder Einsatz des Risikomanagementsystems muss seitens der Verantwortlichen vorliegen. Dies führt letztlich zu der Schlussfolgerung, dass das Risikomanagement lediglich in einer reduzierten Form in Einsatz gebracht wird, und somit der Nutzen dieses Managementsystems seitens der Unternehmen nicht maximiert wird.

4. Empirische Fallstudien zur unternehmerischen Versicherungsnachfrage

4.1 An Empirical Investigation of the Japanese Corporate Demand For Insurance

Resümierende Darstellung der Studie

Die Studie „An Empirical Investigation of the Japanese Corporate Demand For Insurance" fokussiert auf die Versicherungsnachfrage japanischer Unternehmen.[34] Hierfür werden die Daten von 504 japanischen Unternehmen

34 Vgl. nachfolgende Ausführungen Yamori, N. (2000).

theoretischen Annahmen empirischen Studien gegenübergestellt. Dabei wird ananalysiert, inwieweit die folgenden Aspekte die japanische Versicherungsnachfrage der Unternehmen beeinflussen.[35]

Eigentums- bzw. Beteiligungsverhältnisse
Da es sich bei den untersuchten Unternehmen um Aktiengesellschaften handelt, können die Auswirkungen des Risikoverhaltens von eigentümergeleiteten und managergeleiteten Unternehmen auf die Versicherungsnachfrage empirisch nicht überprüft werden. Deshalb wird ersatzweise das Verhältnis industrieller Unternehmen zu Versicherungsunternehmen untersucht. Bei der Betrachtung der zehn größten Unternehmen kristallisiert sich heraus, dass die Zusammensetzung der Eigentümer- bzw. Beteiligungsverhältnisse keine große Auswirkung auf die Versicherungsnachfrage erzielt.

Minderung der Steuerschuld
Die theoretischen Überlegungen sind dahingehend, dass größere Unternehmen ihre steuerliche Belastung durch den Kauf einer Versicherung reduzieren können, da die Steuerschuld um die Versicherungsprämie gemindert wird. Des Weiteren wird von einer konvex verlaufenden Steuerfunktion ausgegangen. Es wird angenommen, dass die Steuerschuld größer ist als die Steuerschuld, in der die Vorsteuer noch keine Berücksichtigung gefunden hat. Nach den empirischen Untersuchungen zufolge stellt die Reduzierung der Steuerschuld keinen ausschlaggebenden Faktor bezüglich der Versicherungsnachfrage dar. Dies ist darauf zurück zu führen, dass aufgrund des japanischen Steuersystems die unternehmerische Steuerfunktion einen linearen Verlauf vorweist.

Der Anteil an Fremdkapital
Der Anteil an Fremdkapital drückt das Verhältnis zwischen Obligationen und Stammaktien bzw. Anleihebesitzern und Aktienbesitzern aus. Der Kauf einer Versicherung reduziert das Risiko des Anleihebesitzers gegenüber riskanten Aktivitäten seitens des Aktienbesitzers. Dieser Sachverhalt müsste zu einer Steigerung der unternehmerischen Versicherungsnachfrage beitragen. Folglich wird davon ausgegangen, dass Unternehmen, die einer

[35] Die Branchenverteilung gliedert sich wie folgt auf: 16,3 % Bauindustrie, 15,1 % Handelsunternehmen, 10,5 % aus Chemieindustrie und Energiewirtschaft u. a. Der Erhebungszeitraum ist von 1986 bis 1987.

höheren Konkurswahrscheinlichkeit unterliegen, auch eher dazu geneigt sind, eine Versicherung abzuschließen als Unternehmen, die eine geringere Wahrscheinlichkeit aufweisen. Die Untersuchungsergebnisse bestätigen dies lediglich tendenziell.

Unternehmensgröße
Zum einen wird davon ausgegangen, dass kleinere Unternehmen eher dazu geneigt sind, Versicherungen zu erwerben als größere, da es für die kleineren Unternehmen schwieriger ist das Risiko zu streuen. Je kleiner das Unternehmen, desto kleiner ist folglich die Möglichkeit der Risikodiversifikation und desto größer ist somit auch die unternehmerische Nachfrage nach Versicherungsschutz. In diesem Zusammenhang werden die Kapitalausstattungen und die Verwaltungs- und Verkaufskosten der Unternehmen als Vergleichsvariablen verwendet. Zum anderen wird davon ausgegangen, dass größere Unternehmen dazu geneigt sind sich zu versichern, damit sie die Nachteile verringern können, die aus der Existenz des Prinzipal-Agent-Problems entspringen. Die Studienergebnisse bestätigen lediglich den erstgenannten Aspekt. Die Versicherungsnachfrage kleinerer Unternehmen ist größer als von größeren Unternehmen.

Staatlich gelenkte Industrieunternehmen
Die japanische Energie- und die Gasindustrie gehört zu den staatlich geregelten Unternehmen. Es wird dabei davon ausgegangen, dass innerhalb dieser Industrien die Versicherungsnachfrage größer ist als bei nicht staatlich gelenkten Unternehmen.[36] Dies ist darauf zurückzuführen, dass die Manager derartiger Unternehmen andere Verhaltensweisen aufzeigen als Manager von Unternehmen, die sich in ständiger Konkurrenz befinden. Diese Verhaltensweisen spiegeln sich beispielsweise darin wieder, dass höhere Aufwendungen verzeichnet werden. Es wird davon ausgegangen, dass staatlich gelenkte Unternehmen eine höhere Versicherungsnachfrage aufweisen als im Wettbewerb frei agierende Unternehmen. Die Daten der Studie führen zu demselben Ergebnis.

Schlussfolgerungen aus den gewonnenen Ergebnissen:
Es lässt sich festhalten, dass sich lediglich ein Teil der Annahmen mithilfe dieser Studie bestätigen lassen. So bestehen keine Übereinstimmungen

[36] Vgl. Mayers, D. / Smith, C. W. (1982), S. 201.

zwischen den Annahmen und der Einflussfaktoren steuerliche Vorteile und Eigentumsverhältnisse. Zu konstatieren ist, dass die Untersuchung der Eigentumsverhältnisse dem tatsächlichen Verhältnis nicht entspricht, wenn berücksichtigt wird, dass sämtliche an der Untersuchung teilnehmenden japanischen Unternehmen AG sind. Zudem beinhaltet der Einflussfaktor Eigentumsverhältnisse zusätzlich Aussagen über die Auswirkungen von managergeleiteten und eigentümergeleiteten Unternehmen. Im Rahmen dieser Studie jedoch sind keine Aussagen bezüglich dieses Aspektes zu treffen. Weiterhin ist anzumerken, dass die Minderung der Steuerschuld keine große Anreizwirkung bezüglich des Anschlusses eines Versicherungsvertrages hat. Sie unterliegt der Annahme, dass sämtliche Unternehmen Gewinne erzielen. Es wird von einem linearen Verlauf der Steuerfunktion ausgegangen, so dass die Auswirkungen auf Unternehmen mit konvexer Steuerfunktion keine Berücksichtigung finden. Es wird bestätigt, dass die Größe eines Unternehmens, ihre Machtverteilung sowie die staatliche Lenkung zu den Faktoren gehören, welche die unternehmerische Nachfrage nach Versicherungsschutz erhöhen. So lässt sich schlussfolgern, dass je größer eine Unternehmung ist, ihre Versicherungsnachfrage kleiner sein wird. Dies ist auf den Aspekt der Risikodiversifikation zurückzuführen. Dem Sachverwalterkosten-Ansatz wird dagegen keine große Bedeutung zugeordnet, da davon ausgegangen wird, dass das Interesse seitens der japanischen Versicherungen die Manager zu kontrollieren gering ausfällt. Es lässt sich festhalten, dass die staatlich gelenkten Unternehmen eine größere Versicherungsnachfrage aufweisen als Unternehmen im freien Wettbewerb.

4.2 The Demand for Flood Insurance: Empirical Evidence

Resümierende Darstellung der Studie

Im Rahmen der amerikanischen Studie „The Demand for Flood Insurance: Empirical Evidence" wird die Nachfrage nach Versicherungsschutz gegenüber Überschwemmungen untersucht.[37] Browne und Hoyt überprüfen mithilfe eines selbst konzipierten Modells Hypothesen, welche auf die Versi-

[37] Der Fokus der anschließenden Ausführungen richtet sich auf die unternehmerische Versicherungsnachfrage.

cherungsnachfrage fokussieren.[38] Hierbei sind die länderspezifischen Merkmale zu beachten. So existiert in den USA neben den privaten Versicherungsanbietern das Nationale Überschwemmungsversicherungsprogramm (NFIP). Die Zielsetzung des NFIP besteht in der Bereitstellung einer Basisabdeckung der Versicherungsnachfrage, wobei die Prämien nach Überschwemmungsgefahr und Risikoqualität abgestuft sind und schlechte Risiken relativ stark subventioniert werden. Um zu überprüfen, ob sich diese Aspekte auch in der Empirie bestätigen lassen, werden ausgewählte Variablen überprüft und im Folgenden komprimiert dargestellt.

Mitigation
Unter der Variable „Mitigation“ sind die staatlichen Aufwendungen zur Schadensminderung zu verstehen. Sollte der Wert dieser Variablen steigen, wird dies mit einer negativen Auswirkung bzw. mit einer Reduktion auf die Versicherungsnachfrage gedeutet. Die empirischen Daten stimmen tendenziell mit den theoretischen Annahmen überein.

Disater-Relief
Die Variable „Disater-Relief“ fasst die Entlastungen durch finanzielle Hilfe zusammen. Sie ist eng mit der Variable „Mitigation“ verknüpft. Dementsprechend wird ein ähnlicher Effekt bei einer Wertzunahme der Variable „Disater-Relief“ erwartet, d. h. eine Zunahme dieser Variable müsste mit einer Minderung der Versicherungsnachfrage einhergehen. Empirisch zeigt sich, dass sich diese Variable entgegen den theoretischen Überlegungen auswirkt.

Price
Die Variable „Price“ drückt die Versicherungsprämie aus. Es wird davon ausgegangen wird, dass sich mit Zunahme der Prämienhöhe die Nachfrage nach Flutversicherungen vermindert. Annahmengemäß lässt sich empirisch ein negativer Zusammenhang zur Versicherungsnachfrage von Unternehmen verzeichnen.

Income
Eine positive Auswirkung wird von der Variable „Income“ erwartet, d. h. eine Zunahme dieser Variable müsste mit einer Steigerung der Versiche-

[38] Vgl. nachfolgende Ausführungen Hoyt, R. E. / Browne, M. J. (2000).

rungsnachfrage einhergehen. Je größer die finanziellen Spielräume des Wirtschaftsakteurs sind, desto eher ist er dazu geneigt einen Teil seiner finanziellen Ressourcen in den Erwerb von Versicherungen zu investieren. Wie theoretisch postuliert, übt die Variable „Income“ eine positive Auswirkung auf die Versicherungsnachfrage aus.

FHA-Loan
Unter dieser Variable ist der Erhalt eines spezifischen Darlehns zu verstehen. Anspruch auf ein derartiges Darlehn besitzen diejenigen Wirtschaftsakteure, die Besitz in den von Überschwemmungen bedrohten Zonen aufweisen können. Analog zur Variable „Income“ wird von einer positiven Auswirkung der Variable „FHA-Loan“ auf die Nachfrage nach Überschwemmungsschutz ausgegangen. Empirisch wird jedoch eine negative Auswirkung analysiert.

Recent-Flood
Diese Variable trifft Aussagen über die jüngste Überschwemmung aus. Je höher die Anzahl der Überschwemmung in dieser Periode ist und je näher die letzte zurückliegt, desto höher ist die Nachfrage. Insbesondere diese Variable drückt die subjektive Schadenseintrittswahrscheinlichkeit aus. Theoretisch wird von einem positiven Zusammenhang zwischen dem „Recent-Flood“ und der Versicherungsnachfrage ausgegangen. Annahmegemäß wird in der Empirie eine positive Auswirkung dieser Variable auf die Versicherungsnachfrage verzeichnet.

Schlussfolgerungen aus den gewonnenen Ergebnissen
Mithilfe der Untersuchung können vier Annahmen empirisch bestätigt werden. Zu diesen Aspekten zählen die Variablen „Mitigation“, „Price“, „Income“ und „Recent-Flood“. Im Gegensatz dazu verhalten sich die Variablen „Disater-Relief“ und „FHA-Loan“ entgegen den getroffenen Annahmen. So wirkt sich die Steigerung der Variable „Disater-Relief“ positiv und die Abnahme der Variable „FHA-Loan“ negativ auf die Nachfrage nach Überschwemmungsversicherungen aus. Mithilfe der Variable „Recent- Flood“ hat sich gezeigt, dass die Nachfrage nach Versicherungen umso höher ist, je höher die Anzahl der Überflutung in der betrachteten Periode ausfällt und je näher die letzte Überschwemmung zurückliegt. Dieser Zusammenhang verdeutlicht die Abhängigkeit des Versicherungsab-

schlusses von der subjektiven Wahrscheinlichkeit des Schadenseintrittfalles. Das zentrale Problem der Überschwemmungsversicherung ist darin zu sehen, dass die Prämien subjektiv zu hoch empfunden werden. Die Eintrittswahrscheinlichkeit einer Überschwemmung ist zwar relativ gering, jedoch ist der Ausmaß beim Schadenseintrittsfall sehr hoch. Wenn die Höhe der Versicherungsprämie bekannt ist, neigen die Wirtschaftsakteure meist dazu den Versicherungsabschluss zu negieren, da die subjektive Eintrittwahrscheinlichkeit von der Prämienhöhe negativ beeinflusst wird. Dies darauf zurück zu führen, dass nach der Einschätzung des Wirtschaftsubjekts die Prämienzahlungen und die Eintrittswahrscheinlichkeit in keinem gerechtfertigten Verhältnis stehen. Dieser Zusammenhang spiegelt nicht nur die risikoaverse Haltung von Einzelpersonen wieder, sondern auch die der Risikodiversifikation betreibenden Aktieninhabern. Es bleibt fest zu halten, dass Empfehlungen aus der Literatur zur Gewährleistung einer Versicherungsgrundabdeckung darauf verweisen, die Überschwemmungsversicherung mit in die Feuerversicherung einzuschließen, da dann das Überschwemmungsrisiko mit den anderen Katastrophen gebündelt werden könnte.

5. Schlussbetrachtung

Mithilfe der unterschiedlichen Studien ist ein Überblick über die Risikobewältigung von Unternehmen gegeben worden. Gemein ist allen Studien, dass sie umfangreich und aktuell sind. Insgesamt lässt sich festhalten, dass sämtliche Untersuchungen die Intention beinhalten durch die Reflexion der Empirie Handlungsrichtlinien zu formulieren. Es kristallisiert sich heraus, dass die Einstellung bzw. die Risikohaltung der Unternehmen als risikoneutral bezeichnet wird. Nichts desto trotz wird deutlich, dass im Rahmen des Neutralitätsspektrums verschiedene Facetten dieser Neutralität vorzufinden sind. Ferner stellt sich im Rahmen der Versicherungsnachfrage heraus, dass die unternehmerische Einschätzung der Schadenseintrittswahrscheinlichkeit von den subjektiven Eintrittwahrscheinlichkeiten der Träger der Entscheidungskompetenz abhängt, die trotz möglicher Risikodiversifikation eine eher risikoaverse bis risikoneutrale Haltung einnehmen.

Festzuhalten ist ebenfalls, dass die Annahmen aus der Theorie nicht immer mit der Empirie übereinstimmen. Weiterhin ist zu berücksichtigen, dass Annahmen aus Theorie und Praxis nicht immer miteinander verglichen werden können. So kann beispielsweise keine empirische Aussage darüber treffen werden, wie sich eigentümergeleitete Unternehmen im Vergleich zu managergeleiteten verhalten, wenn sich die Erhebungsdaten lediglich auf AG beziehen. Empirische Untersuchungen müssen einer kritischen Prüfung unterzogen werden, indem aufgestellte Annahmen und Ansprüche auf Zusammenhänge näher durchleuchtet werden. So ist das Verhältnis zwischen japanischen Unternehmen und der Versicherungsunternehmen kein geeignetes Substitut für das Verhältnis zwischen eigentümer- und managergeleiteten Unternehmen. Weiterhin ist bei Fragebogenuntersuchungen zu beachten, dass die gewonnenen Daten auf Selbsteinschätzungen basieren und somit einer gewissen Verzerrung unterliegen. Letztlich wird deutlich, dass die Empirie am besten mit ihren eigenen Ergebnissen erklärt werden kann, und dass aus den daraus resultierenden Schlussfolgerungen geeignete Handlungsempfehlungen abgeleitet werden können.

Literaturverzeichnis

Glaum, M. (2000):
Industriestudie: Finanzwirtschaftliches Risikomanagement deutscher Industrie- und Handelsunternehmen, URL:http://wiwi.uni-giessen.de/dl/down /open/Glaum/e37ec630cc55a1a73cf335985b80c644d76695ab13dd67d0d9dcca00ea7f49a51bfee2bba0c8aa37dea0372218ab742f/frm.pdf [Stand 25.04.2005].

Greitemeyer, J. (2004):
Integriertes Risiko-Management für den Mittelstand, URL: http://www.basel-ii.info/artikel-print100.htm [Stand 27.04.2005].

Hoyt, R. E. / Browne, M. J. (2000):
The Demand For Flood Insurance: Empirical Evidence, in: Journal of Risk and Uncertainty 20, Nr. 3, S. 291-306.

MacMinn, R. D. (1987):
Insurance and Corporate Risk Management, in: Journal of Risk and Insurance 54, Nr. 1, S. 658-677.

Mayers, D. / Smith, C. W. (1982):
On the Corporate Demand for Insurance, in: Journal of Business 55, Nr. 2, S. 191-205.

Mayers, D. / Smith, C. W. (1987):
Corporate Insurance and the Underinvestment Problem, in: Journal of Risk and Insurance 54, Nr. 1, S. 45-54.

Nickel, A. (1998):
Versicherungsnachfrage von Unternehmen, in: Zeitschrift für die gesamte Versicherungswissenschaft 87, Nr. 3, S. 429-448.

O. V. (2000):
Industriestudie: Entwicklungstrends des Risikomanagements von Aktiengesellschaften in Deutschland, URL: http://www.pwcglobal.com /de/ger /ins-sol/publ/ger_510_041.pdf [Stand 20.04.2005].

Sauerwein, E. (1994):
Strategisches Risiko-Management in der bundesdeutschen Industrie, Frankfurt am Main.

Schulenburg, J.-M. Graf von der (1984):
Zum Verhalten von Versicherungsnachfragern in der Sozialen Marktwirtschaft, in: Zeitschrift für die gesamte Versicherungswissenschaft 73, Nr. 3/4, S. 295-320.

Skogh, G. (1989):
The Transactions Cost Theory of Insurance: Contracting Impediments and Costs, in: The Journal of Risk and Insurance 56, Nr. 5, S. 726-732.

Volken, T. (2003):
Versicherungen von Schäden durch Naturgefahren. Grundlagen und Materialien 03/1, URL: http://e-collection.ethbib.ethz.ch/ecol-pool/incoll/ incoll_996.pdf [Stand 16.04.2005].

Vahs, D. (2003):
Fallstudie: Einführung eines Risikomanagement-Systems in der Speedy GmbH, in: Zeitschrift für Organisation und Praxis 72, Nr. 1, S. 27-33.

Yamori, N. (1999):
An Empirical Investigation of the Japanese Corporate Demand For Insurance, in: The Journal of Risk and Insurance 66, Nr. 2, S. 239-252.

Zweifel, P. / Eisen, R. (2000):
Versicherungsökonomie, Zürich und Frankfurt am Main.

Möglichkeiten des Risikomanagements von Unternehmen anhand der Instrumente des Alternativen Risikotransfers

Grygoriy Tymchenko

Inhalt

1. Einleitung

Jedes Unternehmen, das sowohl in als auch außerhalb der Versicherungsbranche tätig ist, ist mit einer Vielfalt von Risiken konfrontiert. Deswegen steht ständig die Frage im Raum, ob diese Risiken transferiert oder selbst getragen werden sollen. Wenn sich ein Unternehmen entscheidet, das Risiko bzw. die Risiken zu transferieren, dann besteht die Wahl zwischen folgenden Arten des Risikotransfers - zwischen dem traditionellen Markt ((Rück-) Versicherung) und dem alternativen Markt, wobei das Unternehmen auch eine Mischung aus beiden wählen kann. In letzteren Untersuchungen[1] wurde festgestellt, dass die Wahl der jeweiligen Form des Risikotransfers von der aktuellen Marktphase abhängt: Während einer Soft-Market-Phase mit niedrigen Prämiensätzen werden die traditionellen Lösungen vorgezogen. Wenn jedoch die Hard-Market-Phase eintritt und die Prämien steigen, wird ein Nachfrageanstieg nach alternativen Produkten

[1] Vgl. Holzheu, T. et al. (2003), S. 4.

verzeichnet. Angesichts der statistischen Daten[2], die einen kontinuierlichen Anstieg der Schadenaufwendungen und Prämien in der Rückversicherung widerspiegeln, sollen die Produkte des alternativen Risikotransfers an Attraktivität gewinnen. Das Ziel der vorliegenden Arbeit ist es, den ART-Begriff wegen der vielen in der Literatur herrschenden Mehrdeutigkeiten einzugrenzen, die Gestaltungsformen des alternativen Risikotransfers ausführlich zu beschreiben und auf deren Einsatz und Einbezug in das Risikomanagementsystem der Unternehmen einzugehen.

2. Instrumentarium des Risikomanagements

2.1 Risikomanagement, konventionelle Hauptinstrumente und ihre Grenzen

Unter dem Risikomanagement ist jede unternehmerische Handlung zu verstehen, deren Ziel die Verringerung der Risiken ist.[3] Da die Wahrscheinlichkeit eines Schadeneintritts nie auf Null reduziert werden kann, muss das Risiko entweder selbst getragen, oder über den Risikotransfer versichert werden. Das nachfolgende Schema zeigt verschiedene Formen des Risikotransfers:

Abbildung 1: Formen des Risikotransfers

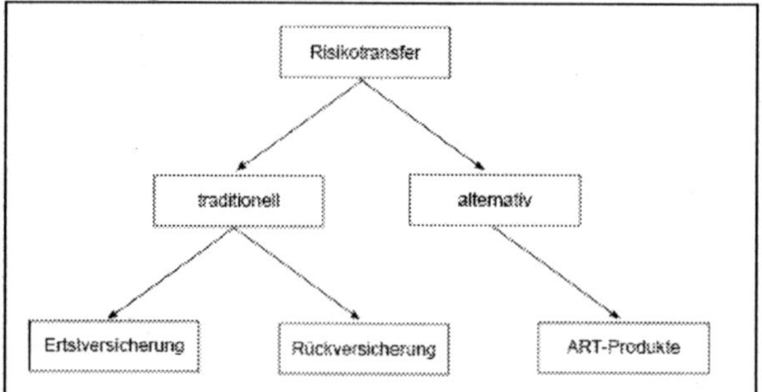

Quelle: in Anlehnung an Holzheu, T. et al. (2003), S. 4.

[2] Gemeint sind die Daten des GDV, vgl. o. V. (2004), S. 122 und der Schweizer Rück, vgl. o. V. (2003) S. 3.

[3] Vgl. Mugler, J. (1988), S. 679-680.

Unter den traditionellen (oder konventionellen) Hauptinstrumenten des Risikotransfers sind Erst- und Rückversicherung zu verstehen, deren gemeinsame Aufgabe es ist, Schadenaufwendungen durch Prämien, mit anderen Worten variable durch fixe Kosten zu ersetzen, wodurch das Risiko kalkulierbar gemacht wird.[4]

Da die konventionellen Instrumente nicht Gegenstand dieser Arbeit sind, wird darauf verzichtet, ausführlicher auf deren Ausprägungen einzugehen.[5] Dies bezieht sich allerdings nicht auf die Grenzen des konventionellen Risikotransfers, die die Existenz und steigende Attraktivität der ART-Produkte begründen. Zum einen sind das hohe Prämien für die Absicherung des versicherungstechnischen Risikos: die Differenz zwischen dem Preis für Versicherungsschutz und den erwarteten Schäden beträgt oft 60 bis 70 % der Gesamtprämie. Diese hohen Werte zeigen die Ineffizienz der Rückversicherung und sind auf asymmetrische Informationsverteilung zurückzuführen.[6] Zum anderen spielen die Kapazitätsengpässe, die in letzter Zeit spürbar zugenommen haben, eine Rolle. Insbesondere handelt es sich in diesem Zusammenhang um Naturkatastrophen und andere Großschäden. Wenn 13,2 % aller Großschäden auf das Jahr 2001 entfielen - das Jahr der Terroranschläge, Überschwemmungen und Stürme - liegt dieser Wert im 2004 schon bei 18,8 %.[7] Weitere Probleme bereitet die Häufung neuer, von der Rückversicherung nicht versicherbarer Risiken - Cyberrisiken, politische und Terrorrisiken, Kapitalmarktrisiken, Volatilität der Rohstoffpreise u. a.[8]

2.2 Instrumente des alternativen Risikotransfers

Laut herrschender Meinung in der Versicherungsliteratur sollen unter den Instrumenten des alternativen Transfers nur diejenigen verstanden werden,

---

4 Vgl. Koch, P. (1988), S. 690.

5 Zu den verschiedenen Ausprägungen der alternativen Instrumente empfiehlt sich das Lehrbuch von Schulenburg, J.-M. Graf von der (2005).

6 Vgl. Doherty, N. A. (1997), S. 714.

7 Es geht um die 40 teuersten Versicherungsschäden 1970 – 2004, ermittelt durch die Schweizer Rück, vgl. Zanettti, A. / Schwarz, S. (2005), S. 34.

8 Vgl. Holzheu, T. et al. (2003), S. 14.

die einen Bezug auf den Kapitalmarkt aufweisen.[9] Zu dieser Kategorie zählen somit nur Insurance-Linked-Securities, Versicherungsderivate und Commited Capital, die unter dem Terminus „synthetische Rückversicherung" aufgefasst werden.[10] Alternativer Risikotransfer ist somit nach dieser Meinung nur eine Form der Rückversicherung. Es werden dabei solche innovativen Aspekte des Risikotransfers, wie FR-Versicherung oder Captives unter den traditionellen Instrumenten eingeordnet, was gar nicht der Fall ist. Somit erscheint folgende Definition des ART als plausibel: „...ART steht für eine Vielzahl neuartiger Instrumente und Techniken zur Steuerung versicherungstechnischer Risiken. Ein zentrales Merkmal dabei ist, dass der Risikotransfer nicht mehr ausschließlich innerhalb der Märkte der Erst- und Rückversicherungen erfolgt, sondern auch auf Finanzmärkten".[11] Der Meinung, dieser Begriff sei nicht differenziert genug,[12] soll widersprochen werden, weil in der Wissenschaft die Evidenz nicht unter leichter Handhabbarkeit leiden muss. Es soll auch darauf hingewiesen werden, dass die Betrachtung des ART nur im Rahmen der Rückversicherung nicht sinnvoll erscheint, weil die Risiken oft direkt, d. h. ohne Einschluss der Versicherungsunternehmen über den Kapitalmarkt transferiert werden.[13] Für die Klassifikation der ART-Instrumente seien zwei Kriterien gewählt: Risikoträger und Produkte. Sinnvoll erscheint dann die Klassifikation in der folgenden Abbildung. Ausführlich werden verschiedene Gestaltungsformen des alternativen Risikotransfers in nachfolgenden Abschnitten beschrieben.

---

[9] Die Meinung ist in fast allen Literaturquellen zu dieser Arbeit zu finden, ausgenommen sind die Publikationen der Schweizer Rück und Grzebiela, T. (2002).

[10] Vgl. Liebwein, P. (2000), S. 365.

[11] Grzebiela, T. (2002), S. 130.

[12] Vgl. Liebwein, P. (2000), S. 366.

[13] Als Beispiel hierzu können die Wetterderivate angeführt werden, die ausführlicher später beschrieben sind.

Abbildung 2: Klassifikation des ART

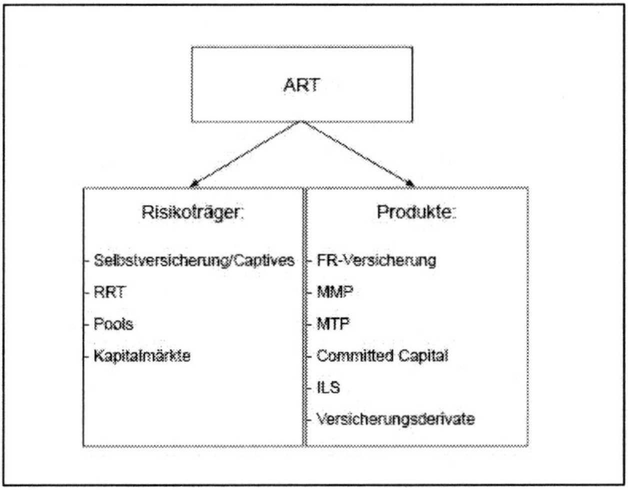

Quelle: in Anlehnung an Holzheu, T. et al. (2003), S. 18.

2.3 ART-Träger

Es werden vier Arten von Trägern des alternativen Risikotransfers unterschieden: Selbstversicherung und Captives, Pools, Risk Retention Groups sowie die Kapitalmärkte. Viele von denen sind US-spezifisch und waren als Krisenlösungen von der US-Regierung vorgeschlagen. Captives hingegen sind ein weltweites Phänomen und werden von den Unternehmen auch außerhalb der USA eingesetzt. [14] Als Pools kann man die Vereinbarungen zwischen Unternehmen oder Versicherern bezeichnen, deren Ziel es ist, „eine ausreichende Kapazität … zu mobilisieren“.[15] Poolverträge werden abgeschlossen, um neuartige, besonders gefährliche oder unausgeglichene Risiken untereinander aufzuteilen und gemeinschaftlich zu tragen.[16] Generell sind die Pools entweder so organisiert, dass sie von den Mitgliedern im Versicherungsfall Kapital einfordern, das das eingezahlte Kapital über-

14 Vgl. Holzheu, T. et al. (2003), S. 18.
15 Holzheu, T. et al. (2003), S. 19.
16 Vgl. Koch, P. (1988), S. 698.

steigt.[17] Diese Konstruktion nennt man Mitversicherungspool[18] oder Risikoaufteilungsgemeinschaft. „Die Aufteilung hat zur Folge, dass die Haftung bzw. das Schadenpotenzial jedes einzelnen Versicherungsunternehmens geringer ist und in der Gesamtheit eine finanzstarke Risikotragungsgemeinschaft mit großer Zeichnungskapazität entstehen kann".[19] Manchmal stellen sie Rückversicherungspools dar, bei denen die Mitglieder ihre Risiken und Prämien an Pools abgeben. Als Beispiele können der Nuklearrisikopool in Deutschland, Luftfahrtpools und Arbeiterunfallrisikopools in den USA genannt werden.[20] Risk Retention Groups (RRG) sind spezialisierte Haftpflichtversicherer in Genossenschaftsform, die auf Interessengemeinsamkeiten basieren. Die RRG behalten die übernommenen Risiken und müssen dafür von ihren Mitgliedern mit Kapital ausgestattet sein. Der Schwerpunkt des Geschäfts liegt bei freiberuflichen Dienstleistungen und im Gesundheitswesen. [21]

Der Selbstversicherung - einem rein US-amerikanischen Phänomen - gehören etwa drei Viertel des Alternativmarktes in den USA.[22] Als klassische Definition für Selbstversicherung gilt: „der vollständige oder teilweise Verzicht eines Wirtschaftsubjekts auf Abgabe seiner marktmäßig versicherbaren Risiken an herkömmliche Versicherungsunternehmen."[23] Diese Form der Versicherung, der versicherungstechnische Überlegungen zugrunde liegen, soll man aber von der Nichtversicherung unterscheiden, bei der es an dieser bewussten und zielgerichteten Entscheidung fehlt.[24] Ein Unternehmen, das als Selbstversicherer auftritt, muss „...Schadenrückstellungen ... in Form von liquiden Mitteln, Akkreditiven und Obligationen nachweisen".[25] Für die Selbstversicherung sprechen die günstigen Kosten und die bessere Risikokontrolle,[26] allerdings können die Träger nur Unternehmen sein, die imstande sind, ihre Risiken aus eigenen Mitteln zu

---

17 Holzheu, T. et al. (2003), S. 19.
18 Vgl. Koch, P. (1988), S. 698.
19 Liebwein, P. (1998), S. 36.
20 Vgl. Holzheu, T. et al. (2003), S. 19.
21 Vgl. Holzheu, T. et al. (2003), S. 19.
22 Vgl. Holzheu, T. et al. (2003), S. 20.
23 Müller, H. (1988), S. 781.
24 Vgl. Müller, H. (1988), S. 781.
25 Holzheu, T. et al. (2003), S. 20.
26 Vgl. Holzheu, T. et al. (2003), S. 20.

decken. Versichert werden i. d. R. Arbeiterunfälle, Allgemeine Haftpflicht, Produkthaftpflicht, und Motorfahrzeughaftpflicht.

Captives sind die bekannteste und häufigste Form des ART,[27] die auch als „besonders organisierte Art der Selbstversicherung"[28] genannt wird und zunehmend in der deutschen Versicherungspraxis verwandt wird. Eine Captive ist eine Erst- oder Rückversicherungsgesellschaft, die einem oder einer Gruppe von in der Versicherungsbranche nicht tätigen Unternehmen gehört und die Risiken der Eigentümer versichert. Es gibt verschiedene Arten von Captives. Während single-parent Captives (auch Single-Pure oder Single-Owner Captives genannt)[29] nur die Risiken des Mutterkonzerns zeichnen, übernehmen die diversifizierten Captives (Broad oder Open-Market-Captives),[30] auch die Risiken, die mit dem eigenen Konzerngeschäft nicht in Beziehung stehen. Die Risiken einer Branche oder eines Wirtschaftverbandes werden von Association Captives versichert. Zu nennen ist auch Rent-a-Captive, die den Konzernen Funktionen einer Captive bietet, ohne dass sie jeweils eine eigene gründen müssen.[31] Da die Versicherungsprämien bei unterschiedlichen Arten des Risikotransfers im Voraus entrichtet werden und nur beim Eintritt eines zufälligen Ereignisses zurückgezahlt werden, entsteht dadurch für die Kunden ein negativer erwarteter Mittelfluss. Bei einer Captive hingegen verbleiben die Mittel beim Konzern. Dies kann als Vorteil für die Konzerne interpretiert werden, insbesondere wenn man die Erträge aus Kapitalanlagen in bestimmten Offshore-Domizilen berücksichtigt.[32]

Bei dem alternativen Risikotransfer kann auch der Kapitalmarkt ins Spiel kommen, was in jüngster Zeit zur weiteren Fassung des ART-Begriffs geführt hat. Im Gegensatz zur Vergangenheit, wo er zunächst die Mechanismen beinhaltete, die es Unternehmen erleichterten, die Risiken selbst zu versichern (Captives, RRG, Pools, Selbstversicherung).[33] Besonderer Wert wird heute auch auf innovative Kapitalmarktinstrumente wie Derivate und

---

27 Vgl. Grzebiela, T. (2002), S. 139.
28 Meyer-Kahlen, W. (1988), S. 95.
29 Vgl. Meyer-Kahlen, W. (1988), S. 95.
30 Vgl. Meyer-Kahlen, W. (1988), S. 95.
31 Vgl. Holzheu, T. et al. (2003), S. 20-21.
32 Vgl. Holzheu, T. et al. (2003), S. 21.
33 Vgl. Baur, E. / Schanz, K.-U. (1999), S. 4.

Verbriefungen von Versicherungsrisiken gelegt,[34] die in den weiteren Abschnitten behandelt werden.

2.4 ART-Produkte

Eine weitere Dimension zur Unterscheidung innerhalb des alternativen Risikotransfers bildet die Produktpalette, die Finite-Risk-Lösungen, Multi-Year / Multi-Line-Lösungen, Multi-Trigger-Produkte, Versicherungsderivate und Insurance-Linked-Securities sowie Commited Capital umfasst.[35] Bei den Finite-Risk-Lösungen (FR) wird der Schwerpunkt vom traditionellen Risikotransfer zur Risikofinanzierung verlagert, wobei es insbesondere auf die zeitliche Verteilung der Risiken ankommt.[36] Basieren die traditionellen Konzepte in erster Linie auf dem Risikoausgleich im Kollektiv, so steht bei der FR-Versicherung der Risikoausgleich in der Zeit für den jeweiligen Versicherungsnehmer im Vordergrund.[37] FR-Verträge werden vor- oder nachfinanziert. Bei der Vorfinanzierung (prospektive FR-Versicherung)[38] zahlt der Kunde jährlich oder einmalig auf ein Erfolgskonto ein. Diese Mittel zzgl. Anlageertrag werden für Schadenzahlungen oder Rückzahlungen an den Kunden verwendet.[39] Wenn ein Schadensfall eintritt, bevor die Deckungsobergrenze erreicht wird, wird die Versicherungsleistung zunächst fällig, der Differenzbetrag ist aber vom FR-Versicherungsnehmer in den nachfolgenden Jahren zu begleichen. Wenn aber der tatsächliche Schaden geringer als erwartet ausfällt, werden anfallende Gewinne am Ende der FR-Vertragslaufzeit rückerstattet.[40] Bei der Nachfinanzierung (retrospektive FR-Versicherung)[41] muss der Kunde die Schadenzahlungen des Rückversicherers über einen festgelegten Zeitraum decken.[42] Der Risikotransfer ist unter einem FR-Vertrag, wie bereits der

---

34 Vgl. Müller, A. (2000), S. 25.

35 Vgl. Holzheu, T. et al. (2003), S. 26; Baur, E. / Schanz, K.-U. (1999), S. 5 und o. V. (2001), S. 5.

36 Vgl. Holzheu, T. et al. (2003), S. 27.

37 Vgl. Kellermann, N. (2001), S. 70.

38 Vgl. Kellermann, N. (2001), S. 72.

39 Vgl. Holzheu, T. et al. (2003), S. 27.

40 Vgl. Grzebiela, T. (2002), S. 143.

41 Vgl. Kellermann, N. (2001), S. 72.

42 Vgl Holzheu, T. et al. (2003), S. 27.

Name besagt, begrenzt. Übernommen werden nur das Underwriting Risiko (dass Schadenzahlungen höher ausfallen als erwartet), Timing Risiko (die Schäden werden schneller abgewickelt als erwartet und somit erreichen die Kapitalerträge nicht die geplante Höhe) sowie das klassische Zins-, Währungs- und Aktienkursrisiko.[43] Das Kerngeschäft vereint in sich die Vorteile der klassischen Rückversicherung (im Rahmen der Zielsetzung des Transfers versicherungstechnischer Risiken) und die Vorteile der Financial Reinsurance (was sich in den finanz- und erfolgswirtschaftlichen Zielsetzungen widerspiegelt).[44] „Den Unternehmen steht somit ein Risikomanagement-Instrument für neue Risiken oder für Situationen mit tief greifenden Veränderungen ihrer Risikolandschaft - z. B. nach einer Fusion, einer Ausgliederung oder einer sonstigen Veränderung des Geschäfts - zur Verfügung".[45] Neue Risiken wie das Jahr-2000-Risiko, Terrorismus und Cyberrisiken können mit Hilfe der FR-Lösungen abgedeckt werden, bei denen die traditionelle Kapazität nicht ausreicht.

In der Klasse der integrierten ART-Produkte, die verschiedene Risiken i. d. R. über mehrere Jahre hinweg integriert absichern,[46] unterscheidet man zwischen Multi-Line/Multi-Year-Produkten (MMP) und Multi-Trigger-Produkten (MTP). MMP sind eigentlich keine echte Innovation, da das Konzept „...verschiedene Risikoklassen in einem Produkt über die Dauer von mehreren Jahren zu integrieren"[47] eben nicht neu ist. Schon 1920 existierte eine kombinierte Reiseversicherung, die Reisegepäck-, Unfall- und Haftpflichtversicherung umfasste.[48] Die Veränderung der Rahmenbedingungen und die Erscheinung des Ansatzes des integrierten Risikomanagements[49] haben neue Arten von MMPs ins Leben gerufen, die vorher nicht versicherbare Risiken (z. B. politische oder unternehmerische Risiken) absichern können.[50] Diese Tatsache ermöglicht die Zurechnung von MMPs zu den ART-Lösungen. Die MMPs ermöglichen die Risikokonsolidierung innerhalb des eigenen Risikoportfolios und erlauben durch die Vereinigung

43 Vgl. Kellermann, N. (2001), S. 71-72.
44 Vgl. Liebwein, P. (2000), S. 354.
45 Holzheu, T. et al. (2003), S. 29.
46 Vgl. Kellermann, N. (2001), S. 83.
47 Grzebiela, T. (2002), S. 144.
48 Vgl. Kellermann, N. (2001), S. 83.
49 Dieser Ansatz wird im Abschnitt 3.2 ausführlicher diskutiert.
50 Vgl. Grzebiela, T. (2002), S. 144.

unkorrelierter Risiken einen effizienten Risikotransfer, wodurch die Überversicherung vermieden wird.[51]

Eine weitere Form stellen MTP dar. Der Kerngedanke ist, das die Risiken, die das Unternehmen normalerweise selbst trägt, zu einem Problem werden könnten, wenn noch ein weiteres wirtschaftlich negatives Ereignis hinzukommt. Bei einem MTP erfolgen Schadenzahlungen nur dann, wenn dieses „weitere" Ereignis eintritt.[52] Davon ist ein Ereignis versicherungstechnisch (First Trigger) und weiteres Ereignis nicht versicherungstechnisch (Second Trigger).[53] Dieses Konzept bringt Vorteile beiden Parteien, weil aus der Sicht des Versicherers die Wahrscheinlichkeit einer Schadenzahlung sinkt, aus der Sicht des Versicherungsnehmers dies aber Schutz vor alptraumartigen Szenarien wäre.[54] Außerdem entstehen bei MTP idealerweise Diversifikationseffekte aufgrund der schwachen Korrelation oder sogar der Unkorreliertheit der Schadenereignisse, was zur Reduzierung der Absicherungskosten führt.[55]

Der Grundgedanke des Versicherungsgeschäfts ist die Umlegung eines Risikos auf die Gemeinschaft der Versicherten und in der Zeit, was durch die Wirkung des Gesetzes der großen Zahl erfolgt.[56] Was passiert aber, wenn dieses Gesetz gebrochen wird? Die Befürchtungen, irgendwann werden die Katastrophenschadenzahlungen die Deckungsreserven übersteigen, haben die Unternehmen zum Kapitalmarkt geführt. Wenn bspw. die geschätzten zukünftigen Schäden von Katastrophen in den USA 57 Mrd. US-$ betragen, steht ihnen die Gesamtkapazität des Versicherungsmarktes nur von 225 Mrd. US-$ zur Verfügung, während die Kapazität des US-amerikanischen Kapitalmarktes 17 Billionen beträgt mit täglichen Schwankungen von 133 Mio.[57] Insoweit kann die Heranziehung des Kapitalmarktes begründet werden. Zum einen können die Schäden, sogar sehr große Katastrophen von Kapitalmarkt ohne Schwierigkeiten absorbiert werden, zum anderen sind die Katastrophen mit Kapitalmarktindizien un-

---

51 Vgl. Holzheu, T. et al. (2003), S. 32.
52 Vgl. Holzheu, T. et al. (2003), S. 32.
53 Vgl. Grzebiela, T. (2002), S. 146.
54 Vgl. Baur, E. / Schanz, K.-U. (1999), S. 25-26.
55 Vgl. Liebwein, P. (2000), S. 430.
56 Vgl. König, M. (1997), S. 1.
57 Vgl. Smith, R. E. et al. (1997), S. 27.

korreliert, was ein großes Diversifizierungspotenzial verspricht.[58] Eine Form des kapitalmarktorientierten Risikotransfers stellen die Insurance-Linked-Securities (ILS, auch Insurance-Linked Bonds, Katastrophenanleihen) dar.[59] ILS sind Wertpapieremissionen, wobei die Höhe der Zinszahlungen und die Tilgung vom Schadenverlauf eines spezifischen Portfolios abhängen.[60] Ein „Aktionär" unterliegt somit nicht nur einem Bonitätsrisiko des Versicherers, sondern beteiligt sich unmittelbar an der Schadenentwicklung seines Portfolios.[61] Es sind zwei Gestaltungselemente von solchen Verträgen zu unterscheiden: Rückzahlungsmodus und Zinszahlungsmodus. Die Rückzahlung (Tilgungsplan) kann entweder vom Schadenverlauf unabhängig oder bedingt auf das Nicht-Eintreten des definierten Schadenereignisses sein.[62] Bei der bedingten Rückzahlung (Principal-at-Risk-Anleihen)[63] kann der Anleger nur dann Anspruch auf den gesamten Anlagebetrag haben, wenn eine bestimmte Anzahl von Schadenereignissen nicht eingetreten ist; die Staffelung des Verlustumfanges ist allerdings auch möglich.[64] Oftmals kann die Verpflichtung nur zur Verzinsung vom Schadenverlauf abhängig gemacht werden (Principal-protected-Anleihen). So ist es möglich bspw. einen festen Zinssatz mit variabler Verzinsung (Bonus) zu koppeln oder andere Formen zu gestalten, so dass die Zinszahlung so aussehen könnte, wie es in der nachfolgenden Tabelle dargestellt ist:

Tabelle 1: Zinszahlung einer ILS

Anzahl der Katastrophen o. ä.	**Festzins mit Bonus**	**ausschließlich variable Verzinsung**
$0 < x \leq 1$	2 % + 2 %	7 %
$1 < x \leq 2$	2 % + 1,5 %	5 %
$2 < x \leq 3$	2 % + 1 %	3 %

Quelle: König, M. (1997), S. 4.

58 Vgl. Doherty, N. A. (1997), S. 713.
59 Zum Begriff vgl. Strube, M. (2000), S. 51; König, M. (1997), S. 3; Hasekamp, U. (2000), S. 47 und vgl. Liebwein, P. (2000), S. 392.
60 Vgl. Albrecht, P. / Schradin, H. (1998), S. 7.
61 Vgl. Hasekamp, U. (2000), S. 50.
62 Vgl. Albrecht, P. / Schradin, H. (1998), S. 8.
63 Vgl. o. V. (2001), S. 6.
64 Vgl. König, M. (1997), S. 3.

Eine weitere Form der kapitalmarktorientierten ART-Produkte stellen die Versicherungsderivate[65] dar. Ihre Wertentwicklung hängt vom Verlauf eines versicherungstechnischen Index (Temperatur, Feuchtigkeit, Windgeschwindigkeit) - Underlying ab.[66] Als Basis einer solchen Transaktion kann nicht nur ein parametrischer Trigger herangezogen werden, sondern auch ein Marktschadenindex.[67] Im Gegensatz zu Optionen auf Aktien ist das Basisgeschäft fiktiv, da das Underlying selbst nicht handelbar ist.[68] Die Versicherungsderivate können in Form von Swaps oder Optionen angeboten werden. Bei einem Swap zahlt der Versicherungsnehmer (Käufer) eine feste Prämie und erhält im Falle eines Schadens eine Zahlung, deren Höhe von der Höhe des Schadens abhängt. Wenn es mit Optionen gehandelt wird, dann zahlt der Optionskäufer eine feste Prämie und erhält nach der Ausübung der Option beim Eintritt eines Schadenereignisses den Nominalbetrag als Entschädigung.[69]

Committed Capital (oder Contingent Capital) ermöglicht den direkten Zugang zu liquiden Mitteln im Falle eines vorab definierten Ereignisses zu einem vorher fixierten Preis.[70] Diese Form des alternativen Risikotransfers tritt als Alternative zur Versicherung über die Finanzierung eines Schadens nach dessen Eintritt auf.[71] Der Versicherungsnehmer sichert sich das Recht, nach Eintritt eines bestimmten Versicherungsereignisses Eigenkapital zu vorher festgelegten Konditionen aufzunehmen.[72] Das Kapital in Contingent-Capital-Programmen kann sowohl in Form von Eigenkapital, als auch in Form von Fremdkapital bereitgestellt werden.[73] Somit kann die Kapitalaufnahme entweder durch bedingte Ausgabe der Genussscheine (Contingent Surplus Notes) oder durch bedingte und ggf. temporäre Ausgabe neuer Aktien (Equity Put-Option) erfolgen.[74] Am Ende der Laufzeit

---

65 Unter Derivaten im Allgemeinen sind solche Termingeschäfte zu verstehen, deren Abwicklung in Zukunft von bestimmten Faktoren abhängt.

66 Vgl. Albrecht, P. / Schradin, H. (1998), S. 23.

67 Vgl. Grandi, M. / Müller, A. (2001), S. 8.

68 Vgl. Strube, M. (2001), S. 26.

69 Vgl. Grandi, M. / Müller, A. (2001), S. 9. Als Beispiel kann man Wetterderivate betrachten, die im Abschnitt 3.3 ausführlicher dargestellt werden.

70 Vgl. Müller, A. (1999), S. 767.

71 Vgl. Grzebiela, T. (2002), S. 147.

72 Vgl. Kellermann, N. (2001), S. 88.

73 Vgl. o. V. (2001), S. 9.

74 Vgl. Liebwein, P. (2000), S. 427.

wird das aufgenommene Kapital i. d. R. zurückgezahlt.[75] Der wesentliche Vorteil für das beteiligte Unternehmen ist „...die langfristige Kapitalzusage von Versicherungsgesellschaften und Banken zu einem wettbewerbsfähigen Preis ...“,[76] der deutlich unter dem Preis einer Versicherung liegt, weil es sich schließlich um eine Kreditaufnahme handelt und nicht um eine Versicherungsleistung.

2.5 Typische Merkmale der ART-Lösungen und ihr Marktvolumen

Die vielfältigen Gestaltungsformen des alternativen Risikotransfers - so unterschiedlich sie auch sind - lassen sich aber verallgemeinern und von den konventionellen Formen des Risikotransfers abgrenzen. Als typische Merkmale für ART-Lösungen können folgende genannt werden:

- Konzept des Bilanzschutzes als Basis,
- Befriedigung spezifischer Kundenanforderungen,
- Übernahme von Risiken durch Unternehmen, die in der Versicherungswirtschaft nicht tätig sind,
- Mehrdimensionale Deckung: Multi-Year und / oder Multi-Risk,
- Substitution des reinen Risikotransfers durch Risikofinanzierung,
- Mögliche Einbeziehung von Finanzinstrumenten, z. B. Derivaten,
- Einschluss einer großen Finanzierungskomponente und
- schrittweise Integration des Versicherungsgeschäfts in den Kapitalmarkt.[77]

Alternativer Risikotransfer ist kein winziges Stück der Rückversicherung, wie einige es meinen mögen. Das Volumen des ART-Marktes spricht für sich: in den USA bspw. werden fast 25 % der Industrierisiken über verschiedene ART-Träger abgesichert. Fast die Hälfte davon verbleibt in der Selbstversicherung, 43 % bei den Captives. 44 % der Industrieversicherungsrisiken werden von verschiedenen ART-Produkten gedeckt. Besonde-

75 Vgl. o. V. (2001), S. 9.
76 Holzheu, T. et al. (2003), S. 34.
77 Vgl. Holzheu, T. et al. (2003), S.26; Kellermann, N. (2001), S. 111 und Grzebiela, T. (2002), S. 133.

re Rolle spielen dabei die Kapitalmarktprodukte und FR-Versicherung.[78] Dank dem beachtlichen Wachstumspotenzial und vielseitigen Deckungsmöglichkeiten der Risiken steht in letzter Zeit die Frage im Raum, ob ART imstande wäre, die traditionellen Formen des Risikotransfers zu ersetzen. Dieses Thema wird im nächsten Abschnitt behandelt.

3. Einbeziehung der ART-Instrumente in das Risikomanagementsystem der Unternehmen

3.1 Möglichkeiten des alternativen Risikotransfers - Ersatz oder Ergänzung?

Es steht schon fest, dass ART das innovative und intelligente Instrumentarium der Risikosteuerung ist, es muss jedoch noch die Frage beantwortet werden, ob diese Lösungen imstande sind, die konventionellen Produkte vom Markt zu verdrängen. Und diese Frage kann anhand der Analyse von Vor- und Nachteilen der ART-Instrumente beantwortet werden. Eines der wichtigsten Argumente, die für ART sprechen, ist die Tatsache, dass im Prinzip alle Risiken auf solchem Wege transferiert werden können, sogar die, die vorher als unversicherbar galten.[79] Es kann damit die Kapazität erreicht werden, die viel höher ist, als das die Versicherungsmärkte ermöglichen.[80] Schließlich generiert ART Know-how, die einen positiven Einfluss auf das Unternehmensimage ausüben.[81] Als weitere Vorteile sind die Versicherbarkeit des Finanzrisikos neben dem versicherungstechnischen Risiko, die Möglichkeit der Mehrperiodendeckung, was den Planungshorizont erweitert, und flexible Reaktion auf die Anpassung der Ressourcen und Preise auf dem konventionellen Versicherungsmarkt zu nennen.[82] Nicht zu vergessen ist noch ein wesentlicher Vorteil des ART, nämlich die individuellen und flexiblen Ausgestaltungsmöglichkeiten des Schutzes gegen versicherungstechnische Risiken.[83]

---

78 Vgl. Hozheu, T. et al. (2003), S. 4, 19, 47.
79 Vgl. Wagner, F. (1998), S. 593.
80 Vgl. Zech, J. (1998), S. 492.
81 Vgl. Liebwein, P. (1998), S. 372.
82 Vgl. Zech, J. (1998), S. 493.
83 Vgl. Liebwein, P. (1998), S. 414.

Neben vielen Vorteilen existieren aber auch viele Nachteile, deren Auflistung für die Analyse vorteilhaft wäre. Da im ART-Geschäft die Standardisierung noch fehlt (oder immer fehlen wird), steigt der Verwaltungsaufwand, was zugleich den Anstieg des Zeitaufwandes und hohe Transaktionskosten bedeutet.[84] Als weiterer Nachteil gilt die Tatsache, dass der Markt für ART-Dienstleistungen eher kurzfristig orientiert ist,[85] die Spielregeln sehr oft geändert werden[86] und oft keine Abdeckung nach dem Eintritt des Schadenereignisses möglich ist, so dass der Versicherungsnehmer sein „good feeling of having coverage" verliert.[87] Der ART-Markt kann wegen seiner unreifen Entwicklungsphase[88] noch nicht von einer ausreichenden Zahl von Anbietern bedient werden. Zumindest in Europa operieren auf dem Markt nur noch Rückversicherer und Banken, während von Seiten der Industrieunternehmen, Brokers und Investoren das Interesse noch nicht richtig geweckt ist.[89] Es fehlt auch an Service - der wichtigen Komponente der Versicherung, welche bei ART wegen hoher Komplexität und Innovation besonders gefragt ist,[90] so dass vom vollständigen Ersatz der Rückversicherung noch lange keine Rede sein kann. Es erweist sich aber als sinnvoll, die Rückversicherung mit ART im Rahmen des integrierten Risikomanagements zu kombinieren.

3.2 Integriertes Risikomanagement der Unternehmen

Risikomanagement beschreibt die Analyse und Handhabung von Risiken in einem Unternehmen durch deren möglichst vollständige Identifikation und Bewertung sowie die Entscheidung über entsprechende risikopolitische Maßnahmen (Risikobewältigung).[91] Risikomanagement ist kein stetiges Phänomen, aber ein stabiles System, das sich ständig weiterentwickelt. Es hat sich in letzter Zeit ein Trend nach einem „verstärkten Anspruchsdenken" herauskristallisiert, was als der Ruf nach neuartigen Deckungs-

84 Vgl. Wagner, F. (1998), S. 595.
85 Vgl. Liebwein, P. (1998), S. 415.
86 Vgl. Wagner, F. (1998), S. 595.
87 Vgl. Zech, J. (1998), S. 493.
88 Vgl. Wagner, F. (1998), S. 596.
89 Vgl. Zech, J. (1998), S. 492.
90 Vgl. Zech, J. (1998), S. 494.
91 Vgl. Grzebiela, T. (2002), S. 34.

konzepten, die nicht die einzelnen oder isoliert betrachteten Risiken absichern, wie es früher der Fall war, sondern auch mehrere Risiken bzw. Risikokategorien, sogar die vorher als nicht versicherbar eingestuft worden sind.[92] Es soll aber betont werden, dass sich diese innovativen Deckungskonzepte nicht nur durch die integrierte Betrachtung der gesamten Risikoposition des Unternehmens erreichen lassen, sondern auch über die Produkte, die den Risikoausgleich in der Zeit ermöglichen.[93] Begründet wurde dieses Denken durch verstärkte Forderungen von Seiten der Eigentümer im Hintergrund zunehmender Shareholder Value Orientierung.[94] Nachdem die Manager den Nutzen aus der Heranziehung des Kapitalmarkts und anderer alternativer Quellen für den Risikotransfer erkannt haben, entstehen immer neue Instrumente des alternativen Risikotransfers, wobei der Markt für Versicherungsleistungen und der Kapitalmarkt immer näher aufeinander zukommen. Es entsteht somit die Konvergenz zwischen ihnen.[95] Allgemein werden die integrierten Risikomanagement-Konzepte als Deckungen verstanden, die Versicherungs- und Finanzrisiken gemeinsam, integriert absichern.[96] Im Grunde genommen sind diese Aspekte aber nicht eine neue Erscheinung, weil grob gesagt, waren die Kapitalanleger schon immer am versicherungstechnischen Risiko indirekt über den Kauf der (Rück-)Versicherungsaktien beteiligt[97]. Das gesamte System des integrierten Risikomanagements, welches auf der Konvergenz des Versicherungs- und Kapitalmarktes aufgebaut ist, lässt sich in der nachstehenden Abbildung gut zusammenfassen:

---

92 Vgl. Müller, A. (1999), S. 686 und Doherty, A. (1997), S. 713.
93 Vgl. Müller, A. (1999), S. 686.
94 Vgl. Herold, B. / Paetzmann, K. (1997), S. 672.
95 Vgl. Culp, C. L. (2002), S. 3.
96 Vgl. o. V. (2000), S. 13.
97 Vgl. Durrer, A. (1996), S. 1199.

Abbildung 3: System des integrierten Risikomanagements

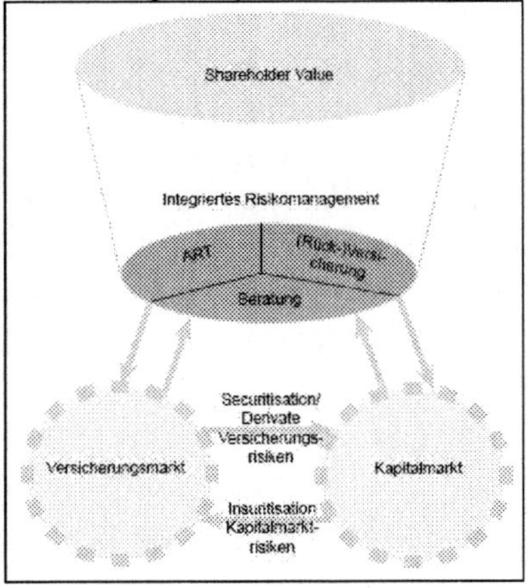

Quelle: eigene Darstellung.

Das System des integrierten Risikomanagements spiegelt die Interessen der Shareholder wider und besteht aus den traditionellen Instrumenten des Risikotransfers - Versicherung und Rückversicherung - und den Instrumenten des alternativen Risikotransfers. Aus der Komplexität und ganzheitlichen Betrachtungsweise integrierter Risikomanagementkonzepte geht hervor, dass zur Gestaltung derartiger Konzepte wesentlich umfassende und detaillierte Informationen benötigt werden, was die Beratung - unabdingbares Element - erfordert.[98] Der Risikotransfer erfolgt über die konvergierten Märkte: Versicherungsmarkt und Kapitalmarkt oder es findet gar kein Risikotransfer statt (wie bei der Selbstversicherung). Die Versicherungsrisiken können vom Versicherungsmarkt über Securitization (Emissionen von ILS) und Versicherungsderivate weiter auf den Kapitalmarkt transferiert werden. Manchmal wird aber der umgekehrte Prozess in Gang gesetzt - Insuritization, nämlich die Deckung der Finanzrisiken durch eine (Rück)-Versicherungslösung.[99]

Als Hauptargument für das System des integrierten Risikomanagements soll die Kosteneffizienz genannt werden: Die Absicherung verschiedener Risiken auf separatem Wege würde ebenfalls zur Verbesserung der gesam-

[98] Vgl. Müller, A. (1999), S. 769.
[99] Vgl. Müller, A. / Grandi, M. (2000), S. 17-18.

ten Risikoposition des Unternehmens führen, kann aber die so genannten Overhedging-Effekte[100] und somit verteuertes Risikomanagement zur Folge haben. Durch die Kombination verschiedener Techniken des Risikotransfers können Economies of Scope (Verbundeffekte) erzielt werden, d. h. die Realisierung der Diversifikationseffekte führt zu einer erhöhten Kosteneffizienz und zugleich zu einer verbesserten Risiko- und Kapitalallokation. Es soll aber auf noch einen Vorteil des integrierten Risikomanagements hingewiesen werden, nämlich auf die Stabilisierung der Risikokosten durch die Nutzung von Mehrjahresproduktlösungen, was dem Zedenten eine erhöhte Planungssicherheit ermöglicht.[101]

3.3 Beispiel: Wetterderivate und Versicherung

Betrachtet wird ein Gasimporteur, der grob gesagt nur zwei Risiken ausgesetzt ist: mögliche Feuerschäden und Umsatzrückgang aufgrund der Außentemperaturschwankungen. Bekannt ist, dass bei hohen Temperaturen im Winter weniger geheizt wird als bei niedrigeren, so dass der Umsatz des Unternehmens mit der Außentemperatur negativ korreliert ist. Das junge Unternehmen entscheidet sich gegen die Selbstversicherung, d. h. die Risiken sollen transferiert werden. Die komplette Absicherung der Risiken mit den konventionellen Instrumenten des Risikotransfers wäre nicht möglich, da für das schlechte bzw. gute Wetter kein Risikoschutz vorgesehen ist. Ebenso wäre eine ausschließliche Absicherung mit ART-Instrumenten nicht möglich, weil der ART-Markt vergleichsweise kurzfristig orientiert ist, und der Feuerschutz für den Versicherungsnehmer wegen des mangelnden Ausgleiches im Kollektiv und in der Zeit sowie eines hohen Verwaltungsaufwandes zu teuer wäre. Die einzig akzeptable Lösung wäre die Absicherung des Feuerrisikos mit einem Feuerversicherungsvertrag und die Absicherung des Wetterrisikos durch Kauf bzw. Verkauf der Wetterderivate.

---

100 Vgl. o. V. (1998), S. 8.
101 Vgl. Müller, A. (1999), S. 688.

Das betrachtete Unternehmen[102] kauft einen Put (Verkaufsoption) mit einem Schwellenwert von 5000 HGT[103] und finanziert die Transaktion durch den Verkauf eines Calls (Kaufoption) mit einem Schwellenwert von 5650 HGT. Die Auszahlungen der Wetterderivate sind im folgenden Diagramm abgebildet:

Abbildung 4: Auszahlungsdiagramm der Wetterderivate

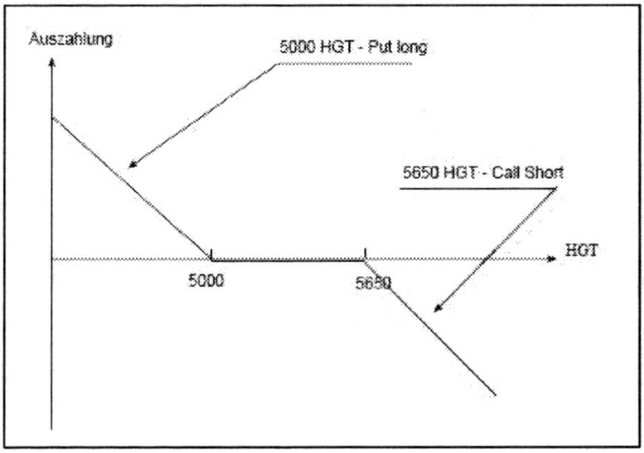

Quelle: eigene Darstellung.

Für jeden HGT unter der Put-Schwelle erhält das Unternehmen 6000 US$. Im Gegensatz dazu hat das Unternehmen für jeden HGT über der Call-Schwelle 6000 US$ zu zahlen. Unterstellt werden keine Zahlungen im Bereich zwischen 5000 und 5650 HGT. Der Auszahlungsbetrag wird auf 2 Mio. US$ begrenzt. Zu vergleichen ist der Umsatz des Unternehmens vor und nach dem Einsatz der Derivate:

[102] Dieses Beispiel wurde entnommen aus: Holzheu, T. et al. (2003), S. 45.

[103] HGT ist die Anzahl der Heizgradtage: Differenz in Grad Fahrenheit, um welche die Tagestemperatur unter der Bezugstemperatur von 65°F (=18,3°C) liegt. Vgl. Holzheu, T. et al. (2003), S. 44.

Abbildung 5: Umsatz mit und ohne Wetterderivate

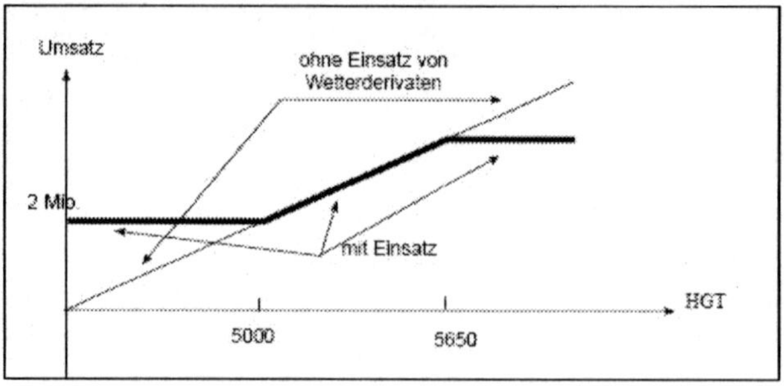

Quelle: eigene Darstellung.

Wie man deutlich erkennen kann, ist die Glättung des Umsatzes aufgrund des Einsatzes der Wetterderivate zu verzeichnen. Der Mindestumsatz wird auf 2 Mio US$ begrenzt, diese Absicherung wird aber durch die bewusste Einschränkung des Gewinnpotenzials realisiert, mit anderen Worten dadurch finanziert.

4. Aussichten für ART-Produkte

Nach den neueren Untersuchungen der Schweizer Rück haben die Akzeptanz und Nutzung von Produkten des alternativen Risikotransfers in letzten Jahren massiv zugenommen. Die nachfolgende Tabelle zeigt die beachtlichen Wachstumsraten der einzelnen Produkte:[104]

Tabelle 2: Wachstumsraten des ART-Marktes

Produkte	**Wachstumsraten**
FR	64 %
Wetterderivate	31 %
ILS	24 %
Committed Capital	3 %
Gesamtmarkt	16 %

Quelle: Holzheu, T. et al. (2003), S. 47.

[104] Gemeint ist kumulatives Wachstum 1998-2001.

Diese Tendenz soll laut Schätzungen auch weiterhin beibehalten werden. Allerdings unterliegen die Produkte zyklischen Schwankungen: In Hard-Market-Phasen mit knapper Versicherungskapazität steigt die Nachfrage nach FR-Lösungen, während in Zeiten restriktiver Kreditkonditionen die Nachfrage nach Committed Capital und ILS steigt.[105] Auf diesen Trend hat sich die Verschlechterung des Images von SPV aufgrund von zahlreichen Bilanzskandalen negativ ausgewirkt.

Wie bereits nachgewiesen wurde, können die ART-Instrumente die Konventionellen kaum ersetzen. Die Nachfrage nach Transaktionen mit eindeutigen wirtschaftlichen Vorteilen, Verteuerung der konventionellen Instrumente des Risikotransfers und der Einbezug der ART-Instrumente in das Risikomanagementsystem der Unternehmen nehmen jedoch zu, was eine immer engere Kooperation der Erst- und Rückversicherer erfordert. Die Erstversicherer besitzen hohe Fachkompetenz in Risikoanalyse und -synthese, während ein ganzheitliches Risikomanagement aufgrund organisatorischer und personeller Gegebenheiten jedoch ausbleibt. Die Rückversicherung ist einberufen, diese Lücke mit ihrer Koordination und Moderation zu schließen und ein neues hochspezialisiertes interdisziplinäres Team aufzubauen, das nicht nur über spezielle (Rück-) Versicherungskenntnisse, sondern auch über Kapitalmarkterfahrung sowie Marktforschungs- und Methoden-Know-how verfügt.[106]

---

105 Vgl. Holzheu, T. et al. (2003), S. 47.
106 Vgl. Müller, A. (1999), S. 669-670.

Literaturverzeichnis

Albrecht, P. / Schradin, H. (1998):
Alternativer Risikotransfer: Verbriefung von Versicherungsrisiken, Mannheim.

Baur, E. / Schanz, K.-U. (1999):
Alternativer Risikotransfer (ART) für Unternehmen: Modeerscheinung oder Risikomanagement des 21. Jahrhunderts, Zürich.

Culp, C. L. (2002):
The Art of Risk Management. Alternative Risk Transfer, Capital Structure, and the Convergence of Insurance and Capital Market, New York.

Doherty, N. A. (1997):
Innovations in Managing Catastrophe Risk, in: The Journal of Risk and Insurance vol. 64, S. 713-718.

Durrer, A. (1996):
Alternativer Risikotransfer über Finanzmärkte. Neue Perspektiven für die Absicherung von Katastrophenrisiken in den USA, in: Versicherungswirtschaft 51. Jg., S. 1198-1200.

Grandi, M. / Müller, A. (2001):
Wetterderivate zur Absicherung von Wetterrisiken, München.

Grandi, M. / Müller, A. (2001a):
Versicherungsderivate. Zur Konvergenz von Kapital- und Versicherungsmärkten, München.

Grzebiela, T. (2002):
Internet-Risiken. Versicherbarkeit und alternativer Risikotransfer, Wiesbaden.

Farny, D. / Helten, E. / Koch, P. u. a. (Hrsg.) (1988):
Handwörterbuch der Versicherung (HdV), Karlsruhe.

Hasekamp, U. (2000):
Finanzinnovationen im Versicherungskontext: Securitization und börsengehandelte Derivate, Karlsruhe, in: Kromschröder, B. / Wilhelm, J. (Hrsg.): Passauer Reihe. Risiko, Versicherung und Finanzierung, Band 9.

Herold, B. / Paetzmann, K. (1998):
Innovation als Wettbewerbsfaktor in der Industrieversicherung, in: Zeitschrift für die gesamte Versicherungswirtschaft, S. 561-568.

Holzheu, T. et al. (2003):
Alternativer Risikotransfer - eine Bestandsaufnahme, Zürich.

Kellermann, N. (2001):
Risikotransfer bei Versicherungsunternehmen mit Konzepten der Rückversicherung und des alternativen Risikotransfers, Göttingen.

Koch, P. (1988):
Rückversicherung, in: Farny, D. / Helten, E. / Koch, P. u. a. (Hrsg.) (1988): Handwörterbuch der Versicherung (HdV), Karlsruhe, S. 689-701.

König, M. (1997):
Der Anleger als Rückversicherer - Alternativer Risikotransfer mittels „Katastrophen-Anleihen“ nach deutschem Recht, Osnabrück.

Liebwein, P. (1998):
Rückversicherung, alternativer Risikotransfer, Financial Reinsurance. Eine risikopolitisch fundierte Darstellung mit Integration in ein entscheidungsorientiertes Gesamtmodell (Teil1), Karlsruhe.

Liebwein, P. (2000):
Klassische und moderne Formen der Rückversicherung, Karlsruhe.

Meyer-Kahlen, W. (1988):
Captive-Versicherung, in: Farny, D. / Helten, E. / Koch, P. u. a. (Hrsg.) (1988): Handwörterbuch der Versicherung (HdV), Karlsruhe, S. 95-97.

Mugler, J. (1988):
Risk Management, in: Farny, D. / Helten, E. / Koch, P. u. a. (Hrsg.) (1988): Handwörterbuch der Versicherung (HdV), Karlsruhe, S. 679-683.

Müller, A. (1999):
Integriertes Risk Management. Herausforderung oder unverzichtbares Geschäftsfeld für die Rückversicherungsbranche?, in: Versicherungswirtschaft, Jg. 54, S. 686-690 und 765-771.

Müller, A. (2000):
Integriertes Risikomanagement für die Versicherungsbranche, München.

Müller, H. (1988):
Selbstversicherung, in: Farny, D. / Helten, E. / Koch, P. u. a. (Hrsg.) (1988): Handwörterbuch der Versicherung (HdV), Karlsruhe, S. 781-784.

O. V. (1998):
Integrated Risk Management Solutions - Beyond traditional reinsurance and financial hedging, Zürich.

O. V. (2000):
"Finite risk reinsurance" und Risikotransfer in den Kapitalmarkt - ein Komplement zur traditionellen Rückversicherung, München.

O. V. (2001):
Risikotransfer in den Kapitalmarkt. Nutzung der Kapitalmärkte für das Management von Versicherungsrisiken, München.

O. V. (2003):
Swiss Re (Hrsg.): World insurance in 2003: insurance industry on the road to recovery, Zürich.

O. V. (2004):
GDV (Hrsg.): Jahrbuch 2004. Die deutsche Versicherungswirtschaft, Berlin.

Schulenburg J.-M. Graf von der (2005):
Versicherungsökonomik. Ein Leitfaden für Studium und Praxis, Karlsruhe.

Smith, R. E. et al. (1997):
Reinventing Reinnsurance Using the Capital Markets, in: The Geneva Papers on Risk and Insurance, 22, S. 26-37.

Strube, M. (2000):
Alternativer Risikotransfer von Katastrophenrisiken. Die Rückversicherung mit Anleihen und börsengehandelten Optionen im Vergleich, Göttingen.

Wagner, F. (1998):
Risk Securitization. An Alternative of Risk Transfer of Insurance Companies, in: The Geneva Papers on Risk and Insurance, 89, S. 574-607.

Zanettti, A. / Schwarz, S. (2005):
Natur- und Man-made-Katastrophen im Jahr 2004: mehr als 300 000 Todesopfer, rekordhohe Versicherungsschäden, Zürich.

Zech, J. (1998):
Will the International Financial Markets Replace Traditional Insurance Products? in: The Geneva Papers on Risk and Insurance, 23, S. 490-495.

Die Bedeutung der Rückversicherung bei der Versicherung von Unternehmensrisiken

Christian Kussmann

Inhalt

1. Einleitung

Der Titel dieser Arbeit legt die Analyse des Anteils von Unternehmensversicherungen am Rückversicherungsgeschäft anhand von Unternehmenszahlen nahe. Eine solche Quantifizierung ist allerdings aufgrund des fehlenden Zahlenmaterials über Art und Umfang der von Unternehmen in Versicherungsschutz gegebenen Risiken nicht möglich. Ziel der Arbeit ist es daher, die Bedeutung der Rückversicherung anhand der zur Übertragung von Risiken führenden Motive und der Kapazitäten zur Risikoübernahme der beteiligten Institutionen zu erläutern. Ausgehend von der Darstellung eines Risikomanagement-Prozesses und des Umgangs von Unternehmen mit dem Risiko, werden die zur Versicherungsnahme führenden Motive daher dargestellt, da diese Maßnahmen die Grundlage des von Unternehmen gewählten Weges der Risikoübertragung auf Versicherer bilden.

Die besonderen Merkmale des Konstrukts Rückversicherung lösen die Nachfrage nach entsprechenden Produkten durch Versicherungsunternehmen aus, weshalb Leistung und Funktion der Rückversicherer und ihrer Produkte erläutert werden. Weiterhin wird die Neigung von Versicherungsunternehmen zur Rückversicherungsnahme anhand ihrer spezifischen Eigenschaften aufgezeigt, wobei ihre Möglichkeit zur Diversifikation im Mittelpunkt steht. Mit Hilfe einer modelltheoretischen Betrachtung wird schließlich eine gesellschaftlich effiziente Verteilung des Risikos auf alle Akteure verdeutlicht, wobei die individuell verschiedenen Verhaltensweisen gegenüber dem Risiko Berücksichtigung finden.

2. Unternehmensrisiken

Die unternehmerische Tätigkeit ist mit Risiken verbunden. An dieser Stelle soll eine weite Definition des Risikobegriffs verwendet werden. Risiken können demnach als Möglichkeit der Abweichung einer eingetretenen von einer erwarteten Zufallsgröße interpretiert werden.[572] Unternehmen handeln in einem dynamischen Umfeld, welches von Globalisierung, zunehmender Volatilität der Finanzmärkte und komplexen Finanzierungsstrukturen geprägt ist, und sind damit vielseitigen Risiken ausgesetzt. Der Gesetzgeber hat mit dem Gesetz zur Kontrolle und Transparenz im Unternehmensbereich (KonTraG) auf diverse Unternehmenskrisen zu Beginn der 90er Jahre reagiert. Mit der Änderung des § 91 AktG hat „der Vorstand … geeignete Maßnahmen zu treffen, insbesondere ein Überwachungssystem einzurichten, damit den Fortbestand der Gesellschaft gefährdende Entwicklungen früh erkannt werden."[573] Aus der Formulierung kann die Forderung des Gesetzgebers nach der Einrichtung eines Risikomanagementsystems, eines unternehmensinternen Überwachungssystems, eines Controllings und eines Risiko-Frühwarnsystems abgeleitet werden.[574]

Die Handhabung von Gefahren ist für das Unternehmen von großer Bedeutung und der korrekte Einsatz des Risikomanagements trägt zur Sicherstellung der unternehmerischen Zielerreichung und zum langfristigen Fortbe-

[572] Vgl. Zech, J. (2002), S. 39.
[573] Aktiengesetz (2004).
[574] Vgl. Lück, W. (1998), S. 1925.

stand des Unternehmens bei. Ein funktionierendes Risikomanagement muss gewährleisten, dass aktuelle und zukünftige Bedrohungen festgestellt und angemessen gesteuert werden. Abbildung 1 stellt den Aufbau des Risikomanagement-Prozesses dar. Zunächst ist eine Risikostrategie festzulegen, welche die Risikoneigung der Unternehmung widerspiegelt und den Umgang mit Gefahren festlegt. Sie bildet die Grundlage für alle Handlungen innerhalb des Prozesses. Da Unternehmen ständig neuen bzw. geänderten Risikosituationen ausgesetzt sind, hat der Risikomanagement-Prozess kontinuierlich abzulaufen. Den Ausgangspunkt des Prozesses bildet die sorgfältige Risikoidentifikation. Im Rahmen einer Art Risikoinventur werden dabei alle Gefahrenpotenziale systematisch identifiziert und festgehalten.[575]

Abbildung 1: Der Risikomanagement-Prozess

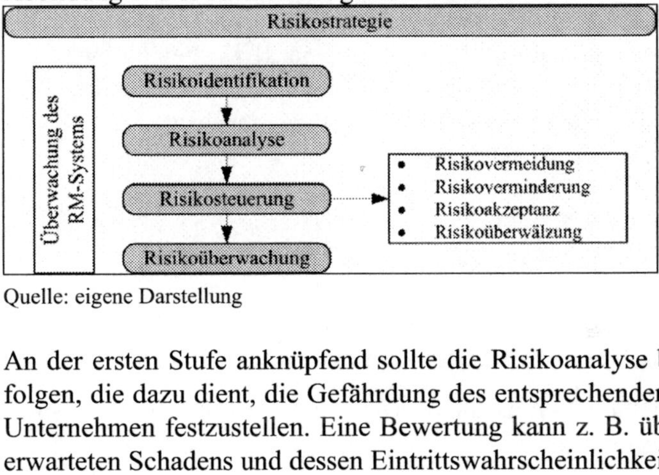

Quelle: eigene Darstellung

An der ersten Stufe anknüpfend sollte die Risikoanalyse bzw. -bewertung folgen, die dazu dient, die Gefährdung des entsprechenden Risikos für das Unternehmen festzustellen. Eine Bewertung kann z. B. über die Höhe des erwarteten Schadens und dessen Eintrittswahrscheinlichkeit erfolgen.[576]

Im Rahmen der Risikosteuerung wird auf Basis der festgelegten Risikostrategie über den Umgang mit den identifizierten und bewerteten Risiken entschieden. Aus Abbildung 1 geht hervor, dass i. d. R. die Alternativen der Risikovermeidung, -verminderung, -akzeptanz und der Risikoüberwälzung bestehen. Für diese Arbeit entscheidend sind die angesprochene Abgabe bestimmter Risiken an einen Versicherer und die Motive für die Ver-

[575] Vgl. Hölscher, R. (2002), S. 13.
[576] Vgl. Zech, J. (2002), S. 40.

sicherungsnahme, die im folgenden Kapitel näher beleuchtet werden sollen. Schließlich ist eine kontinuierliche Überwachung der Risiken und der Funktion des Risikomanagement-Prozesses erforderlich, um auf Änderungen im Zeitablauf reagieren zu können. An dieser Stelle sollen ausgewählte Gefahren, die nahezu jedes Unternehmen betreffen, beispielhaft dargestellt werden:[577]

- Marktrisiken: Sie resultieren aus der Unsicherheit über zukünftige Marktentwicklungen. Es bestehen Zins-, Währungs- und Inflationsrisiken und Risiken bezüglich des Verhaltens der Nachfrager, Lieferanten und der Konkurrenten.
- Kreditrisiken: Diese bestehen u. a. im Zusammenhang mit der Nichterfüllung von Zahlungen durch Geschäftspartner.
- Betriebsrisiken: Hier sind Gefahren der Leistungserstellung angesprochen, wie z. B. Feuer, Maschinenausfälle oder Arbeitsunfälle.
- Rechtsrisiken: Diese resultieren aus einer Unsicherheit über die rechtlichen Rahmenbedingungen und aus Rechtsverletzungen der Mitarbeiter und der Unternehmensleitung oder auch aus Vertragsverletzungen durch Geschäftspartner.

Im folgenden Kapitel soll nun geklärt werden, welche Motive dazu führen, dass Unternehmen Versicherungsschutz nachfragen.

3. Motive für die Versicherungsnahme

3.1 Risikoneutrale Wirtschaftssubjekte und die Anreize zur Versicherungsnahme

Betrachtet man ein risikoaverses Individuum, so transferiert dieses sein Risiko auf einen Versicherer, um eine unsichere Vermögensposition - es besitzt keine Information über die Eintrittswahrscheinlichkeit und Höhe eines Schadens - gegen Zahlung einer Prämie gegen eine sichere Vermögensposition zu tauschen. Dabei kann das Individuum über den Umfang der Versicherung und die Höhe des selbst getragenen Risikos entscheiden. Überträgt man diese Entscheidung auf ein Unternehmen, welches sich im Al-

577 Vgl. Tietz, M. (2001), S. 42.

lein- oder Familienbesitz befindet, so lässt sich schließen, dass aufgrund der engen Verbindung von Privat- und Unternehmensinteressen ebenfalls risikoaverses Verhalten zum Abschluss von Versicherungen führt.[578] Mayers / Smith stellen dagegen fest, dass die Annahme der Risikoaversion zur Erklärung der Versicherungsnachfrage großer, wohldiversifizierter Unternehmen nicht herangezogen werden kann. Risikoaverse Kapitalgeber sind in der Lage, Risiken durch diversifizierte Portfolios zu eliminieren und können demzufolge kein Interesse an kostenintensiven Versicherungsabschlüssen haben.[579] Die Autoren analysieren daher weitere Anreize, die zur Versicherungsnahme von Unternehmen führen.

Komparativer Vorteil bei der Risikoübernahme

Unternehmen gehen vertragliche Beziehungen mit unterschiedlichen Anspruchsgruppen ein, die damit jeweils den Unternehmensrisiken ausgesetzt sind. Zu diesen Gruppen zählen u. a. Aktionäre, Besitzer von Anleihen, Manager, Angestellte, Kunden und Lieferanten. Sowohl Aktionäre als auch Anleiheninhaber sind in der Lage, Risiken über Diversifikation zu eliminieren, damit besitzen sie einen komparativen Vorteil bei der Risikoübernahme gegenüber den übrigen Anspruchsgruppen. Bestehen keine Regeln bezüglich der Risikoübernahme, so werden diese übrigen Anspruchsgruppen in Vertragsverhandlungen mit dem Unternehmen einen höheren Preis für ihre Leistung verlangen, welcher den Anteil des übernommenen Risikos berücksichtigt. In diesem Fall wäre es im Sinne einer Kostenminimierung sinnvoll, den diversifizierten Anteilseignern das Risiko zu übertragen, da diese aufgrund des komparativen Vorteils die für das Unternehmen kostengünstigste Variante der Risikoübernahme anbieten können. Da sie allerdings meist nicht in vollem Umfang zu dieser Übernahme in der Lage sind, lässt sich schließen, dass der Abschluss einer Versicherung sich immer dann als vorteilhaft erweist, wenn die Versicherungsprämie niedriger ist als die geforderten Risikozuschläge der übrigen am Risiko beteiligten Anspruchsgruppen.[580]

---

[578] Für eine Darstellung der Versicherungsnachfrage risikoaverser Entscheidungsträger vgl. Schulenburg, J.-M. Graf von der (2005), S. 262-276.

[579] Vgl. Mayers, D. / Smith, C. (1982), S. 190-191.

[580] Vgl. Mayers, D. / Smith, C. (1982), S. 192-193.

Kostenvorteile der Versicherer

Auch Versicherungsunternehmen verfügen über einen komparativen Vorteil bei der Risikoübernahme. Dieser entsteht aufgrund der Gültigkeit des Gesetzes der großen Zahl bei großen Risikoportfolios, aufgrund besserer Zugangsmöglichkeiten zu Kapitalmärkten und durch die Spezialisierung auf bestimmte Risikoarten.[581] Unternehmen können durch Versicherungsnahme davon profitieren, dass es bei Versicherern aufgrund des ständigen Umgangs mit der Abwicklung von Schadenfällen und den damit im Zusammenhang stehenden Prozessen zu Skaleneffekten kommt, welche zu Kostenvorteilen führen. Diese können an die Vertragspartner weitergegeben werden bzw. Zusatzleistungen, z. B. hinsichtlich des Schadenmanagements, können im Versicherungsvertrag vereinbart werden.[582] Damit ist anzunehmen, dass die Nachfrage eines Unternehmens nach Versicherungsschutz und den angebotenen Zusatzleistungen mit einer größeren Anzahl erwarteter Schadenereignisse zunimmt.[583]

Verminderung der Steuerlast

Es wird angenommen, dass Unternehmen der Steuerpflicht unterliegen. I. d. R. verläuft die an den Erträgen orientierte Besteuerung progressiv. Da Versicherungsnahme zu einer Verstetigung der Cash Flows führt, kann damit eine Reduzierung der Steuerlast erreicht werden.[584]

Kontrolle des Managements

Zwischen den Eigentümern des Unternehmens und dem Management besteht eine Principal-Agent-Beziehung, die in Interessenkonflikten zum Ausdruck kommen kann. Das Management handelt eher kurzfristig orientiert, da die Verweildauer eines Managers im Unternehmen unbekannt bzw. zeitlich befristet ist. Die Kopplung der Entlohnung an Erfolgsgrößen des Unternehmens kann in diesem Zusammenhang dazu führen, dass Managemententscheidungen vor dem Hintergrund einer kurzfristigen Erfolgsrealisierung getroffen werden und dass notwendige Investitionen mit langfristiger Erfolgswirkung - wie etwa Schadenverhütungsmaßnahmen - vernachlässigt werden. Nach Abschluss einer Versicherung kann das Versi-

---

581 Vgl. Mayers, D. / Smith, C. (1993), S. 393.

582 Vgl. Doherty, N. / Smith, C. (1993), S. 8.

583 Vgl. Mayers, D. / Smith, C. (1982), S. 195.

584 Vgl. Nickel, A. (1998), S. 441 und vgl. Mayers, D. / Smith, C. (1982), S. 198-200.

cherungsunternehmen mit der Kontrolle etwa der Umsetzung von Schadenverhütungsmaßnahmen beauftragt werden. Damit werden sowohl die Interessen des Versicherungsunternehmens als auch die der Eigentümer befriedigt.[585]

Verminderung der Kosten finanzieller Notlagen

Unternehmen sind aufgrund ihres Handelns in einer dynamischen Umwelt dem Risiko finanzieller Notlagen oder sogar des Konkurses ausgesetzt. Eine solche Notlage kann erhebliche Kosten nach sich ziehen. Dazu zählen etwa Anwaltshonorare, Notverkäufe und daraus resultierender Wertverlust, aber auch die negative Wirkung auf die Reputation. MacMinn weist in diesem Zusammenhang nach, dass der Marktwert eines versicherten Unternehmens gleich dem Marktwert eines unversicherten Unternehmens zuzüglich des Barwerts der eingesparten Kosten aus einer finanziellen Notlage ist und dass damit ein Anreiz zur Versicherungsnahme existiert.[586]

Vermeidung von Unterinvestitionen

Im Fall eines teilweise durch Fremdkapital finanzierten Unternehmens kann es zur Nichtdurchführung von Investitionen in Projekte mit positivem Kapitalwert kommen. Kommt es demnach bei einer nicht nur durch Eigenkapital finanzierten Unternehmung zu einem Vermögensschaden, so könnten die Aktionäre trotz des positiven Kapitalwerts des Schadenersatzes gegen diesen entscheiden. Diese Situation ist immer dann gegeben, wenn der Wert des Fremdkapitals den um den Schaden verminderten Unternehmenswert übersteigt, das Unternehmen also zahlungsunfähig ist. In der Situation würde eine Investition lediglich den Fremdkapitalgebern zukommen. Schlussfolgernd besteht also besonders von Seiten der Fremdkapitalgeber ein Anreiz, so viel Versicherungsschutz zu fordern, dass das Problem der Unterinvestitionen ausgeschlossen werden kann.[587] Entsprechend ist anzunehmen, dass die Versicherungsnachfrage mit zunehmendem Fremdkapitalanteil steigt.

---

585 Vgl. Mayers, D. / Smith, C. (1982), S. 195.
586 Vgl. MacMinn, R. (1987), S. 667-668.
587 Vgl. Mayers, D. / Smith, C. (1987), S. 45-54.

Staatliche Eingriffe und regulierte Unternehmen
Unternehmen können aufgrund staatlicher Eingriffe zum Abschluss von Versicherungen verpflichtet sein. Zu diesen zählen in Deutschland beispielsweise die Absicherung sozialer Risiken der Angestellten sowie Betriebs- und Produkthaftpflichtversicherungen.[588] Im Bereich staatlich regulierter Industrien kann die regulierende Behörde ein Interesse daran haben, die Vorteile der Versicherer bei der Einschätzung von Schadenverteilungen auszunutzen. Da die zusätzlichen Kosten der Versicherungsnahme durch das Regulierungsorgan auf den Konsumenten überwälzt werden, besteht für Unternehmen in regulierten Industriezweigen ein größerer Anreiz der Versicherungsnahme.[589,590]

3.2 Versicherungsnachfrage der Unternehmen

Da die Anreize zur Versicherungsnahme bekannt sind, stellt sich die Frage, für welche Risiken und in welchem Umfang Unternehmen sich für die Versicherungsnahme entscheiden und wann sie die Selbstversicherung vorziehen. Aus dem erläuterten Risikomanagement-Prozess erhält die Unternehmensleitung einen Überblick über die bestehenden Risiken, ihre Schadenhöhe und die Eintrittswahrscheinlichkeit. I. d. R. kann ein Unternehmen eine Vielzahl kleinerer Schäden, wie etwa solche an Kraftfahrzeugen oder Maschinen, erwarten. Diese treten unter normalen Umständen sehr regelmäßig ein, damit ist eine relativ genaue Vorhersage der zu erwartenden Gesamtschadensumme aus diesen kleineren Schäden zu erwarten.

---

588 Vgl. Schulenburg, J.-M. Graf von der (2005), S. 363-365.

589 Vgl. Mayers, D. / Smith, C. (1982), S. 201 und vgl. Hoyt, R. / Khang, H. (2000), S. 94.

590 Aufgrund des nur in sehr geringem Umfang veröffentlichten Datenmaterials existieren nur wenige empirische Untersuchungen zum Thema der Versicherungsnachfrage von Unternehmen. Yamori (1999) untersucht diese empirisch anhand der Daten von 504 japanischen Unternehmen. Er stellt fest, dass die Versicherungsnachfrage von der Unternehmensgröße abhängig ist und dass kleinere Unternehmen im Verhältnis mehr Versicherungsschutz nachfragen als Großunternehmen. Yamori findet nur einen schwachen Nachweis der Abhängigkeit der Versicherungsnachfrage von der Wahrscheinlichkeit, in eine finanzielle Notlage zu geraten. Er stellt eine größere Versicherungsnachfrage in der Energiewirtschaft fest, dies führt er auf die staatliche Regulierung des Industriezweigs zurück. Die Zusammensetzung der Stichprobe führt dazu, dass ein Nachweis des Zusammenhangs zwischen Eigentumsstruktur eines Unternehmens und der Versicherungsfrage nicht erbracht werden kann. Ähnliches gilt auch für das Motiv der Verminderung der Steuerlast.

Das Unternehmen kann sich bei diesen gut prognostizierbaren Schäden für die Selbstversicherung entscheiden. Dazu sollte ein Kostenniveau definiert werden, das die für das Unternehmen maximal tragbare Schadenbelastung festlegt. Dabei ist es sinnvoll, solche Niveaus sowohl für Einzelschäden als auch für kumulierte Schäden festzulegen. Die Höhe der Kostenniveaus sollte dabei so gewählt werden, dass die Eigentümer des Unternehmens durch den Schadeneintritt und -ersatz keinen Nachteil erleiden.[591]
Größere Schäden dagegen treten unregelmäßig auf, sind daher für ein Unternehmen weniger gut vorhersagbar und führen im Fall des Eintritts zu einer großen finanziellen Belastung. Aus diesem Grund werden diese Schäden eher in Versicherungsschutz gegeben. Doherty / Smith stellen die Versicherungspolitik des Mineralölkonzerns British Petroleum (BP) dar, der nicht den konventionellen Weg der Versicherungsstrategie gewählt hat.[592] BP hatte 2004 einen Börsenwert von 210 Milliarden US-Dollar und beschäftigte weltweit knapp 103.000 Menschen.[593] Die Autoren untersuchen die Nachfrage nach Versicherungsschutz, stellen dem das Angebot gegenüber und erläutern die Versicherungsstrategie des global operierenden Konzerns. Das Versicherungsangebot ist demnach nicht auf allen Märkten gleich. In einigen Marktbereichen, etwa solchen für reguläre Sach- und Haftpflichtversicherungen, zeichnen Versicherungsunternehmen eine große Zahl nicht korrelierter Risiken. Dort sind die Markteintrittsbarrieren niedrig und es herrscht starker Wettbewerb, entsprechend verlangen die Versicherer aufgrund der großen Konkurrenz nur geringe Prämienzuschläge. Die Märkte für Großrisiken dagegen sind durch erheblich geringeren Wettbewerb charakterisiert. Das Zeichnen großer Risiken erfordert mehr versicherungstechnisches Wissen, eine bessere Kapitalausstattung und häufig auch spezielle Kenntnisse aufgrund der spezifischen Eigenschaften der versicherten Risiken. Aus diesem Grund ist die Zahl der Marktteilnehmer geringer und die erhobenen Zuschläge der Versicherer sind entsprechend höher. Auch sind die aus den Phänomenen Adverse Selection und Moral Hazard resultierenden Zuschläge der Versicherer bei einer geringeren Schadenhäufigkeit schwerer kalkulierbar und fallen daher i. d. R. höher aus.[594] Doherty / Smith stellen fest, dass für Schäden, die eine

[591] Vgl. Rejda, G. E. (1986), S. 52-53.
[592] Vgl. Doherty, N. / Smith, C. (1993), S. 4-15.
[593] Vgl. British Petroleum (2005).
[594] Für eine Darstellung und Begründung der Phänomene vgl. Schulenburg, J.-M. Graf von der (2005), S. 283-307.

Höhe von etwa einer Milliarde US-Dollar überschreiten, kaum noch die Möglichkeit der Versicherung auf dem regulären Markt vorhanden ist.[595]

Die Autoren stellen schließlich die Versicherungsstrategie des Konzerns BP dar. Das Unternehmen ist verhältnismäßig kleinen Schäden (z. B. Kraftfahrzeugunfälle, Transportschäden oder kleinere Betriebsausfälle) bis zu Risiken mit Schadenhöhen in Höhe mehrerer Milliarden US-Dollar (z. B. Unfälle in Raffinerien oder Tankerunglücke) ausgesetzt. Der größte anzunehmende Schaden für das Unternehmen wäre der Entzug der Förder- und Produktionserlaubnis. Diese könnte entzogen werden, wenn Unfälle oder Fehlverhalten zu ökologischen Großschäden führen (
Tabelle 1 im Anhang stellt die erwartete Schadenverteilung für das Jahr 1990 dar). Auf Basis der bekannten Daten und finanzwissenschaftlicher Überlegungen veränderte das Unternehmen seine Versicherungsstrategie wie folgt:

Schäden unter 10 Millionen US-Dollar unterliegen der Verantwortung lokaler Manager. Diese können eine Versicherung im lokalen Markt abschließen oder beim firmeneigenen Versicherer zeichnen. Die Entscheidung, kleine Schäden zu versichern, geht darauf zurück, dass aufgrund des großen Wettbewerbs die Prämienzuschläge relativ gering sind. Weiterhin kann das Unternehmen durch den Abschluss bei einem lokalen Versicherer den Bezug zu der entsprechenden Region herstellen.[596]

Schäden zwischen 10 und 500 Millionen US-Dollar werden nicht auf externen Versicherungsmärkten versichert, da dort aufgrund der o. g. Gründe die Zuschläge relativ hoch sind und da der Einfluss der Schäden auf den Unternehmenswert nicht von extremem Ausmaß ist.[597]

Auch Maximalschäden werden von BP nicht extern versichert. Neben dem begrenzten Angebot sehen die Autoren die Begründung einerseits in den steuerlichen Vorteilen, die besonders in Großbritannien für unversicherte Risiken gewährt werden. Weiterhin existiert die Argumentation, dass ein Unfall, wie beispielsweise ein großes Tankerunglück, Engpässe auf dem

[595] Vgl. Doherty, N. / Smith, C. (1993), S. 11.
[596] Vgl. Doherty, N. / Smith, C. (1993), S. 11-12.
[597] Vgl. Doherty, N. / Smith, C. (1993), S. 13.

Mineralölmarkt zur Folge haben könnte. Diese würden zu einem Preisanstieg führen und die beträchtlichen Vorräte des Konzerns aufwerten, so dass weitere Finanzmittel generiert würden.[598]

4. Die Rückversicherungsnahme

4.1 Funktion der Rückversicherung

Eine eindeutige Definition des Konstrukts der Rückversicherung existiert in der Literatur nicht. Die Legaldefinition des § 779 Abs. 1 HGB lautet: Die Rückversicherung ist „die von dem Versicherer übernommene Gefahr."[599] Grundsätzlich bedeutet Rückversicherung, dass ein Erstversicherer bei einem Rückversicherer Versicherungsschutz nachfragt.[600] Aus den Definitionen geht hervor, dass an einer Rückversicherung ausschließlich Versicherungsunternehmen beteiligt sind. Abbildung 2 stellt die Risikoaufteilung durch die Rückversicherung dar. Der Erstversicherer wird als Zedent, der Rückversicherer als Zessionär bezeichnet. Der Vorgang der Rückversicherung heißt Zession.[601] Die Abbildung zeigt, dass auch für den Zessionär die Möglichkeit der Rückversicherung besteht, dieser Vorgang wird als Retrozession bezeichnet.

---

598 Vgl. Doherty, N. / Smith, C. (1993), S. 14-15.
599 Handelsgesetzbuch (2004).
600 Vgl. Farny, D. (2000), S. 542.
601 Vgl. Schulenburg, J.-M. Graf von der (2005), S. 165.

Abbildung 2: Risikoaufteilung durch die Rückversicherung

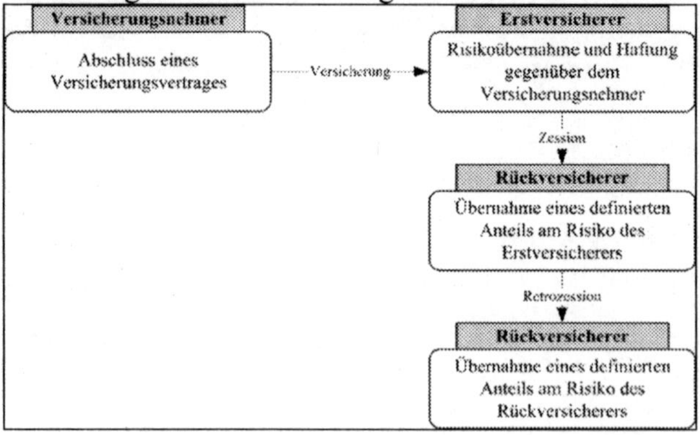

Quelle: eigene Darstellung in Anlehnung an Swiss Re (2002), S. 16.

Der Versicherungsnehmer geht kein Vertragsverhältnis mit dem Rückversicherungsunternehmen ein. Die Folge ist, dass die rechtlichen Restriktionen für die Rückversicherung einen erheblich geringeren Umfang aufweisen als die für die Erstversicherung. Unternehmen, die lediglich ein Rückversicherungsgeschäft betreiben und nicht die Rechtsform des Versicherungsvereins auf Gegenseitigkeit (VVaG) aufweisen, müssen daher in erster Linie nur die Vorschriften bezüglich der Rechnungslegung und Bilanzprüfung befolgen. Ursache ist die Annahme, dass Erstversicherungsunternehmen aufgrund ihrer Marktkenntnisse und Erfahrungen weniger rechtlichen Schutzes bedürfen.[602]

Anbieter von Rückversicherung können sowohl Unternehmen sein, die sich auf dieses Angebot spezialisiert haben (professionelle Rückversicherer), als auch Erstversicherer, die dies als so genanntes indirektes Geschäftsfeld betreiben. Allerdings wird der Markt von den professionellen Rückversicherern dominiert.[603] Im Jahr 2002 waren am deutschen Markt 42 Rückversicherungsunternehmen aktiv und ihre Beitragseinnahmen betrugen 41,05 Milliarden Euro. Dem standen Aufwendungen für Versicherungsfälle in Höhe von 25,98 Milliarden Euro gegenüber.[604]

---

602 Vgl. Schulenburg, J.-M. Graf von der (2005), S. 166.
603 Vgl. Pfeiffer, C. (1999), S. 12.
604 Vgl. Gesamtverband der Deutschen Versicherungswirtschaft e.V. (2005), S. 73.

4.2 Die Rückversicherungsnachfrage der Erstversicherer

Die zur Zession führenden Beweggründe stimmen zu großen Teilen mit der Motivation von Nicht-Versicherungsunternehmen zur Versicherungsnahme überein, allerdings sind einige Ergänzungen vorzunehmen. Unterstützung bei der Versicherungsproduktion kann der Erstversicherer durch den Zessionär erfahren, da Rückversicherungsunternehmen eine große Zahl begleitender Dienstleistungen anbieten. Dazu zählen u. a.:

- Die Bereitstellung statistischer Daten und Auswertungen für ausgewählte Märkte,
- die Erstellung versicherungsmathematischer Analysen,
- die Mitwirkung bei der Risikoprüfung,
- die Hilfestellung im Bereich der Schadenverhütung,
- die Übernahme von Maßnahmen der Personalentwicklung und
- die Beratung und Unterstützung bei der Suche nach Kooperationspartnern.

Die begleitenden Dienstleistungsangebote stellen also ein verkaufspolitisches Argument der Anbieter dar und ermöglichen den Zedenten eine effizientere Versicherungsproduktion.[605] Betrachtet man Unternehmen, deren indirektes Geschäftsfeld die Rückversicherung ist, so bietet die Rückversicherungsnahme Möglichkeiten, übergeordnete Ziele des Konzerns zu erreichen. Beispielsweise kann durch konzerninterne Finanztransaktionen die Steuerlast verringert werden.[606] Im Falle einer finanziellen Notlage des Erstversicherers kann ein Rückversicherer für die entstehenden Kosten aufkommen. Damit stellt der Abschluss der Rückversicherung ein Signal an den risikoaversen Vertragspartner des Zedenten, den Versicherungsnehmer, dar. Ein risikoscheuer Kunde ist zur Zahlung einer höheren Prämie bereit, wenn er davon ausgehen kann, dass die Kosten einer finanziellen Notlage abgesichert sind bzw. dass diese Notlage aufgrund der Zession gar nicht eintreten wird.[607] Rückversicherungsverträge können von Erstversicherern als Instrument zum Erreichen finanzwirtschaftlicher Ziele herangezogen werden. So wird die Zeichnungskapazität des Erstversicherers

---

605 Vgl. Schweizerische Rückversicherungs-Gesellschaft (2002), S. 12.
606 Vgl. Schulenburg, J.-M. Graf von der (2005), S. 168.
607 Vgl. Doherty, N. A. / Tinic, S. M. (1981), S. 951.

durch Zession erhöht, da auch Risiken übernommen werden können, die er allein nicht tragen könnte. Der Rückversicherer stellt dabei notwendige Sicherheitsreserven bereit und vermindert damit den entsprechenden Bedarf des Zedenten, wodurch der Anteil des frei verfügbaren Eigenkapitals erhöht wird.[608]

In einer empirischen Untersuchung des US-amerikanischen Versicherungsmarktes haben Mayers / Smith die Rückversicherungsnahme von 1.276 Unternehmen anhand ausgewählter Daten analysiert.[609] In der Untersuchung werden generell vier Typen an Versicherungsunternehmen unterschieden: Aktiengesellschaften (Stocks), Lloyd's Syndikate, Reciprocals und Mutuals (Tabelle 2 im Anhang zeigt die Verteilung der Unternehmen und die weitere Untergliederung). Reciprocals sind nicht als Unternehmen eingetragene Zusammenschlüsse von Einzelpersonen oder Firmen, die unter Leitung eines Stellvertreters einen Austausch von Versicherungsverträgen durchführen. Als Mutuals organisierte Versicherer zeichnen sich dadurch aus, dass die Versicherungsnehmer auch die Eigentümer sind, es handelt sich bei beiden Versicherungsformen um Versicherungen auf Gegenseitigkeit.[610] Im Rahmen der Untersuchung erfolgt eine Differenzierung nach der Eigentümerstruktur sowie der Zugehörigkeit zu einem Versicherungskonzern.[611] Die Autoren identifizieren vier maßgebliche Einflussfaktoren für die Nachfrage nach Rückversicherung: die Unternehmensgröße, den Grad der Konzentration auf bestimmte Versicherungszweige, die räumliche Ausdehnung auf verschiedene Märkte und die Eigentümerstruktur. Im Zusammenhang mit der Eigentümerstruktur lautet die Hypothese, dass die Nachfrage nach Rückversicherung positiv von der Verknüpfung des Vermögens der Eigentümer mit dem Unternehmensvermögen abhängt.[612] Die Ergebnisse der Untersuchung zeigen, dass die Lloyd's Syndikate am meisten Rückversicherung nachfragen und die Aktiengesellschaften mit einer großen Eigentümerzahl die geringste Nachfrage aufweisen. Weiterhin zeigen die Ergebnisse, dass sowohl Tochterunternehmen eines Versicherers als auch Mitglieder einer Versicherungsgruppe eine höhere

608 Vgl. Schweizerische Rückversicherungs-Gesellschaft (2002), S. 12.

609 Vgl. Mayers, D. / Smith, C. (1990), S. 23-39. Die der Untersuchung zu Grunde liegenden Daten stammen aus einer Marktstudie des Jahres 1981 der A.M. Best Company.

610 Vgl. Towers Perrin – Tillinghast (2005), S. 9-10.

611 Vgl. Mayers, D. / Smith, C. (1990), S. 26.

612 Vgl. Mayers, D. / Smith, C. (1990), S. 24-26.

Nachfrage nach Rückversicherung aufweisen.[613] Diese Aussage unterstützt das Motiv der Finanztransaktionen innerhalb eines Konzerns, um beispielsweise Steuerersparnisse zu erreichen. Die Autoren bestätigen ihre Hypothese und kommen schließlich zu folgendem Ergebnis: *„Generally, the less diversified the owners' portfolios, the greater the reinsurance purchases."*[614]

Demzufolge ist ein Versicherungsunternehmen, dessen Anteilseigner mit einem großen Teil ihres Vermögens an diesem Unternehmen beteiligt sind, in geringerem Umfang zur Risikoübernahme bereit als ein Versicherer, der sich im Besitz vieler Eigentümer mit breit gestreuten Portfolios befindet. Entsprechend hängt der Umfang der in Rückversicherungsschutz gegebenen Risiken entscheidend von der Rechtsform und der Eigentümerstruktur eines Versicherungsunternehmens ab. Im folgenden Abschnitt soll der Effekt der Diversifikation erläutert werden.

4.3 Der Diversifikationseffekt

Historische Betrachtungen definieren Diversifikation als eine Möglichkeit der Risikoeliminierung durch Streuung des Besitzes auf viele unabhängige Risiken, so dass diese sich gegenseitig ausgleichen. Markowitz allerdings stellt dar, dass eine solche Verteilung nur in begrenztem Maße eine Eliminierung des Risikos ermöglicht, da ökonomische Einflüsse zu einer Verknüpfung der Risiken führen.[615] Markowitz hat nachgewiesen, dass der Effekt der Diversifikation maßgeblich von der Korrelation der Risiken abhängt.

Der Korrelationskoeffizient zweier Risiken ist ein Maß der gegenseitigen Beeinflussung, dieser kann Werte zwischen -1,0 und +1,0 annehmen. Ein Wert von +1,0 gibt eine perfekt positive Korrelation an, welche anzeigt, dass die Risiken absolut voneinander abhängig sind und gemeinsam eintreten, es besteht also eine lineare Beziehung. Ein Korrelationskoeffizient von

613 Vgl. Mayers, D. / Smith, C. (1990), S. 33-37.
614 Mayers, D. / Smith, C. (1990), S. 28.
615 Die Darstellung findet sich bei: Markowitz, H. (1952), S. 77-91.

-1,0 zeigt an, dass die Risiken perfekt negativ korreliert sind, dass sie sich also gegeneinander aufwiegen.

In der Portfolio-Theorie findet die Auswirkung der Korrelation risikobehafteter Investitionen im Capital Asset Pricing Model (CAPM) Berücksichtigung.[616] Die Auswirkung der Diversifikation kann anhand einer Investition in zwei risikobehaftete Projekte A und B dargestellt werden, deren Risiko anhand ihrer Standardabweichung σ_A und σ_B gemessen wird. Der Anteil der Investitionssumme in Projekt A wird durch a ausgedrückt, entsprechend wird in B der Anteil $b = 1 - a$ investiert. Entscheidend an dieser Stelle ist die durch ρ ausgedrückte Korrelation des Risikos der beiden Projekte. Im Falle eine perfekten positiven Korrelation zwischen beiden Projekten ($\rho = 1$) gilt für die Standardabweichung der Gesamtinvestition I: $\sigma_I = a \cdot \sigma_A + b \cdot \sigma_B$. In einem solchen Fall bringt Diversifikation also keine Vorteile für den Investor. Besteht allerdings keine positive perfekte Korrelation zwischen den Projekten ($\rho < 1$), so wird der Diversifikationseffekt deutlich. Die Standardabweichung des Gesamtportfolios σ_I ist umso geringer, je geringer der Wert des Korrelationskoeffizienten ist.[617] Eine Übertragung auf die Versicherungsbranche ergibt, dass jene Unternehmen einem größeren Gesamtrisiko ausgesetzt sind, deren Risiken eine größere Korrelation aufweisen. Dies trifft in erster Linie auf solche Unternehmen zu, die auf bestimmte Geschäftsfelder oder regionale Märkte beschränkt sind.

Nachdem in den vorangegangenen Kapiteln die individuellen Entscheidungen über die Versicherungsnahme bzw. Risikoübertragung dargestellt wurden, soll nun die gesellschaftlich effiziente Risikoverteilung betrachtet werden.

[616] Vgl. Perold, A. F. (2004), S. 3-5.
[617] Vgl. Perold, A. F. (2004), S. 6-7.

5. Die effiziente Risikoallokation

5.1 Modellbildung

Zunächst ist die Risikodefinition zu konkretisieren. Aufgrund der Korrelation zwischen Risiken kann es vorkommen, dass die algebraische Summe von Einzelrisiken höher eingeschätzt wird als das Gesamtrisiko. Eine Unterscheidung in das unsystematische und das systematische Risiko wird vorgenommen. Dieser Differenzierung liegt die Annahme zugrunde, dass Individuen für sie spezifische Risiken einschätzen und durch Diversifikation eliminieren können (unsystematisches Risiko). Das systematische Risiko dagegen resultiert aus makroökonomischen Zusammenhängen und ist durch Diversifikation nicht auszuschließen.[618]

Betrachtet wird ein Modell ohne Transaktionskosten. An dieser Stelle wird davon ausgegangen, dass die Individuen sich voneinander unterscheiden und ihre Risiken weder perfekt korreliert noch vollständig voneinander unabhängig sind. Die Akteure sind also sowohl dem unsystematischen als auch dem systematischen Risiko ausgesetzt. Angenommen wird eine einfache Tauschwirtschaft, mit einer Anzahl von n risikoaversen Individuen i ($i = 1,...,n$). Jeder dieser Akteure weist damit eine zweifach differenzierbare, kontinuierlich zunehmende Nutzenfunktion u_i mit konkavem Verlauf auf ($u_i'(x) > 0$; $u_i''(x) < 0$). Es besteht zu Beginn jeder Periode Unsicherheit über den am Ende der Periode eintretenden Zustand s, allerdings kann jedem Zustand eine Eintrittswahrscheinlichkeit zugeordnet werden. Die Verteilung wird durch $\tilde{s}$ ausgedrückt. Jedes Individuum ist mit $w_i(s)$ Einheiten eines Gutes ausgestattet. Die Güterausstattung ist also vom herrschenden Umweltzustand abhängig. Das Risiko, welchem das Individuum ausgesetzt ist, resultiert aus der Unsicherheit über den Umfang der Güterausstattung ($w_i(s) \neq w_i(s')$) in den Zuständen. Aufgrund der Annahme der Risikoaversion verlangt das Individuum zu einem bestimmten Preis Absicherung gegen das Risiko, ist aber ebenso bereit, gegen Zahlung einer bestimmten Prämie das Risiko eines anderen Akteurs zu tragen.[619] An dieser Stelle soll eine effiziente Risikoteilung unter den Akteuren bestimmt werden. Dabei stellt

[618] Vgl. Schulenburg, J.-M. Graf von der (2005), S. 62.

[619] Die Darstellung und der Beweis in Abschnitt 5 erfolgen in Anlehnung an: Eeckhoudt, L. / Gollier, C. / Schlesinger, H. (2005), S. 155-162.

$c_i(s)$ den Konsum eines Individuums in der Periode s dar. Eine effiziente Risikoteilung ist dann möglich, wenn sowohl die Summe über die Grundausstattung aller Individuen als auch der aggregierte Konsum aller Akteure dem gesellschaftlichen Gesamtvermögen $z(s)$ entsprechen:

$z(s) = \sum_{i=1}^{n} w_i(s)$ und $z(s) = \sum_{i=1}^{n} c_i(s)$.

Alle Akteure sind also gezwungen, ihr gesamtes Vermögen einer Periode in den Konsum zu investieren.

Das nachstehende Diagramm (Abbildung 3), eine Edgeworth-Box, stellt eine Wirtschaft mit zwei Zuständen (I; II) und mit zwei Individuen (1; 2) dar. Die Achsen geben die insgesamt verfügbare Menge eines Konsumgutes an, welche dem gesellschaftlichen Gesamtvermögen der Periode entsprechen muss. Die eingezeichneten Indifferenzkurven der Individuen spiegeln ihre Nutzenniveaus wider, diese nehmen mit größerer Entfernung der Kurve vom Ursprung eines Individuums zu. Das Risiko ist in diesem Diagramm dadurch ausgedrückt, dass im Zustand II weniger des Konsumgutes zur Verfügung steht als im Zustand I. Der Punkt A stellt die Ausgangsposition und individuelle Allokation ohne Tausch dar. Das Risiko führt dazu, dass Individuum 1 ohne Tausch in Periode II über eine erheblich geringere Ausstattung verfügen würde als in Periode I. Für Individuum 2 stellt sich die Ausgangssituation umgekehrt dar. Durch Tausch sind die Akteure in der Lage, die Allokation B zu erreichen. Die Darstellung zeigt, dass diese Allokation für beide Akteure ein erhöhtes Nutzenniveau mit sich bringen würde. Versicherung könnte einem Akteur garantieren, dass der Konsum in beiden Perioden, unabhängig vom Zustand, identisch ist. In einem solchen Zustand müsste sich die Allokation auf einer der 45°-Linien befinden.[620] Da sich diese Linien der beiden Akteure nicht schneiden, ist eine Versicherung beider Akteure unter den Annahmen unmöglich.

[620] Vgl. Eeckhoudt, L. / Gollier, C. / Schlesinger, H. (2005), S. 157.

Abbildung 3: Wirtschaft mit zwei Individuen und zwei Zuständen

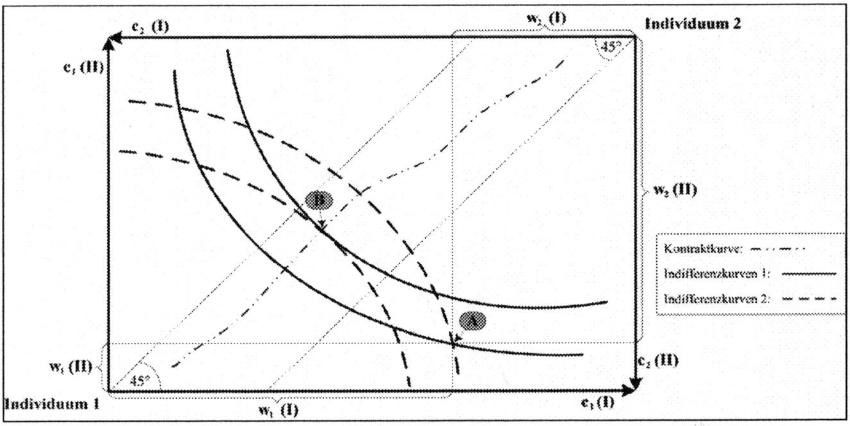

Quelle: eigene Darstellung in Anlehnung an Eeckhoudt, L. / Gollier, C. / Schlesinger, H. (2005), S. 156.

Das Ziel ist, eine Pareto-effiziente Allokation zu bestimmen. Eine Allokation ist Pareto-effizient, wenn es durch Tausch nicht gelingt, eine Person besser zu stellen, ohne eine andere Person zu benachteiligen. Grafisch besteht ein Pareto-Optimum immer dann, wenn die Indifferenzkurven der Akteure sich (wie in Punkt B) tangieren. Alle möglichen Pareto-effizienten Allokationen des Risikos verlaufen entlang der Kontraktkurve.[621] Der Zustand der Pareto-Effizienz kann als Maximierung des erwarteten Nutzens jedes einzelnen Individuums in jedem möglichen Zustand formuliert werden, wobei die oben genannten Nebenbedingungen zu beachten sind. Nachfolgend drückt der Vektor $\vec{\lambda} = (\lambda_1, \ldots, \lambda_n)$ die Anfangsaustattungen der Individuen aus. Es ergibt sich nachstehende Maximierungsbedingung:

$$MAX \quad E\left[\sum_{i=1}^{n} \lambda_i u_i\left(c_i(\tilde{s})\right)\right]$$

Diese Maximierung hat über den Konsum jedes Individuums in jedem möglichen Zustand zu erfolgen. Dabei gilt zu beachten, dass Unsicherheit über den eintretenden Zustand besteht, lediglich $\tilde{s}$ ist bekannt.[622] Eine Vereinfachung des Problems erfolgt durch die Annahme, dass der bestimmte

[621] Vgl. Varian, H. R. (2001), S. 291.
[622] Vgl. Eeckhoudt, L. / Gollier, C. / Schlesinger, H. (2005), S. 158.

Zustand s vorliegt. Der Vektor $\vec{\lambda}$ wird als spezifische Anfangsausstattung interpretiert, die nur zu einer bestimmten effizienten Allokation führen kann. Damit besteht ein Entscheidungsproblem unter Sicherheit. Die Aufgabe besteht also in der für alle Akteure Nutzen maximierenden Verteilung des gesellschaftlichen Vermögens $z(s)$:

$$MAX \sum_{i=1}^{n} \lambda_i u_i(c_i(s)) \qquad (1)$$

unter der Nebenbedingung: $z(s) = \sum_{i=1}^{n} c_i(s)$. (2)

Die Lösung dieses Problems lässt sich aus der Abbildung und der Definition der Pareto-Effizienz ableiten: Diese ist immer dann gegeben, wenn die Indifferenzkurven der Individuen sich tangieren, wenn also die Grenzraten der Substitution des Konsums beider Individuen (1; 2) übereinstimmen:

$$\frac{u_1'(c_1(I))}{u_1'(c_1(II))} = \frac{u_2'(c_2(I))}{u_2'(c_2(II))} \text{ bzw. allgemein: } \frac{u_i'(c_i(s))}{u_i'(c_i(s'))} = \frac{u_j'(c_j(s))}{u_j'(c_j(s'))}. \qquad (3)$$

Weil in der grafischen Lösung $z(I) \neq z(II)$ gilt, kann nicht erreicht werden, dass beide Akteure in beiden Perioden jeweils das gleiche Konsumniveau erreichen.[623]

5.2 Das Gegenseitigkeitsprinzip

Die Analyse des vorangegangenen Abschnitts zeigt, dass im Fall zweier Zustände ($s;s'$) Unsicherheit über die Höhe des gesellschaftlichen Gesamtvermögens besteht, es ist also unklar, ob $z(s) = z(s')$ gilt. Die Lösung des Maximierungsproblems zeigt, dass bei gegebener Anfangsausstattung und bekanntem Zustand s nur genau eine effiziente Allokation $c_i(s)$ für alle $i = 1,...,n$ existiert. Ist also das Gesamtvermögen in beiden Zuständen identisch ($z(s) = z(s')$), dann muss auch gelten: $c_i(s) = c_i(s')$. Liegt eine solche Situation vor, dann sind die Akteure lediglich dem unsystematischen Risiko ausgesetzt. Übertragen auf das verwendete Beispiel der beiden Individuen (1; 2) und der Zustände (I; II) gilt damit $z(I) = z(II)$. Es ergibt sich die nachstehende Edgeworth-Box (Abbildung 4). Alle effizienten Allokationen liegen entlang der 45°-Linie, die Kontraktkurve fällt also mit dieser zusammen.

---

[623] Vgl. Eeckhoudt, L. / Gollier, C. / Schlesinger, H. (2005), S. 159.

Abbildung 4: Effiziente Risikoallokation im Fall eines unveränderten Gesamtvermögens

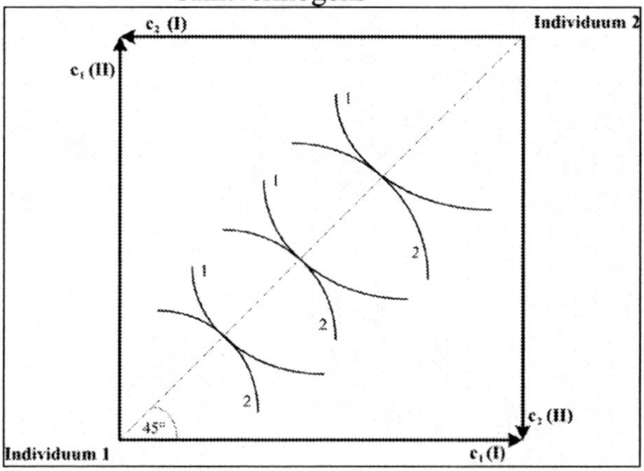

Quelle: eigene Darstellung in Anlehnung an Eeckhoudt, L. / Gollier, C. / Schlesinger, H. (2005), S. 161.

Im Modell drückt das in beiden Perioden identische Gesamtvermögen also aus, dass die Akteure lediglich dem unsystematischen Risiko ausgesetzt sind. In diesem Fall kann das Risiko also vollkommen diversifiziert werden bzw. es ist effizient, wenn ein Versicherer das Risiko der Akteure vollständig trägt.[624] Bis jetzt ist damit beantwortet, wie der Umgang mit dem Risiko in einer Situation zu erfolgen hat, in der die Individuen lediglich dem unsystematischen Risiko ausgesetzt sind. Diese kommt allerdings in der Realität nicht vor, da Volkswirtschaften sich in einem dynamischen Prozess befinden, der ständig neue Risikosituationen für die Akteure entstehen lässt. Nachfolgend soll die Aufteilung des systematischen Risikos begründet werden.[625]

624 Vgl. Eeckhoudt, L. / Gollier, C. / Schlesinger, H. (2005), S. 160.

625 Das hier geschilderte Prinzip geht zurück auf Borch (1962), der die effiziente Risikoverteilung zwischen risikoaversen Individuen untersucht hat.

5.3 Effiziente Allokation des systematischen Risikos

Für diese Darstellung soll das Maximierungsproblem unter Sicherheit aus dem ersten Abschnitt verwendet werden. Weiterhin wird vereinfachend $z(s) = z$ für jeden Zustand s angenommen. Nachfolgend wird aus diesem Grund der Konsum eines jeden Individuums in Abhängigkeit vom Gesamtvermögen dargestellt ($c_i = c_i(z)$). Aus der zu maximierenden Zielfunktion (1) ergibt sich durch Ableiten nach dem Nutzen die notwendige Bedingung:

$$\lambda_1 u_1'(c_1(z))c_1'(z) + ... + \lambda_n u_n'(c_n(z))c_n'(z) = 0 .$$

Diese Bedingung lässt sich für jedes einzelne Individuum umformen:

$$\mu(z) = \lambda_i u_i'(c_i(z)). \qquad (4)$$

Diese gilt für jeden Akteur $i = 1,...,n$ sowie für alle Zustände z. Die Nebenbedingung (2) behält weiterhin Gültigkeit, wird allerdings an die Vereinfachung angepasst:

$$z = \sum_{i=1}^{n} c_i(z). \qquad (2a)$$

Betrachtet man den Zusammenhang zwischen dem Konsum c_i eines Individuums und dem gesellschaftlichen Gesamtvermögen z, so lassen sich zwei Extremzustände unterscheiden:

- $c_i'(z) = 0$: Der Konsum eines Akteurs ist vollkommen unabhängig vom Gesamtvermögen. Damit ist der Akteur vor Schwankungen des gesellschaftlichen Gesamtvermögens vollständig geschützt, sein Konsum ist konstant.
- $c_i'(z) = 1$: Es besteht eine absolute Abhängigkeit des Konsums vom Gesamtvermögen bzw. dem eintretenden Zustand. Der Akteur trägt das gesamte Risiko allein und versichert damit alle übrigen Individuen.

Die Ableitung von c_i nach z misst also den von jedem Akteur *i* getragenen Anteil am Risiko.[626] Im folgenden Schritt ergibt Differenzieren der notwendigen Bedingung (4) für jedes Individuum die Bedingung zweiter Ordnung:

$$\mu'(z) = \lambda_i u_i''(c_i(z))c_i'(z). \qquad (5)$$

[626] Vgl. Eeckhoudt, L. / Gollier, C. / Schlesinger, H. (2005), S. 161.

Durch Umformen der Bedingung erster Ordnung (4) nach λ_i und Einsetzen des Ausdrucks in (5) kann der Vektor $\vec{\lambda}$ eliminiert werden, anschließend wird nach $c_i'(z)$ aufgelöst:

$$c_i'(z) = \frac{\mu'(z)}{\mu(z)} \cdot \frac{u_i'(c_i(z))}{u_i''(c_i(z))}. \tag{6}$$

Die absolute Risikotoleranz eines Individuums wird durch nachstehenden Ausdruck dargestellt:

$$T_i(c_i(z)) = -\frac{u_i'(c_i(z))}{u_i''(c_i(z))}.$$

Ausdruck (6) kann nun in Abhängigkeit von der absoluten Risikotoleranz eines Individuums dargestellt werden:

$$c_i'(z) = T(c_i(z)) \cdot \frac{-\mu'(z)}{\mu(z)}. \tag{7}$$

Betrachtet man nun die Nebenbedingung (2a) und differenziert diese ebenfalls, so erhält man:

$$\sum_{j=1}^{n} c_j'(z) = 1 \tag{8}$$

Hier stellen $j = 1,\ldots,n$ die Menge aller Individuen dar. Die Nebenbedingungen (2) bzw. (2a) führen also zu der Forderung, dass das insgesamt bestehende systematische Risiko vollständig von den Akteuren getragen wird. Eine Kombination mit Gleichung (7) führt zu folgendem Ergebnis:

$$\frac{-\mu'(z)}{\mu(z)} \cdot \sum_{j=1}^{n} T_j(c_j(z)) = 1. \tag{9}$$

Durch Summenbildung wird an dieser Stelle aus der absoluten Risikotoleranz jedes einzelnen Individuums die aggregierte Risikotoleranz aller beteiligten Akteure. Die Kombination der Gleichungen (7) und (9) führt schließlich zu folgendem Ergebnis:

$$c_i'(z) = \frac{T_i(c_i(z))}{\sum_{j=1}^{n} T_j(c_j(z))}. \tag{10}$$

Zu Beginn dieses Abschnitts wird der Zusammenhang zwischen dem Konsum eines Individuums und dem gesellschaftlichen Gesamtvermögen betrachtet und zwei Extremfälle werden dargestellt. Dieser Zusammenhang wird nun durch das Verhältnis der individuellen zur aggregierten Risikotoleranz ausgedrückt. Der Betrag der Risikotoleranz ist umso niedriger, je größer die Risikoaversion eines Individuums ist. Für ein risikoneutrales

Individuum a gilt: $T_a(c) \to \infty$.[627] Für alle risikoaversen Individuen muss gelten: $c_i'(z) > 0$. Ein risikoaverser Akteur wird also im Zustand I immer über mehr Konsumgüter verfügen als in Zustand II, wenn gilt, dass $z(I) > z(II)$. Abbildung 1 stellt einen solchen Zustand dar. Alle Allokationen, die dort sowohl Akteur 1 als auch Akteur 2 einen größeren Konsum in Periode I als in Periode II versprechen, befinden sich zwischen den beiden 45°-Linien, dort verläuft auch die Kontraktkurve. Gleichung (10) macht deutlich, wie die effiziente Verteilung des systematischen Risikos zu erfolgen hat: Ein Individuum hat am undiversifizierbaren Risiko den Anteil zu tragen, den die persönliche Risikotoleranz an der aggregierten Risikotoleranz ausmacht. Ist also die Risikotoleranz eines Individuums vergleichsweise hoch, so muss es im Sinne einer effizienten Allokation einen höheren Anteil am systematischen Risiko tragen.

6. Schlussbetrachtung

Die Grundlage für die Feststellung der Bedeutung der Rückversicherung bei der Versicherung von Unternehmensrisiken bildet in dieser Arbeit die Darstellung des Umgangs von Unternehmen mit identifizierten Risiken. Es wird gezeigt, dass auch für diversifizierte Unternehmen vielfältige Anreize zur Versicherungsnahme bestehen. Die Betrachtung der Versicherungsstrategie lässt die Schlussfolgerung zu, dass - trotz der erläuterten Abweichung des BP-Konzerns von dieser Strategie - durch Unternehmen Versicherungsschutz für größere Risiken nachgefragt wird. Für kleinere Versicherungsunternehmen, die i. d. R. nur über geringe Möglichkeiten zur Diversifikation verfügen, kann die Übernahme des Versicherungsschutzes solcher möglicher Schäden eine starke Erhöhung des eigenen Risikos bedeuten. Mayers / Smith identifizieren die Möglichkeit der Diversifikation eines Versicherers als zentralen Aspekt der Nachfrage von Versicherungsunternehmen nach Rückversicherung und stellen somit die Abhängigkeit der Nachfrage von der Rechtsform des Versicherers sowie von der Eigentümerstruktur fest. Die Betrachtung des Kapitels zur effizienten Risikoallokation zeigt, dass im Sinne einer gesellschaftlich nutzenmaximierenden Risikoaufteilung jene Teilnehmer mit einer höheren Risikotoleranz auch

627 Vgl. Eeckhoudt, L. / Gollier, C. / Schlesinger, H. (2005), S. 162.

einen entsprechend höheren Anteil am Risiko zu tragen haben. Professionelle Rückversicherungsunternehmen operieren i. d. R. global, sind in hohem Maße diversifiziert und besitzen damit eine weitaus höhere Risikotoleranz als kleinere Erstversicherer (Tabelle 3 im Anhang gibt einen Überblick über die weltweit größten Rückversicherer). Daher sollte auch aus Gründen der gesellschaftlichen Nutzenmaximierung eine Risikoübertragung auf Rückversicherer erfolgen, die im Verhältnis zu kleineren Versicherern besser diversifiziert sind. Die in dieser Arbeit vorgenommenen Betrachtungen lassen also den Schluss zu, dass die Rückversicherung eine wesentliche Bedeutung bei der Übernahme der Unternehmensrisiken besitzt, wobei die Möglichkeiten zur Diversifikation das zentrale Argument darstellen.

Anhang

Tabelle 1: BP's erwartete Schadenverteilung für das Jahr 1990

Schadenniveau (in Millionen US-Dollar)	Anzahl pro Jahr	Durchschnittsschaden (in Millionen US-Dollar)	Erwarteter jährlicher Schaden (in Millionen US-Dollar)	Standardabweichung (in Millionen US-Dollar)
0 - 10	1.845	0,03	52	12
100 - 500	1,70	40	70	98
> 500	0,03	1000	35	233
Gesamt	1.846,73	0,66	157	

Quelle: Eigene Darstellung in Anlehnung Doherty, N. / Smith, C. (1993), S. 12

Tabelle 2: Überblick über die Stichprobe

	Ownership Classification Totals		
Ownership classification	**Total Company Type**	**Group Members**	**Nonsubsidiary/ Nongroup**
1. Lloyd's associations	42	35	7
2. Mutuals	320	114	206
3. Reciprocal associations	60	27	33
4. Mutual-owned stocks	118	110	-
5. Association-owned stocks	38	12	20
6. Single-owner stocks (subsidiaries)	80	38	-
7. Closely held stocks (subsidiaries)	36	16	-
8. Widely held stocks (subsidiaries)	500	436	-
9. Single-owner stocks (nonsubsidiaries)	22	1	21
10. Closely held stocks (nonsubsidiaries)	32	6	26
11. Widely held stocks (nonsubsidiaries)	28	11	17

Quelle: Ausschnitt aus Mayers, D. / Smith, C. (1990), S. 26.

Tabelle 3: Die weltweit größten Rückversicherer

Rank	Company	Net Premiums Written in 2003 (millions USD)	Country
1	Munich Re Group	29.197,9	Germany
2	Swiss Re Group	24.776,6	Switzerland
3	Berkshire Hathaway Re Group	11.946,0	U.S.
4	Employers Re Group	9.729,0	U.S.
5	Hannover Re Group	8.700,3	Germany
6	Lloyd's	7.818,3	U.K.
7	Allianz Re Group	5.226,1	Germany
8	SCOR Re Group	4.260,1	France
9	Converium Group	3.827,0	Switzerland
10	PartnerRe Group	3.589,6	Bermuda

Quelle: Standard & Poor's (2005).

Literaturverzeichnis

Aktiengesetz (2004):
Vom 6. September 1965 (BGBI I, S. 1089), zuletzt geändert durch Art. 5 G vom 15.12.2004.

Borch, K. (1962):
Equilibrium in a Reinsurance Market, in: Econometrica 30, Nr. 3, S. 424-444.

British Petroleum (2005):
Facts and Figures, URL: http://www.bp.com/extendedgenericarticle.do?categoryId=3&contentId=7005342 [Zugriff: 13.05.05].

Chew, D. (Hrsg.) (1993):
The New Corporate Insurance, New York.

Doherty, N. A. / Tinic, S. M. (1981):
Reinsurance under Conditions of Capital Market Equilibrium: A Note, in: The Journal of Finance 36, Nr. 4, S. 949-953.

Doherty, N. / Smith, C. W. (1993):
Corporate Insurance Strategy: The Case of British Petroleum, in: Journal of Applied Corporate Finance 6, S. 4-15.

Eeckhoudt, L. / Gollier, C. / Schlesinger, H. (2005):
Economic and Financial Decisions under Risk, New York.

Farny, D. (2000):
Versicherungsbetriebslehre, 3. überarbeitete Auflage, Karlsruhe.

Gesamtverband der Deutschen Versicherungswirtschaft e.V. (2005):
Statistisches Jahrbuch 2004, URL: http://www.gdv.de/fachservice/ index.html [Zugriff: 22.04.2005].

Handelsgesetzbuch (2004):
Vom 10. Mai 1897 (RGBI S. 219), zuletzt geändert durch Art. 1 G vom 15. 12.2004.

Hölscher, R. (2002):
Von der Versicherung zur integrativen Risikobewältigung: Die Konzeption eines modernen Risikomanagements, in: Hölscher, R. / Elfgen, R. (Hrsg.): Herausforderung Risikomanagement, Wiesbaden, S. 3-31.

Hölscher, R. / Elfgen, R. (Hrsg.) (2002):
Herausforderung Risikomanagement, Wiesbaden.

Hoyt, R. / Khang, H. (2000):
On The Corporate Demand for Corporate Property Insurance, in: Journal of Risk and Insurance 67, S. 91-107.

Lück, W. (1998):
Der Umgang mit unternehmerischen Risiken durch ein Risikomanagementsystem und durch ein Überwachungssystem, in: Der Betrieb 51, Nr. 39, S. 1925-1930.

MacMinn, R. (1987):
Insurance and corporate risk management, in: Journal of Risk and Insurance 54, Nr. 4, S. 658-677.

Mayers, D. / Smith, C. W. (1982):
On the Corporate Demand for Insurance, in: Journal of Business 55, Nr. 2, S. 190-205.

Mayers, D. / Smith, C. W. (1987):
Corporate Insurance and the Underinvestment Problem, in: Journal for Risk and Insurance 54, Nr. 1, S. 45-54.

Mayers, D. / Smith, C. W. (1990):
On the Corporate Demand for Insurance: Evidence from the Reinsurance Market, in: Journal of Business 63, Nr. 1, S. 19-40.

Mayers, D. / Smith, C. W. (1993):
The Corporate Insurance Decision, in: Chew, D. (Hrsg.), The New Corporate Insurance, New York, 1993, S. 392-400.

Nickel, A. (1998):
Versicherungsnachfrage der Unternehmen, in: Zeitschrift für die gesamte Versicherungswissenschaft 3, S. 429-448.

Perold, A. F. (2004):
The Capital Asset Pricing Model, in: Journal of Economic Perspectives 18, Nr. 3, S. 3-24.

Pfeiffer, C. (1999):
Einführung in die Rückversicherung: das Standardwerk für Theorie und Praxis, 5. Auflage, Wiesbaden.

Rejda, G. E. (1986):
Principles of Insurance, Glenview.

Schulenburg, J.-M. Graf von der (2005):
Versicherungsökonomik - Ein Leitfaden für Studium und Praxis, Karlsruhe.

Schweizerische Rückversicherungs-Gesellschaft - SwissRe (2002):
Einführung in die Rückversicherung, URL: http://www.swissre.com/ [Zugriff: 24.04.2005].

Standard & Poor's (2005):
Top Ten Global Reinsurers, URL: www.standardandpoors.com [Zugriff: 24.05.2005].

Tietz, M. (2001):
Erfolgreiches Risikomanagement steigert den Unternehmenswert, in: Allianz Report 2, S. 40-43.

Towers Perrin - Tillinghast (2005):
Captive Insurance Company Glossary, URL: http://www.captive. com/ service/TowersPerrin/ images %20and %20pdf/Captives101 _glossary _9-27.pdf [Zugriff: 17.05.05].

Varian, H. R. (2001):
Grundzüge der Mikroökonomik, 5. Auflage, München.

Yamori, N. (1999):
An Empirical Investigation of the Japanese Corporate Demand for Insurance, in: Journal of Risk and Insurance, Nr.2, S. 239-252.

Zech, J. (2002):
Integriertes Risikomanagement - Status Quo und Entwicklungstendenzen aus der Perspektive eines Versicherungskonzerns, in: Hölscher, R. und R. Elfgen (Hrsg.): Herausforderung Risikomanagement, Wiesbaden, S. 33-49.

Das Kompetenzzentrum Versicherungswissenschaften

Beschreibung eines interdisziplinären Forums

In einer Welt und auf Märkten, die zunehmend nicht mit den Mitteln einer Disziplin allein gebührend analysiert und erklärt werden können, erhalten interdisziplinäre Verbünde und Einrichtungen immer größere Bedeutsamkeit. So ist auch die Kompetenzzentrum Versicherungswissenschaften GmbH letztlich ein Kind dieser Entwicklung. In der Versicherungswissenschaft, die sich gegenüber anderen Disziplinen in einem erhöhten Maße dadurch auszeichnet, dass sie durch eine multifaktorielle Betrachtungsweise ergründet werden will, kommt es daher zu einem Zusammenfluss der vier Teilbereiche Versicherungsökonomie, Versicherungsmathematik, Versicherungsrecht und Versicherungsmedizin. Um diese Verbindung für Forschung und Praxis in organisatorische Strukturen zu gießen, ist das Kompetenzzentrum Versicherungswissenschaften entstanden.

Auf Initiative der niedersächsischen Landesregierung haben im Jahr 2002 drei Hochschulen – Georg-August-Universität Göttingen, Medizinische Hochschule Hannover und Universität Hannover – dieses gemeinsame Kompetenzzentrum für Versicherungswissenschaften gegründet. Ziel war und ist es, neben der Verbindung und Konzentrierung der Wissenschaftsbereiche auch, den Finanzplatz Niedersachsen und die Branchenkompetenz zu stärken, obgleich das Kompetenzzentrum nicht regional auf Niedersachsen beschränkt ist. Das Konzept und der Auftrag des Kompetenzzentrums bestehen mithin darin, als eine Art „Dachorganisation" und Klammer die vier Teilbereiche der Versicherungswissenschaft sowie die Forschungsvorhaben im Großraum Hannover/Göttingen zusammenzufassen.

Die Geschäftsführung des Kompetenzzentrums wird derzeit von den zwei Professoren Dr. J.-Matthias Graf von der Schulenburg (Versicherungsbetriebslehre, Wirtschaftswissenschaftliche Fakultät, Universität Hannover – Sprecher der Geschäftsführung), und Dr. Alexander Bruns, LL.M. (Versicherungsrecht, Juristische Fakultät, Georg-August-Universität Göttingen) ausgeübt. Die Koordinierung hat Frau Dr. Ute Lohse als Managing Director übernommen. Derzeit hat das Kompetenzzentrum Versicherungswissenschaften zwei fest angestellte Mitarbeiter: Frau Dipl.-Ök. Simone Krummaker und Herrn Rechtsassessor Zdenko Grobenski.

Das Aufgabenspektrum des Kompetenzzentrums erstreckt sich auf folgende Gebiete:

- Interdisziplinäre und internationale wissenschaftliche Forschung und Beratung im Bereich Versicherungsbetriebslehre, Versicherungsmathematik, Versicherungsrecht und Versicherungsmedizin,
- Koordinierung und Durchführung von fachübergreifenden Forschungs- und Entwicklungsaufgaben sowie wissenschaftlicher Begleitforschung durch Management-Konzepte (strategische Positionierung, Kernkompetenzen, Controlling), angebots- und nachfrageorientierte Marktstudien, Zielgruppenforschung, Kundensegmentierung, Kundenbindung und empirische Erhebungen,
- Beratung von Hochschulen und Unternehmen im Bereich Forschung und Entwicklung,
- Entwicklung einer Informations- und Kommunikationsplattform durch Erfassung, Aufbereitung und zielorientierte Auswertung von aktuellen Daten und interdisziplinären Forschungsarbeiten im Bereich Versicherungswissenschaften sowie regelmäßige Veranstaltung von Symposien zu aktuellen Themen,
- Entwicklung und Implementierung eines Internetauftritts für das Kompetenzzentrum (www.versicherungskompetenzzentrum.de),
- Initiierung, Durchführung und Koordinierung von Maßnahmen der fachübergreifenden Qualifikation, Schulung, Aus- und Weiterbildung in Zusammenarbeit mit Hochschulen mittels Konzipierung und Durchführung von wissenschaftlichen Seminaren, Konferenzen, moderierten Workshops und Inhouse-Veranstaltungen zu versicherungswirtschaftlichen Themengebieten.

Das Kompetenzzentrum hat für sein Forschungsprogramm die Schwerpunkte internationale Versicherungsmärkte unter besonderer Berücksichtigung von Europa und Risikomanagement festgelegt. Über diese genannten Schwerpunkte hinaus ist das Kompetenzzentrum offen für alle relevanten, aktuellen oder interessanten Entwicklungen und Trends im Bereich der Versicherungswissenschaften. Es möchte darüber hinaus seine Aufgaben im Diskurs mit Wissenschaft und Praxis führen und für beide Ansprech- und Kooperationspartner sein. Daher laufen aktuelle Forschungsprojekte mit Partnern aus der Versicherungs- und Finanzpraxis und der Wissenschaft derzeit in Bereichen wie Elementarschadenversicherungskonzepte, Risikomanagement, Fusionskontrolle, Versichertenbestandsanalysen, konzeptionelle Fachveranstaltungsberatung u.v.m.

Schriftenreihe
Kompetenzzentrum Versicherungswissenschaften

Herausgeber: Prof. Dr. Alexander Bruns, LL.M. (Duke Univ.)
Prof. Dr. J.-Matthias Graf von der Schulenburg

Bisher erschienen:

1 **War, Terrorism and Insurance in Europe after September 11, 2001**
Christian Thomann / J.-Matthias Graf von der Schulenburg (Hrsg.)
IX u. 89 Seiten, € 17,90

2 **Die Konvergenz europäischer Versicherungsmärkte**
Alexander Bruns / Zdenko Grobenski (Hrsg.)
XII u. 137 Seiten, € 19,80

3 **Risikomanagement**
Nicole Bäuerle, André Mundt, Benjamin Marquardt, Christine Büsing
IX u. 107 Seiten, € 19,–

In Vorbereitung:

Deutsche und europäische Fusionskontrolle bei Mergers & Acquisitions im Versicherungssektor
– Grundlagen und aktuelle Entwicklungen unter besonderer Berücksichtigung der EU-Osterweiterung –
Sebastian Friese / Zdenko Grobenski / Henning Heuerding / J.-Matthias Graf von der Schulenburg

The Rise of Risk Management – The Fall of Corporate Insurance?
Simone Krummaker / J.-Matthias Graf von der Schulenburg (Hrsg.)

Bestellungen sind zu richten an

Verlag Versicherungswirtschaft GmbH
Postfach 64 69 76044 Karlsruhe
Klosestraße 20–24 76137 Karlsruhe
Telefax Vertrieb 0721 3509-201